講座
図書館情報学
6

山本順一
［監修］

情報サービス論
情報と人びとをつなぐ図書館員の専門性

山口真也／千 錫烈／望月道浩
［編著］

ミネルヴァ書房

「講座・図書館情報学」刊行によせて

　(現生)人類が地球上に登場してからおよそ20万年が経過し、高度な知能を発達させたヒトは70億を数えるまで増加し、地球という惑星を完全に征服したかのような観があります。しかし、その人類社会の成熟は従来想像もできないような利便性と効率性を実現したものの、必ずしも内に含む矛盾を解消し、個々の構成員にとって安らかな生活と納得のいく人生を実現する方向に向かっているとはいえないようです。科学技術の格段の進歩発展の一方で、古代ギリシア、ローマと比較しても、人と社会を対象とする人文社会科学の守備範囲は拡大しこそすれ、狭まっているようには思えません。

　考古学は紀元前4000年代のメソポタミアにすでに図書館が設置されていたことを教えてくれました。図書館の使命は、それまでの人類の歴史社会が生み出したすべての知識と学問を集積するところにありますが、それは広く活用され、幸福な社会の実現に役立ってこそ意味があります。時代の進歩に見合った図書館の制度化と知識情報の利用拡大についての研究は図書館情報学という社会科学に属する学問分野の任務とするところです。

　1990年代以降、インターネットが急速に普及し、人類社会は高度情報通信ネットワーク社会という新しい段階に突入いたしました。4世紀あたりから知識情報を化体してきた書籍というメディアは、デジタルコンテンツに変貌しようとしております。図書館の果たしてきた役割はデジタル・ライブラリーという機能と人的交流と思考の空間に展開しようとしています。本講座では、サイバースペースを編入した情報空間を射程に収め、このような新たに生成しつつある図書館の機能変化と情報の生産・流通・蓄積・利用のライフサイクルについて検討・考察を加えます。そしてその成果をできるだけ明快に整理し、この分野に関心をもつ市民、学生に知識とスキルを提供しようとするものです。本講座を通じて、図書館のあり方とその未来について理解を深めて頂けたらと思います。

2013年3月

山 本 順 一

##　はじめに

　2016年6月頃、インターネット上で「月収13万円、37歳女性を苦しめる『官製貧困』　公営図書館の嘱託職員は5年で"雇い止め"に」というニュース記事が話題になった（中村淳彦〈http://toyokeizai.net/articles/-/134801〉2017.9.30最終確認）。この記事でインタビューに答えているのは、東京都内の公立公共図書館で、非正規職員（嘱託職員）として働く女性司書である。彼女の1ヶ月の給与の支給額は17万円、手取り額は13万円を少し超えるくらい。賞与（ボーナス）はなく、手取り給与から家賃を差し引くと、月に8万3,000円しか残らない。国民1人当たりの可処分所得の平均値の、さらに半分に満たない状態を「相対的貧困」と呼ぶが、女性司書の生活はこの水準に近いだけでなく、5年程度で雇止めになるため、将来のことが不安でたまらず、「眠れなくなることもある」という内容となっている。

　図書館関係者の多くはこの記事を同情的に読むだろう。しかし、図書館の外にいる一般のユーザーの反応は異なる。この記事の下には「この歳まで非正規でいいって考えて働いてるのは自分自身」「少しは自助努力をしろ」「収入より好きな仕事を選んでいるのが応援しきれないところ」といった辛辣なコメントが続く。あるユーザーが彼女に転職を勧めると、別のユーザーから「一般企業の採用者だって図書館で働いてました〜なんて言っても使える人間だとは受け取らない」と言われてしまう。それらの多くのコメントの根本の部分に、図書館員の仕事への対価はこのくらいで（相対的貧困レベルで）十分、という意識が横たわっているようにも思われる。

　図書館で働く人たちの専門性はなかなか見えづらい。分類も目録も、バランスの良い選書も、地域資料の収集も、専門家が図書館サービスから撤退し、その仕組みが崩壊した時になって初めて利用者は図書館員の価値を実感するもの

なのかもしれない。しかし、そのような状態に陥ることは、利用者にとっても、図書館員にとっても不幸なことである。図書館サービスを維持・発展させるためには、図書館員の専門性を「可視化」する手立てを持つことが急務である。

　本書がテーマとする「情報サービス」は、図書館員の専門性を世の中に広く伝えていくための手立ての1つである。情報サービスとは、利用者が日常生活の中で抱える様々な課題（疑問・困難）を、情報提供を通して解決していくためのサポートであり、まちづくり、ビジネス、出産・育児、闘病・介護、多文化交流、災害・貧困など、多様な場面に広がっている。そして、図書館による情報サポートは、一部の人々が独占するものではなく、市井の人々の生活に寄り添い、励まし、明日を生きるために背中を押してくれる側面も備えている。このことは図書館が持つ社会的機能そのものでもあり、「図書館員の専門性は情報サービスとして集約される」と言っても過言ではないだろう。

　本書は、図書館法施行規則に定められた国家資格である司書資格取得者向けのテキストとして編纂されたものである。資格課程の授業での活用はもちろんのこと、副読本として読まれることも想定して、専門的な理論についてもできるだけわかりやすく、具体的な例とともに紹介している。司書資格科目には、本書が取り扱う「情報サービス論」の他に、「情報サービス演習」という後継科目もあるが、演習用のテキストとしても一部用いることができるよう、第5章ではレファレンスサービスを実践的に学ぶための練習問題も掲載している。第6章を中心として、2017年度よりスタートした「学校司書モデルカリキュラム」（文部科学省通知28文科初第1172号 平成28年11月29日）に対応できる一冊となっている点も、他のテキストシリーズにはない本書の特徴である。本書を通して、情報サービスの基礎と可能性を学んでほしい。

　最後に本書を刊行するにあたって、担当編集者として様々なサポートをいただいたミネルヴァ書房の柿山真紀氏に心から感謝申し上げたい。

2017年12月

山口真也・千錫烈・望月道浩

情報サービス論
―― 情報と人びとをつなぐ図書館員の専門性 ――

目　次

はじめに

第1章　情報社会と図書館の情報サービス……………………………………1
　　　　　──その意義
　1　情報社会と情報サービス　1
　2　「情報サービス」の価値を高めていくために　5
　3　「情報サービス」の価値を広げていくために　8
　コラム　貧困によりそう情報サービス　12
　　　　　──ホームレス支援の立場から図書館に期待すること

第2章　図書館における情報サービスの種類……………………………………15
　1　「情報サービス」の種類　15
　2　館種別の情報サービスの意義・展開例・特徴　23
　コラム　地域課題を解決するレファレンス　42
　　　　　──沖縄県立図書館「移民一世ルーツ調査」

第3章　レファレンスサービスの理論と実際……………………………………45
　1　レファレンスサービスの定義　45
　2　レファレンスサービスの種類　49
　3　レファレンスサービスの機能　58
　4　情報探索行動　66
　5　レファレンスプロセス　73
　6　レファレンスインタビュー　82
　7　レファレンスライブラリアンの資質とコレクションの構築　98
　8　デジタルレファレンスサービス　111

第4章　情報検索の理論と方法……………………………………………………122
　1　コンピュータネットワークを利用した情報の検索　122
　2　その他の演算子　133
　3　自由語検索と統制語検索　135

　　　　4　検索結果の評価　138
　　　　コラム　情報サービスのスキルを社会で活かす　141

第5章　各種情報源の特質と利用法・解説と評価………………………143
　　　　──利用者からの質問事例を手がかりに
　　　　1　情報サービスに活用できる各種情報源　143
　　　　2　文献調査に役立つ情報源の特性と利用法　151
　　　　3　事実調査に役立つ情報源の特性と利用法　167
　　　　コラム1　レファレンス問題をつくってみよう　163
　　　　コラム2　法令と判例　191
　　　　　　　　──その探索と学習
　　　　コラム3　調べた場所を実際に歩いてみよう　203

第6章　発信型情報サービスと図書館利用教育……………………………204
　　　　1　発信型情報サービス　204
　　　　2　利用者教育・情報リテラシー教育の展開　219
　　　　3　これからの情報サービス担当者としての役割　229

文献ガイド
索引

第 1 章	情報社会と図書館の情報サービス
	——その意義

1 情報社会と情報サービス

1.1 「情報社会」・「情報サービス」とはなにか？

　本書がテーマとする「情報サービス」とは、簡単に言えば、図書館利用者の調査を支援する多様な働きかけを意味する。よって、調べ方を学ぶための様々な手段を示すことが本書の目的である。本書の幕開けらしく、まずは「調べる」という視点から、「情報サービス」とはなにか、を考えてみよう。

　図書館情報学関係の用語辞典やハンドブックを調べると、「情報サービス」とは、「何らかの情報要求をもっている図書館利用者に対し、必要とする情報あるいは情報源を効率よく入手できるように援助する図書館員によるサービス[1]」、あるいは、「情報を求めている利用者に対して、図書館やそのほかの情報提供機関などが提供する個人的援助[2]」、「図書館の情報提供機能を具体化するサービス全般[3]」とまず定義されている。「レファレンスサービス」がその代表的なサービスとされ、その中には、一般の利用者がイメージしやすい「こういう本を探してほしい」という依頼への回答（文献調査）だけでなく、「こんなことを知りたい」という質問への直接回答やその手助け（事実調査・事項調査）も含まれる。

　情報サービスの中には、レファレンスサービスに隣接するサービスとして

---

[1] 日本図書館協会図書館ハンドブック編集委員会編『図書館ハンドブック』第 6 版補訂 2 版，日本図書館協会，2016，p.81．
[2] 日本図書館協会用語委員会編『図書館用語集』4 訂版，日本図書館協会，2013，p.134．
[3] 図書館情報学会用語辞典編集委員会編『図書館情報学用語辞典』第 4 版，丸善出版，2013，p.108．

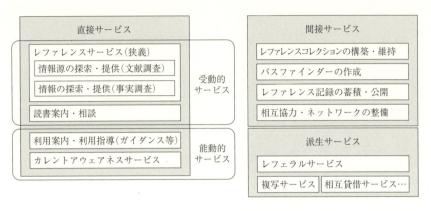

図1.1　情報サービスの種類・大まかな区分

「読書案内・相談」と呼ばれるサービスもある。また、レファレンスを能動的に伸展させたサービスとして、「カレントアウェアネスサービス」や「利用案内・利用指導」（ガイダンスやオリエンテーション）といった図書館員による利用者への様々な働きかけも含まれている。その図書館だけで解決できない情報ニーズについては、レフェラルサービスへと派生的に展開することもある。さらに言えば、図書館員から利用者への直接的な対応だけでなく、辞書事典の収集やオンラインデータベースの整備、レファレンス記録をもとにした質問事例の蓄積・公開、パスファインダーの作成といった、利用者が自分自身で調査（セルフレファレンス）を行うための様々な環境面での間接的な支援も含まれており、その領域は非常に幅広い（図1.1）。

　情報サービスも含めて、図書館が行うあらゆるサービスは原則として「利用者のために行う奉仕活動」であるから、利用者、そして利用者が生きる社会の特性を知ることからそのサービスのあり方や意義をとらえることが重要である。現代の利用者が生きる社会は、「情報化社会」「知識社会」「ネット社会」「インターネット時代」「高度情報通信ネットワーク社会」など、様々なとらえ方があるが、共通するファクターは「情報」が社会の基盤となる、というとらえ方である。ここでは「情報社会」という語を用いて、その歴史、特徴を整理して

みよう。

　情報が社会の基盤となるという考え方は、「工業化社会」の次に来る社会として、1960年代後半ごろから広く認識されるようになった。その社会は、「物財、すなわち、物や、資産、資本などの財力にかわって、知識や情報が優位となる社会[4]」とも定義され、次のような性質を備えると考えることができる。

1）　情報量が爆発的に増加する社会：インターネットを通したコミュニケーションに代表されるように、誰もが自由に・簡単に情報を発信することができる世の中。
2）　様々な情報が複雑に混在する（玉石混交の）社会：流通する情報の必ずしも全てが有用であるとは限らない世の中。信頼性の低い情報（フェイク情報）、悪意を含む情報、物事の一面だけを強調したような偏った情報もまた大量に流通する世の中。
3）　情報が価値を生む（付加価値をもつ）社会：その人にとって、質の高い・必要な・オリジナルな情報を得ることが、精神的にも、物理的にも生活に豊かさをもたらす大きな要素となりうる世の中。

　情報社会とは、情報量が爆発的に増加し、情報が社会の基盤となり、情報が付加価値を持つ社会である。こうした社会の中で、人々は自分にとって必要な情報を効率的に入手（探索・整理）したいと（意識化されなくても・潜在的に）願っている。もちろん、情報社会にはネット社会という一面があるため、Googleなどの検索機能の向上やSNSの発展により、人々は以前と比べればはるかに容易に必要な情報を図書館に頼らずして入手できるようになっているのだが、後述するように、そこで得られる情報の信頼性や安定性には不安があるし、知らないうちに偏った情報の渦におぼれてしまうこともあり、その影の部分をカバーするためのサポートはネット社会だからこそ重要とも考えられる。

　さらに言えば、情報が価値を生む社会という側面に注目すれば、インターネットで手軽に得られる情報はすでに誰かが見たり、試したりした情報であり、オリジナルなものではない、という限界もある。そのことがプラスに働く場面

---

[4]「日本大百科全書　ニッポニカ」〈ジャパンナレッジ〉（2017.10.11最終確認）．

もあるが、マイナスになることもある。例えば、企業の面接官が読む大学生のエントリーシートはネットの文例をまねたものでうんざりするというエピソードを聞いたことがある。ビジネスのアイディアを練る場面でも同様である。手軽に得られる情報から生まれる価値は小さい。図書館にわざわざ足を運び、時間をかけて得られる情報こそが利用者の生活の中で価値をもたらすことも少なくないのである。図書館による情報サービスは、利用者が情報を入手するための支援業務であり、情報社会において必要不可欠のサービスと言えるだろう。

1.2　より広い視野からみた情報サービスの価値

　さて、以上の情報サービスの説明は「利用者」に視点を置いてみたものだが、より厳密に言えば、利用者「個人」の視点から説明したものとも言えるかもしれない。より広い視野に移したり、または別の視野からとらえたりすることで、現代の図書館における情報サービスの必要性・重要性はさらにクリアになってくる。

　第一の視点は「社会全体」からみた必要性である。上述のように、情報社会では、必要な情報を的確に入手できれば、ビジネスチャンスの獲得をはじめ、個人・組織に様々な利益や利便性をもたらす。その一方で、入手できない個人・組織はそうしたメリットを十分に享受できない存在となってしまう。そして、市場原理の下で情報獲得競争が進むと、必然的に、利益や利便性が一部に独占され、それらを享受できない人々が多数を占めるようになるおそれがあり、現代の日本社会にもすでにそうした側面が現れつつあることも指摘されている。過度な情報＝富の偏りは、結果として、社会全体の活力を停滞させるおそれが高く、豊かな社会の形成という観点からみて問題が大きい。とすれば、公立公共図書館を中心とした、公的な機関による何らかの是正措置、つまり、公的機関による情報入手のサポートが必要と考えられるのである。

　もう1つの視点は「図書館」の側からみたものである。現代の図書館界ではあらゆる館種においてコストダウンの波が押し寄せており、利用者が図書館、またはそこで働く司書等の専門職員の利用価値・専門性を、日常生活の中で、

具体的に、かつ十分に感じることができるようなサービスが求められている。そのサービスの1つが、利用者が日々の生活の中で抱える様々な課題、疑問、困難を解決するための調査研究への手助け（支援）とされる。もちろん、図書館が伝統的に行ってきた貸出・閲覧サービス、分類・目録といった整理業務などにも高い専門性はあるものの、利用者にはなかなか伝わりづらい。図書館とそこで働く専門職の市民的価値を可視化するという意味でも、情報サービスは現代社会にとって必須のサービスと言えるだろう。

2 「情報サービス」の価値を高めていくために

2.1 情報サービスの市民的価値——「情報サービス不要論」にどうこたえるか？

　図書館界においては、レファレンスサービスを中心とした情報サービスは、現代的意義を持つサービスとして力を入れて取り組むべきだと長く言われている。しかしながら、ここでそのサービス対象を「図書館利用者」から「市民」へとより広い視野に移してみると、彼らの多くは、何かわからないことがあるとき、現実には、図書館を使う・訪れるのではなく、インターネットを使って調べものを済ませてしまうことが大半であろう。今後、ネットワークはますます整備され、必要な情報を探し出す検索機能が高まっていくとすれば、図書館の専門職による情報サービスの必要性を問いただす声が、市民という名の納税者の側から現れてくる可能性もある。図書館運営上のコストダウンを強く求める立場からはすでに「レファレンスサービスは過剰サービス」「オーバースペック」といった意見が寄せられているし、図書館の市民的な価値について、行政側が「市民はおしゃれなカフェつきの図書館を求めている」と理解している実態もないわけではない。

　では、これからのインターネット時代において、図書館は情報サービス、レファレンスサービスをどうとらえていくべきなのだろうか。そのことを考えるヒントとして、次のコラムの一文を紹介したい。

グーグルが現れる以前は、調べものは「図書館や本に頼るだけだった」などという人もいるが、これは嘘である。図書館まで行って調べるのは、ほんのわずかな人たちでしかなかった。大多数の人たちは、ニーズを感じても調べることをしなかったのである[5]。

　このコラムでも指摘されているように、インターネットがなかった時代、多くの人はわからないことがあっても、図書館に行って調べることはなく、身近な人に聞いてもわからなければ、わからないままですませて、特に問題を感じることはなかった。つまり、「どうせみんなわからないんだし……」と考える人が多く、「調べる」という行為は決して身近な行動ではなかったのである。一方、インターネットという検索手段が身近になった現代社会では、〈調べる⇒わかる〉という経験を誰もが簡単にできるようになった。もっと言うと、「わからないことは調べないと恥ずかしい」という感覚さえ生まれ、かつての時代には考えられなかったような大きな変化が利用者側に起こっている、ととらえることができるのである。こうした時代の、そして市民の大きな変化は、図書館にとって、「ピンチ」というより、「チャンス」ととらえるべきである。
　インターネット時代だからこそ、利用者の知的好奇心はいつの時代にもまして高まっている。それにこたえる手段として、情報サービスの価値を市民に伝えることができれば、情報サービスと図書館、そしてそこで働く専門職の市民的価値を高めていくことは不可能ではないはずである。

2.2　ネット時代の情報サービスの価値とは？

　現代社会における情報に対する市民の欲求はかつてないほどの高まりを見せている。それを図書館への来館、またはサービスの利用につなげるためにはどのような理由づけ・動機づけが必要となるだろうか。
　様々なアプローチが可能だが、1つは、市民が手軽に利用できるインターネット上の情報との差別化を、図書館（員）自身が認識し、サービスに取り入

---

[5] 上田修一「『調べるのが好き』が七割の社会」『図書館雑誌』107 (1), 2013.1, p.4.

れることだろう。現実の図書館サービスでは、図書館のカウンターで質問を依頼した際に、インターネット上の情報を調べて回答を提供されることがしばしばあるが、情報の信頼性（信憑性）は定かではないし、ネット上の情報は変更・削除が常に行われているため、レポートや論文、ビジネス上の報告書等の公的な文書の参考にするには安定性に欠けることも多い。もっと言えば、利用者はそれをすでに見ている可能性が高く、わざわざカウンターに来ているのだから、図書館でしか得られない情報を求めていると考えるべきである。サービスにおける「付加価値」をどう高めるか、という観点から、情報サービスを実施する必要があるだろう。

　図書館による情報サービスの価値は、「公平性」という観点からもとらえることができる。現代社会では検索サイトを使えば必要な情報は簡単に見つかるし、SNS、ポータルサイトなどを通して、日々、自分の興味関心に応じた情報が知らず知らずの間に届けられている（レコメンドされている）実態もある。しかしながら、それらの情報の提示方法に公平性があるかと言えば、必ずしもそうとは言い切れない点には注意が必要である。

　例えば、インターネットを使って何らかの情報を検索すると、キーワードに一致するサイトが上から順番に表示されるが、それがどのような仕組みで順位付けがなされているかを意識する人は少ないだろう。その仕組みは正式には公開されていないのだが、一説によると、検索システムに使用されているアルゴリズムは参照数、簡単に言えば、被リンク数が多いかどうかである、と伝えられている[6]。つまり、みんなが見ている、参照しているものは信頼性が高いだろう、という判断基準がそこに存在するのである。

　確かに、こうした基準は、情報の真贋を問う上で大きくは間違っていないだろう。しかし、その基準には一定の危険性もはらんでいるとも考えなければならない。なぜなら、信頼性を参照数に求めるということは、言い換えると、多くの人がその瞬間に好ましいと思っている情報・言論が検索結果の上位に表示されるということであり、一方で、多くの人が嫌う言論、あるいは関心を持た

---

[6] 山﨑久道『情報貧国ニッポン』日外アソシエーツ, 2015, p.25.

れない少数意見はランクが下がってしまう、ということを意味するからである。

例えば、「原発再稼働」の是非を考えるための情報をインターネットを通して集めようとした場合、その是非は別として、反原発、脱原発のサイトが上位に表示されてしまうことがある。「慰安婦」問題についても、「慰安婦は売春婦」という現代の日本の一部の声が大きな世論、しかもネットで支持されやすい世論に近いサイトが上位に表示されやすい。「集団的自衛権」「安保法案」についてもその時々の世論に大きく検索結果が影響されてしまう。

一方、図書館が情報サービスの原資とする資料については、反原発の立場から書かれた資料も、原発推進の立場から書かれた資料も公平に棚に並んでいる。安保法案についても賛否両方の立場から、少数意見にも目配せしつつ幅広い資料収集がなされている。インターネットで得られる情報では、多様な資料を公平な観点から収集することは難しい。こうした点を図書館における情報サービスの強みとして押さえておくことが、より付加価値の高いサービスにつながってくるだろう。

3 「情報サービス」の価値を広げていくために

3.1 情報サービスの体制・サービス姿勢

図書館における情報サービスの価値を市民に広く知ってもらうにはどうすればよいのだろうか。その点は本書の各章に任せたいが、ここで1点だけ、基本的な姿勢について触れておきたい。

まず、図1.2をじっくり見てほしい。いずれも図書館の「カウンター」を表したものである。図書館に来館する利用者に情報サービスを利用してもらうためにはどのようなカウンター体制がよいと言えるだろうか？

この図を示した場合、多くの読者は無人の図Cよりはカウンターに人がいる図Aや図Bがよいと答えるだろう。そして、座ったままで利用者を迎えるAよりも、いつでも利用者の要求に動けるように準備万端に整ったBがベストと考えるのではないだろうか。しかし、情報サービスの体制として望ましい順番に

第1章　情報社会と図書館の情報サービス

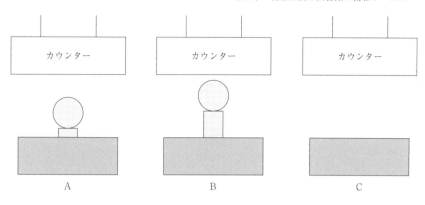

図1.2　情報サービスの受け付け方としてふさわしいものは？

並べ替えると、図C＞図B＞図A、という順番でも説明することができる。

　ある調査によると、立っている図書館員と座っている図書館員がいるとき、利用者は圧倒的に立っている図書館員の方に行く、という結果が示されている[7]。それは、立っている職員の方が利用者を受け入れようという意志を強く感じるという理由があるからである。ただし、このことを、そのままレファレンスカウンターにも当てはめて、常に立ったままで利用者対応するべきだ、と安易に考えるべきではないではない。現実には、ひっきりなしに人の往来があるわけではないレファレンスカウンターで立ったまま利用者を待つのも不自然な光景である。図1.2を紹介した際、「カウンター」としか言わずに、情報サービスの窓口である「レファレンスカウンター」と限定しなかったのは、このカウンターは必ずしも質問を受け付ける専用のカウンターでなくてもかまわない、ということを意味している。座っているよりも立っている方が話しかけやすい、ということが事実であるなら、そのことは、利用者の心理として、レファレンスカウンターよりも、貸出カウンターの方が話しかけやすい、ちょっとしたことを相談しやすいということを意味しているととらえるべきだろう。とすれば、

7）藤村せつ子，斎藤文男『実践型レファレンスサービス入門』補訂版（JLA図書館実践シリーズ1），日本図書館協会，2014, pp.11-12.

図書館の情報サービスの舞台は、レファレンスカウンターに限定する必要はなく、貸出カウンターも含めるべきである。つまり、貸出カウンターで利用者のニーズの糸口をつかみ、簡単に調査できることならもちろんその場で対応し、利用者との会話の中から、時間を要するようなニーズが表出してきたならば、レファレンス専用のカウンターに案内して、そこでゆっくりと対応することが、情報サービスを広げていく第一歩となると考えられるのである。

　さて、ここまでの説明は、図Aよりも図Bの方が情報サービスを展開しやすいというものだが、先ほど、図Bよりも図Cの方がサービスを展開しやすいと書いた。なぜ図Cがベストと言えるのか。……サービス意欲がありあまる職員がジャンプして空中に浮いているということではない。このこともまた、「利用者」の視点から考えてみるとその答えはすぐにわかる。よく言われることだが、多くの利用者は、何らかの情報を求めて図書館にやってきたとしても、レファレンスカウンターに直行するわけでもないし、貸出カウンターであっても混雑していればなかなか声をかけることができない。本棚に直行して、まずは自力で調べようと試みるのが一般的であり、その際、近くに職員がいてくれたならば、カウンター以上に声をかけやすい雰囲気が生まれるのである。つまり、職員に声をかけやすい場所というのは、レファレンスカウンターよりも貸出カウンター、そして、貸出カウンターよりも「フロア」である。カウンターの職員に質問することは、フロアの職員に質問するのに比べて何倍もの気力が必要とも指摘されている。とすれば、情報サービスを積極的に展開していくためには、カウンターにとどまらず、フロアに積極的に出ていくことが求められる。

　図書館学の用語では、「フロアワーク」とは、司書等の専門職員がカウンターから離れて、フロアを巡回しながら、利用者対応を行うことを指す。フロアワークとして利用者の質問に答えることは「フロアワークレファレンス」とも呼ばれる重要な活動である。上述のように、現代社会において情報サービスが図書館員の専門性を利用者にアピールできる手段であることに注目するならば、(プライバシーへの配慮をしつつ)、フロアでの情報サービスの展開は、図書館員の専門性をより広い範囲で可視化することにもつながってくるはずである。

3.2 図書館の「外」への展開

　情報サービスを展開するためにはカウンターからフロアに出ることが重要である。しかし、それだけでは情報サービスの価値を市民全体に届けることはできない。図書館を日常的に利用する市民の数は（地域によって異なるが）低い場合には10％程度に過ぎないからである。図書館の「外」にいる人たちに情報サービスの価値を届けるためにはどのような方法があるのだろうか。

　筆者が提案したい方法は、団体貸出制度を活用した情報サービスの外部展開である。図書館の中には、団体貸出制度を活用して、自治体内の様々な場所へ「セット貸出」を行っているところも多いだろう。近年、その範囲は広がりを見せており、役所内の各部署、水道局や消防局などの出先機関、地元の大企業の事務所やNPOのカフェ、病院の待合室などに及んでいる自治体もあるという。団体貸出制度は従来は地域内の文庫や公民館などの教育施設からの要請を受けて行われることが多かったが、図書館の価値を知ってもらうために、図書館側から企業等に提案して積極的に資料を届けるケースも増えてきている。そして、こうした活動は、資料を届けるだけでなく、情報サービスへの展開ももちろん可能である。図書館が資料を届ける際に利用案内パンフレットなどを渡して各種情報サービスをPRすれば、来館せずとも利用できる電話やメールなどでの簡単な質問受付につなぐことも不可能ではない。

　本章の冒頭で、サービスを考える上では、「利用者」の視点から考えることが大切であると書いたが、ここで言う利用者を「来館者」ととらえてしまっては、サービスを展開する範囲が狭くなってしまう。来館者はもちろん、まだ来館していない利用者も大切なサービス対象である。彼らのニーズにこたえるために、図書館員はカウンターから外（フロア）に出るだけでなく、図書館の建物から外に出て、情報サービスを展開していくことも求められる。

■□コラム□■

貧困によりそう情報サービス
――ホームレス支援の立場から図書館に期待すること――

　現代の公共図書館では、市民の「課題解決」を支援する役割が期待されるようになっています。日常生活の中の課題（疑問や悩みなど）によりそい、資料提供を通してその解決の手助けをしていくことが図書館の役割であり、情報サービスの一つの任務とも言い換えられます。

　図書館が目を向けるべき市民の「課題」は、ビジネスや子育て、医療・健康といった範囲にも広がっていますが、「格差社会」「情報社会」というキーワードから考えると、「貧困」という課題にも目を向けていくべきだと考えられます。貧困にはいろいろなとらえ方がありますが、最もシビアな問題を抱えている「ホームレス」の方々が直面する課題にも図書館はもっとよりそうことができるのではないでしょうか。「びよんどネット」（東京の三鷹・武蔵野地区の野宿者支援団体）のメンバーとして活動しておられる阪口佳代さんに、ホームレスの方々の日々の暮らしや生活再建のために図書館になにができるかを教えていただきました。

　――まずは、ホームレスの方々が必要としている「情報」にはどのようなものがあるか、教えてください。

　阪口さん：ホームレスの方々が必要としている情報は大きく分けて２つあります。１つは路上生活を生き抜くための情報です。どこに行けば食べ物が手に入るのか（支援活動の情報）、荷物を安く預けられるロッカーはどこにあるのか、夜を安全に過ごせる場所はあるか、どこのファーストフード店ならば100円で朝まで居ても追い出されないか…、特に、女性ホームレスにとって安全に眠れる場所の情報入手は切実な課題になっています。

　もう１つは路上生活を脱出するための情報です。生活保護制度についての情報はもちろん、社会福祉施設、生活訓練施設、就労支援センター、生活支援センター、福祉保健センターなど、公的な支援機関にはどのようなものがあり、どのような場合に使えるのか、という情報が必要になります。病気になった場合に無料で診断してもらえる「特別診療券」を扱っている病院の情報を求めている方も多いです。ホームレスの中には精神障害・知的障害・身体障害など、何らかの障害を抱えている方も多いので、障害者福祉に関する情報、例えば障害者手帳の取得方法なども大事な情報です。

第1章　情報社会と図書館の情報サービス

　――阪口さんは、三鷹・武蔵野地区の周辺の公共図書館で司書としてお勤めになっていたご経歴もあるそうですが、ホームレスの方々はどのように図書館を利用されているのでしょうか？

　阪口さん：図書館側の対応によって利用状況は大きく変わってくると思います。警備員が巡回して居眠りを注意したり、入口に「読書以外の利用はお断り」といったホームレス排除を思わせる貼り紙があったり、2～3時間ごとに席の入れ替えがあったりするような図書館にはあまりホームレスの方は近寄りません。私が勤務していた図書館はそうした対応をしていなかったので、交通の便の悪いところでしたが、利用はかなり多かったです。彼らの利用目的は、夏の暑さや冬の寒さから体を守ること、休息すること、雨宿りをすること、トイレや水飲み場を利用すること、（トイレで）体や洗濯物を洗うことなど様々ですが、情報を得るために利用する方ももちろんいます。新聞や雑誌で世の中で起こっていることを知ったり、時代小説を読んだり。支援をするようになってから気付いたのですが、「ふつう」の人よりも切実に本を求めている、読書が心の支えになっている人が多いように思います。

　かつてホームレスだった人で、いまは生活保護をもらいながらアパートなどで生活している方の中にも図書館の常連さんは結構いました。経済的な安定は手にいれましたが、新しい生活の中でホームレス時代よりも「孤独」を感じてしまう方も多いようです。そうした方にとっては、図書館は読書だけでなく、誰かと話をする「居場所」になっていると感じることもありました。職員に話しかける方も多いです。

　――日本の公共図書館とホームレスの方々の接点は今のところ閲覧スペースを利用してもらう程度にとどまっている印象があります。先ほどお伺いした、ホームレスの方が必要とする情報を届けていく方法として、図書館ができること、図書館にやってほしいことはありますか？

　阪口さん：就労や自立を支援する情報は各種団体や施設のパンフレットとしてまとめられていることがありますので、図書館の入口にはそうした情報源をできるだけたくさん並べてほしいと思います。路上生活をサバイブ・脱出するためには『路上脱出ガイド』（または『路上生活・生活SOSガイド』・図1.3）という小冊子を各地の支援団体が作っているので、図書館内の手に取りやすい場所、例えば、トイレの個室や手洗い場などに置いてもらえるといいなと思います。

図1.3　路上生活をサバイブ脱出するためのガイドブック
(出典) 特定非営利活動法人ビッグイシュー基金「路上脱出・生活SOSガイド」2015年8月改訂5版 http//www.bigissue.or.jp/guide/

　阪口さん：インターネットでも炊き出しの日程などの支援情報を発信しているのですが、図書館でインターネットを利用しようとすると、貸出カードが必要になることがほとんどだと思います。通常、貸出カードは公的な身分証がないと作れません。ホームレスの方は様々な事情から身分証を持っていない、提示したくないことがありますので、利用規則を見直すか、柔軟に対応することも、彼らへの情報サービスの第一歩になると思います。

　情報サービスの話とは少し離れてしまうかもしれませんが、ホームレス問題は図書館だけでは解決できない、ということも伝えておきたいです。このことは、図書館は何もしなくてもよい、ということではありません。図書館も含めて地方行政全体で取り組むべきだと思っています。ホームレスの方々の図書館利用をめぐって生じるトラブルは「におい」の問題に収れんすると言ってもいいと思います。ならば、福祉課と連携して図書館にシャワーを設置してみる、という方法もあるのではないでしょうか。ほかにも、安全に眠る場所を提供するために仮眠室を作る、「子ども食堂」のような機能を図書館の中に取り入れることもできると思います。これらのことは、北米、北欧などの図書館先進国ではすでに取り組んでいます。

　海外の図書館では、図書館員がフロアに出て、ホームレスの方に自ら近づいて様々な支援情報を提供し、各種の支援機関につないでいくこともあります。日本の図書館では残念なことですが、ホームレス＝迷惑な利用者、というとらえ方をしていることが多いようにも感じます。社会教育（図書館）、福祉、医療（病院）など、横のつながりを強くして、ホームレスを支援する総合的なプログラムを作ることが大事だと思います。

(2017年10月20日インタビュー、山口真也)

第 2 章　図書館における情報サービスの種類

1　「情報サービス」の種類

　第1章冒頭でも確認したように、図書館における情報サービスの中には、レファレンスサービスをはじめとして、レフェラルサービス、カレントアウェアネスサービス、利用案内、読書案内・相談等が挙げられる。

　それぞれの情報サービスの種類については、次章以降で詳しく紹介することとなるため、ここでは、それぞれの概要について確認してみたい。ただし、読書相談については、次章以降で取り上げる機会がないため、本章で詳しく述べておくこととする。

1.1　レファレンスサービスとは？

　レファレンス（reference）という用語には、参照、参考、紹介、問い合わせなどといった意味が含まれる。情報サービスの代表的なサービスとされる「レファレンスサービス」とは、「何らかの情報要求をもつ利用者に対して図書館員が行う人的援助[1]」、「なんらかの情報あるいは資料を求めている図書館利用者に対して、図書館員が仲介的立場から、求められている情報あるいは資料を提供ないし提示することによって援助すること[2]」、「図書館利用者が学習・研究・調査等のために必要な資料および情報を求めた場合に、図書館員が図書館の資料と機能を活用して資料の検索を援助し、資料を提供し、あるいは回答を

---

[1] 日本図書館協会図書館ハンドブック編集委員会編『図書館ハンドブック』第6版補訂2版，日本図書館協会，2016，p.83．
[2] 図書館情報学会用語辞典編集委員会編『図書館情報学用語辞典』第4版，丸善，2013，p.255．

与えるなど、利用者と資料とを結びつける業務[3]」といったようにいくつかの図書館用語辞典等では解説がなされている。

これらの解説に見られるように、「レファレンスサービス」の基本的要点として、以下の3点を踏まえておく必要があることが確認できる。

1）　何らかの資料や情報を必要としている図書館利用者がいるか
2）　1）の求めに対して図書館が提供できる資料や情報、機能を備えているか
3）　2）の提供にかかわり図書館員が仲介的役割を果たせるのか

上記の3点にかかわり、レファレンスサービスにおいても、第1章の図1.1で示された「情報サービスの種類・大まかな区分」のように、レファレンスサービスにおける「直接サービス」と「間接サービス」のあり方が問われてくるのである。米国の公共図書館においてはインターネット情報源の普及にともない、利用者からの質問を受け付け回答するといった直接サービスの利用が低下しているとの報告もあり[4]、これからのレファレンスサービスのあり方が問われているともいえよう。それらの詳しい内容については、第3章において取り上げることとする。

1.2　レフェラルサービスとは？

レフェラル（referral）という用語には、レファレンスと同様に参照、紹介といった意味とともに、推薦や委託といった意味も含まれる。図書館における「レフェラルサービス」とは、「他の図書館や専門機関、専門家に問い合わせを行い、入手できた回答を利用者に提供する方法（中略）、回答提供が可能な他の図書館や専門機関、専門家を紹介する方法[5]」、「利用者からの情報の要求に対して、その分野の適切な専門家や専門機関に照会して情報を入手し、提供するサービス。また、そうした専門家や専門機関を利用者に紹介するサービ

3）図書館用語辞典編集委員会編『最新　図書館用語大辞典』柏書房，2004，p.568.
4）齋藤泰則「公共図書館におけるレファレンスサービスの動向と課題」『図書館雑誌』Vol.109，No.5，2015.5，pp.277-279.
5）前掲1），p.93.

ス[6]」、「利用者の要求するテーマに関する情報の情報源（人、機関など）を知らせるサービス[7]」といった解説が図書館用語辞典等では確認できる。

　レフェラルサービスの特徴としては、自館が所蔵する資料だけでは、利用者が求める資料・情報の要求に対して適切な回答が難しいと判断される場合に、適切な回答を提供するのにもっともふさわしい外部または他の専門機関や個人についての情報を提供したり、紹介し取り次いだりするところにある。このような、外部または他の専門機関や個人のことを「リソース」と呼んだりすることもある。

　したがって、レフェラルサービスを提供するためには、自館が所在する地域の種々の関係機関、並びに個人に関する情報収集はもとより、日頃からの関係機関（者）との意見・情報交換などを通して人的交流を図りながら、レフェラルサービスを提供するためのリソースの蓄積と維持管理が不可欠となる。

1.3　カレントアウェアネスサービスとは？

　カレントアウェアネス（current awareness）とは、直訳すれば現在を知ることといった意味合いを帯びているが、いわゆる図書館が提供する「文献速報」という形で発展してきたサービスである。

　具体的に「カレントアウェアネスサービス」とは、「図書館その他の情報機関が利用者に対して最新情報を定期的に提供するサービス[8]」、「新着情報追跡調査のこと。（中略）利用者の希望する特定の主題について、より新しい情報を提供すること[9]」と解説されている。すなわち、世の中に流通する各種資料・情報の中から、各図書館が利用者の情報要求を勘案しつつ最新の情報をすばやく一覧できるよう精選された情報提供サービスととらえることができる。

　このようなカレントアウェアネスサービスの端緒は、研究者の増加と研究論文数の増加にともない、産業界や学会において研究の重複を防ぐことが求めら

6）前掲2）、p.256.
7）前掲3）、p.572.
8）前掲2）、p.40.
9）前掲3）、p.71.

れてきたことに大きくかかわる。例えば、ある図書館において、利用者の関心ある情報が掲載されている雑誌をすべて取り揃え、語学にも不都合がない研究者がいるとしても、個人ではそのすべての雑誌に目を通すことが不可能である。そもそも、情報は分散しているため、特に境界領域のような主題においては、利用者全員に関係のありそうなすべての雑誌を購入する余裕はない。カレントアウェアネスサービスは、そのような増加する情報をろ過し、利用者自身が、求める情報に的確に適切にアクセスできるよう普及してきたサービスといえよう。

カレントアウェアネスサービスには、そのサービスの内容によって、選択的情報提供あるいは情報の選択的提供と訳される「SDI (Selective Dissemination of Information)」や、最新刊の雑誌、ニューズレター等の逐次刊行物の目次を複写して配布する「コンテンツシートサービス (Contents Sheet Servece)」などがある。これらについては、第6章において詳しく述べることとする。

1.4 利用案内とは？

第1章でも確認したように、情報サービスにおける直接的サービスにおいては、利用者の求めに応じて提供する受動的サービスと、利用者からの求めを想定して取り組む能動的サービスがあるが、「利用案内」は、文献探索の援助や指導（ガイダンス）といった能動的サービスに位置づけられる。さらに、情報サービスにおける間接的サービスにも位置づけられる「利用案内」もある。

具体的には、図書館オリエンテーションや文献利用指導にかかわるような直接的サービスが挙げられる。また、利用案内パンフレットの作成や図書館ウェブサイト上での利用案内情報提供といった間接的サービスが挙げられる。

つまり、「利用案内」とは、「図書館や資料の利用方法などを利用者にわかりやすく知らせること、またその案内を示すもの[10]」として理解することができる。一方、図書館利用援助として「図書館の利用にかかわる物的ならびに人的な援助全般[11]」として示し、その具体的な方法や活動として、「図書館の利用

---

10) 前掲3), p.560.

者および潜在利用者の集団を対象に計画、実施される、組織的な教育的活動[12]」というように図書館利用教育としての側面も帯びている。このように、「利用案内」の関連語として、図書館利用援助、図書館利用教育、図書館利用指導、図書館利用ガイダンス、図書館オリエンテーションといった言葉が用いられることもある。しかし、公共図書館は、社会教育施設であり、利用者の個々の自主性や主体性が尊重されるために、指導・教育という言葉はあまり使われず利用案内という言葉が用いられることが多い。

1.5 読書案内・相談とは？

「読書案内」とは、「貸出カウンターに隣接したカウンター、あるいは書架の間などで行われる、図書や雑誌などについての相談に対応するサービス[13]」とされ、「貸出部門で行われるレファレンスサービスという性質をもつ[14]」ものと示されている。ある資料に関連する資料を探したい場合や、同一著者による他の作品を読みたいなどという場合に相談に応じるサービスをいうものとされている。

一方、「読書相談」とは、「図書館の利用者が自ら読む図書の選択に迷っているとき、図書館員がその相談に応じること[15]」とされ、「常に図書館の資料提供（貸出し）の一環として行われる[16]」ものと示されている。

一見すると「読書案内」と「読書相談」については、類似したサービスととらえられそうではあるが、「読書案内」が館内の不特定の場で利用者からの相談に応じる活動であるのに対して、「読書相談」は資料提供（貸出し）の場面において相談に応じる活動であり、そのサービスの特性に違いがみられる。なお、日本図書館協会公共図書館部会参考事務分科会が示した「参考事務規程」

---

11) 前掲 2)，p.182.
12) 前掲 2)，p.183.
13) 前掲 1)，p.77.
14) 前掲 1)，p.77.
15) 前掲 3)，p.370.
16) 前掲 3)，p.370.

〔1961年3月15日〕においては、「読書相談は参考事務の一部として取り扱う」ことが謳われており、当該規程における参考事務（レファレンスサービス）とは別の概念として位置づけられている[17]。このこともあり、「読書案内・相談」については、広義においてレファレンスサービスの一環ととらえられるが、狭義にはレファレンスサービスとは独立したサービスとしてとらえる向きもある。

　ところで、1970年に日本図書館協会より刊行され、中小公共図書館の運営の指針としても大きな影響を与えた『市民の図書館』では、読書案内サービスの方法として、読書案内デスクを設けて正規職員の司書が担当する方法が論じられている。しかし、実際に読書案内デスクを設けた図書館はほとんどないだろう。以下では、前川恒雄や薬袋秀樹の主張する読書案内サービスに焦点をあてながら、その本質について考えてみたい。

　前川恒雄は、1966年から1981年にかけて『市民の図書館』などで読書案内について、以下のように詳しく解説している[18][19][20]。

　読書案内とは、利用者の求める資料を見つけ出すサービスであり、利用者が来館する場合、自分の問題解決に適切な資料が何かわからない場合と、求める資料は明確であるが、その利用方法がわからない場合がある。読書案内は、このような場合に利用者の図書選択を助け、利用者の要求や課題と図書を結びつける仕事であるという。その仕事内容として次に示すような4点が挙げられている。

1）　利用者の要求を聞き、利用者と対話して、要求を明確にする。
2）　利用者の要求に合う図書を調べ見つけ出す。
3）　利用者自身において求める図書が明確になっている場合でも、もっと広い範囲でより適切な図書が選択できるように援助する。

---

17)日本図書館協会編『図書館講習資料』6訂版，1996，p.341.
18)前川恒雄「Reader's Advisory Service について」『図書館雑誌』第60巻第1号，1966.1，pp.2-3.
19)前川恒雄編『貸出しと閲覧』（シリーズ・図書館の仕事 13），日本図書館協会，1966，pp.109-132.
20)日本図書館協会編『市民の図書館』増補，1976，pp.19-21.

4) 利用者の求める図書が自館にあるかどうかを調べ、自館にない場合は、買うか他館から借りて入手できるよう援助する。

上記の4)はリクエストにかかわるものでもあり、読書案内はリクエストを含む概念として位置づけていることがわかる。

また、前川は、貸出作業と読書案内を区別し、先にも述べた読書案内専用デスクと読書案内係を設置することも提言したのである。独立した読書案内専用デスクの設置が望ましい理由として、①利用者は貸出カウンターの大勢の人の前では気おくれして質問しにくいこと、②読書案内には時間がかかるし、いろいろと話し合わなければならないので貸出業務の邪魔になること、の2点が挙げられており、読書案内の担当職員については、貸出係で経験を積んだ職員が想定されている。

前川の見解に依拠するならば、読書案内は図書館サービスを市民の役に立つものにする仕事であり、図書館サービスの中枢であることがうかがえる。読書案内のない貸出業務は「図書館の」貸出業務とはいえないとも主張し、読書案内は高度の専門性を要求される業務であり、図書館の専門性を市民の前に具体的に示す仕事であるとも述べている。

薬袋秀樹は、「足立区立図書館の委託反対運動の中で、図書館が読書案内やレファレンスを十分行っておらず、質問が少ないことが委託の原因となっており、これらのサービスを充実しなければカウンター業務の全面委託が行われると考えた[21]」ことを述懐し、利用者の情報要求を把握するためには、参考図書室で行われるレファレンスサービスだけでは不十分であることを指摘し、貸出フロアで質問に応じ、レファレンスデスクへ導くための読書案内サービスの必要性を主張している。また、薬袋によれば、その後、相当数の図書館で読書案内サービスが採用され、採用した図書館では、それを基盤としながら行政支援サービスをはじめとする新しい専門的サービスを切り開いているのに対して、

---

[21] 薬袋秀樹「公立図書館における貸出カウンター業務の委託をどうとらえるか：直ちに読書案内・レファレンスサービス確立のための行動を」『図書館雑誌』第97巻第3号, 2003.3, p.151.

表2.1 読書案内の実施方法（3段階）

読書案内の段階	実施方法
①貸出カウンターでの対応	・貸出カウンターに読書案内を明示したサインを置き、常に貸出担当者に経験豊かな職員（できれば専門職員）を1人以上配置して、担当者の氏名を明示しておく。 ・貸出で混雑しているときに利用者の質問があった場合、質問に対応できるように貸出作業に応援を出す態勢を作っておく。 ・貸出カウンターの近くに相談用のデスク（無人）を置き、質問があった場合は、利用者をそこに案内し、職員が相談に応ずる。
②読書案内デスクと職員の配置（貸出カウンターの近く）	・貸出カウンターの近くに、読書案内用のデスクを置いて、読書案内を明示したサインと経験豊かな専門職員を必ず1人以上配置して、担当者の氏名を明示し、質問に答える。
③読書案内デスクと貸出カウンターの分離	・開架フロアの中心に読書案内用のデスクを置き、読書案内を明示したサインと経験豊かな専門職員の担当者を配置して、担当者の氏名を明示し、質問に答える。貸出・返却カウンターは入口に近い場所に移す。
・いずれの段階においても、担当者は必要に応じて書架周辺を巡回することが必要である。 ・季節、曜日、時間帯による対応方法の使い分けも考えられる。 ・②や③の段階において、貸出カウンターで質問されたときは、従来程度のレベルまではその場で答え、それ以上は読書案内デスクに案内する。そのためには貸出カウンターにも専門職員が必要である。	

(出典) 薬袋秀樹「読書案内サービスの必要性：利用者の質問・相談・リクエストを受けとめるために：後（公共図書館改革の提言 1）」『図書館雑誌』第88巻第7号，1994.7，p.480．より抜粋した読書案内の実施方法（3段階）を表形式にまとめたもの。

採用しなかった図書館では、読書案内やレファレンスサービスを確立できず、新しい専門的サービスも展開できていないという[22]。

　これらの指摘からは、広義においてレファレンスサービスの一環としてとらえられる向きもある読書案内サービスではあるものの、それは情報サービスのごく一部としての読書案内サービスではなく、情報サービスを充実させる基盤となる極めて重要なサービスとして省察すべきものであることが明らかである。

　最後に、薬袋が示した読書案内の実施方法としての3段階を紹介しておきたい（表2.1）。これは、職員の専門性のレベルによって考えられる3つの方法を示したものであり、各図書館の事情と必要性に応じて、順次その有効性を確認した上で段階を進めていくべきものであると述べられている。

22）前掲21），p.151．

2 館種別の情報サービスの意義・展開例・特徴

ひと口に図書館といっても、その図書館を設置する母体となる組織の目的や使命によって、いくつかの種類に分けられる。そのような図書館の種類のことを「館種」と呼んでいるが、館種には、一般に、国立図書館、公共図書館、大学図書館、学校図書館、専門図書館の5館種が挙げられる。ここでは、それら館種ごとに見られる情報サービスの意義・展開例・特徴について取り上げてみたい。

2.1 国立図書館における情報サービス

国が設置母体となり経営が行われる図書館が国立図書館である。日本では、国会法第130条において「議員の調査研究に資するため、別に定める法律により、国会に国立国会図書館を置く」と謳われており、それに基づいて、国立国会図書館法が制定され、1948年に設立された国立国会図書館が唯一の国立図書館となる。ここでは、日本の国立図書館としての国立国会図書館を例に挙げながら解説を加えてみたい。なお、国立国会図書館は、永田町（東京都千代田区）の東京本館、関西文化学術研究都市内（京都府相楽郡精華町）の関西館、及び、支部図書館として、上野（東京都台東区）の国際子ども図書館、行政・司法各部門に設置された支部図書館33館（内閣府図書館、最高裁判所図書館など）からなる国立図書館である。

(1)国立図書館における情報サービスの意義

国立図書館の役割には、大きく3つ挙げられる。まず、国立国会図書館法第24条、第25条で定められた納本制度により、国内発行の出版物については、すべて国立図書館に納入することとなっており、国内で出版された情報資源を網羅的に収集する役割を担っている。次に、網羅的に収集した情報資源を恒久的に保存する役割を担っている。さらに、網羅的に収集した情報資源の書誌情報

として、「全国書誌」を作成する役割を担っていることが挙げられる。

　このような網羅的な情報資源の収集と保存、そして「全国書誌」としての書誌情報の提供が国立図書館における情報サービスを支える重要な意味を持つのである。

(2)国立図書館における情報サービスの展開例

　国立国会図書館では、日本国憲法で国権の最高機関とされた国会が、その役割を果たすために、国内外の資料を揃え調査機能を備えた一大図書館を持たなければならないという設立の理念に基づいた情報サービスが展開されている。それは、国会のための図書館であると同時に、国立図書館として行政・司法部門や国民に広く情報サービスを提供していることでもある。

　ここでは、国会のための図書館としての情報サービス、並びに、国民への情報サービスの観点からその展開例を取り上げてみることとする。

　まず、国立国会図書館の第一の役割でもある国会への情報サービスは、調査及び立法考査局を中心に全館を挙げて行っている。調査及び立法考査局の任務は国立国会図書館法第15条に規定されており、その要旨は次の通りである[23]。

1）　法案・案件の分析評価を通じて両議院の委員会を補佐すること
2）　両議院、委員会および議員に対し国政審議に役立つ資料・情報を提供すること
3）　求めに応じて議案起草のサービスを行うこと
4）　国会奉仕に支障のない限り行政・司法各部門、一般公衆へも一定の奉仕を行うこと

　主に1）～3）が国会のための図書館としての情報サービスにかかわる任務として確認することができる。ここで、調査及び立法考査局において、具体的にどのような情報サービスが展開されたのか、『国立国会図書館年報』（平成27年度）に拠りながら概観してみたい。調査及び立法考査局での依頼調査は、

[23) 国立国会図書館「国会へのサービス概要」http://www.ndl.go.jp/jp/diet/service/index.html（2017.8.31最終確認）.

「衆・参両議院、委員会及び国会議員からの依頼に基づき、法案などの案件の分析・評価、政治・経済・社会各般にわたる国政課題や内外の諸制度・事情に関する調査、法案要綱の作成等を行うもの[24]」があり、種々の分野にわたる。どのような分野でどのような依頼が多く寄せられたのかについて、ごく一部ではあるが以下に示してみたい。

1）政治・行政・外交分野
選挙制度改革、個人情報保護法制の見直し、LGBT（性的少数者）をめぐる課題、平和安全法制（集団的自衛権等）など

2）財政・経済・産業分野
税制改正、原子力発電、防災・災害対策、放送の自由、農協改革など

3）社会・労働・文教・科学技術分野
非正規労働、子どもの貧困、放射性物質汚染廃棄物処理、教育の機会保障など

また、国立国会図書館では、国会のための図書館としての情報サービスにかかわる任務の遂行にあたり、「国会サービスの指針」を以下のように定めている[25]。

国会サービスの指針

国立国会図書館は、国会サービスに係る拡充強化目標を以下に掲げ、調査及び立法考査局を中心に、全館を挙げてその実現に努めます。

■「立法府のブレーン」「議員のための情報センター」としての役割の拡充強化
1）これまで実績のある諸外国の制度の調査、分野横断的調査など、当館ならではの専門的・分析的な調査を拡充します。

24）国立国会図書館総務部編『国立国会図書館年報』（平成27年度）国立国会図書館, 2015, pp.16-17.
25）前掲23）.

2）国政課題を的確に予測して調査研究を行い、その成果としての刊行物を充実させ、多様な方法で提供します。また、その時々又は中長期的な国政課題を取り上げて要点を簡潔に説明するセミナーを適時に開催します。

3）当館所蔵資料及び利用可能なデータベースを拡充して広範な情報基盤を構築するとともに、それらの資料・情報群を専門的に調査する能力を強化します。また、当館全体の資源（資料、専門知識、情報システム）を機動的に組み合わせて、国会議員の諸活動に必要な資料・情報を迅速的確に提供します。

■「国会と国民とをつなぐ役割」の拡充強化

4）内外の調査機関・研究者との連携を通じて得られる情報を含む、多様なソースからの情報を国会に提供します。また、関係諸機関と連携して、国会において生み出される情報への国民のアクセスを容易にし、国会と国民とをつなぐ役割を果たします。

　澤田大祐によれば、上記の「国会サービスの指針」では、「『立法府のブレーン』『議員のための情報センター』としての役割の拡充強化」と「『国会と国民とをつなぐ役割』の拡充強化」を目標として掲げているが、この2つをどのように果たし、国会議員はもとより、国民のニーズにも応え、ひいてはわが国の民主主義の発展に貢献するかは、調査及び立法考査局が直面する大きな課題であることを指摘している[26]。

　一方、調査及び立法考査局の任務には、国民への情報サービスも重要な任務として挙げられる。国民への情報サービスについては、東京本館、関西館及び国際子ども図書館において行っており、具体的には、国内の各種図書館、地方公共団体、調査研究機関等及び個人並びに海外の団体・個人を対象として、遠隔利用サービスと館内利用サービスを提供している[27]。特に、東京本館、関西館及び国際子ども図書館の3施設では、平成28（2016）年度～32（2020）年度

26）澤田大祐「国立国会図書館の国会サービス：立法活動を支える情報の提供」『情報管理』Vol.59, No.8, 2016.11, p.512.
27）前掲24), p.29.

に共通して取り組むべき利用者サービスの提供方針を「国立国会図書館利用者サービス基本計画2016」として策定し、「Ⅰ　利用者サービスの方向性」と「Ⅱ　実施するサービスの概要」を掲げている。ここでは、「Ⅱ　実施するサービスの概要」のなかから、「資料提供サービス、レファレンスサービスの拡大・深化」で掲げられている項目を取り上げておきたい。

資料提供サービス、レファレンスサービスの拡大・深化

・図書館送信サービスの利活用を促進します。
・遠隔複写サービスの利便性及び認知度を向上させます。
・東京本館、関西館、国際子ども図書館の統一的な手続による資料の予約・取寄せサービスを目指します。
・利用手続を改善し、利用環境の整備を行います。
・障害者サービスを充実します。
・レファレンス情報の発信に努め、レファレンスサービスを改善します。
・利用者ニーズの継続的な把握と分析を行い、サービスの改善に役立てます。

　なお、国立国会図書館東京本館及び関西館では、個人の資料の利用について、原則満18歳以上と定めている。しかし、学校のレポート作成や卒業論文執筆などの調査研究のために、国立国会図書館にしかない資料を利用する必要があると認められる場合には、満18歳未満でも利用可能となる場合がある。
　一方、児童書を専門に扱う国際子ども図書館は、満18歳未満でも利用可能であるが、児童書研究資料室は、入室に際して手続きが必要となる。
　国立国会図書館では、日本に1点しかない貴重な資料も多いことから、所蔵資料の大部分が書庫内に保管されている。特に、東京本館及び関西館では、個人が書庫内の資料を利用するにあたり利用者として登録する必要がある。その登録利用者制度を活用し、「個人の登録利用者」として登録すれば書庫内資料

の閲覧申込も可能である[28]。

このように、国立国会図書館における個人への情報サービスの展開においては、まず、身近な学校図書館や最寄りの公共図書館などを利用したうえで、そこで希望する資料が入手できない場合に、次の段階として、各公共図書館などを通して国立国会図書館の所蔵資料を利用する手順を踏むことで、円滑な情報サービスの展開を果たしている。

(3)国立図書館における情報サービスの特徴

あらためて、国立国会図書館法に目を通してみれば、前文で「真理がわれらを自由にするという確信に立つて、憲法の誓約する日本の民主化と世界平和とに寄与することを使命として、ここに設立される」と設立の理念をうたい、第2条で「図書及びその他の図書館資料を蒐集し、国会議員の職務の遂行に資するとともに、行政及び司法の各部門に対し、更に日本国民に対し、この法律に規定する図書館奉仕を提供する」と、その目的を定めていることが確認できる。

つまり、日本の国立図書館としての国立国会図書館における情報サービスの意義としては、「真理がわれらを自由にする」という理念のもと、「従来の政治が真理に基づかなかった結果悲惨な状況に至った。日本国憲法の下で国会が国民の安全と幸福のため任務を果たしていくためには調査機関を完備しなければならない[29]」という、当時の羽仁五郎参議院図書館運営委員長の趣旨説明にも顕れている通り、国会に奉仕する国立図書館であるだけではなく、国民の情報ニーズにも応えることが挙げられる。

2.2 公共図書館における情報サービス

公共図書館という用語は、次に示すような大きく2つの意味合いで用いられる[30]。第一は、「図書館法」第2条に謳われる「一般公衆の利用に供し、その

---

28) 国立国会図書館「登録利用者制度のご案内」http://www.ndl.go.jp/jp/information/guide.html#PersonalRegist（2017.10.12最終確認）。
29) 国立国会図書館「真理がわれらを自由にする」http://www.ndl.go.jp/jp/aboutus/shinri.html（2017.8.31最終確認）。

教養、調査研究、レクリエーション等に資することを目的とする」図書館である。第二には、第一の意味の公共図書館のうち地方公共団体が設置する公立図書館のことを指す場合がある。

なお、同法第2条2項においては、一般財団法人や一般社団法人などが設立する私立図書館も含められているが、2016年時点における国内の私立図書館数は19館[31]（公共図書館総数の約0.6％）であることから、ここでは、公立図書館を中心に解説を加えていくこととする。

(1)公共図書館における情報サービスの意義

公共図書館における情報サービスの意義について、法的根拠に基づけば「図書館法」第3条に謳われているように、「土地の事情及び一般公衆の希望に沿い、更に学校教育を援助し、及び家庭教育の向上に資することとなるように留意」しつつ、「社会教育法の精神に基き」（図書館法第1条）サービスが提供されるところに意義がある。社会教育法の精神とは、同法第3条が掲げる「すべての国民があらゆる機会、あらゆる場所を利用して、自ら実際生活に即する文化的教養を高め得るような環境を醸成する」ことができるよう、国及び地方公共団体の任務として掲げられているものであり、公立図書館もその任務を果たすべき社会教育施設の一つである。

(2)公共図書館における情報サービスの展開例

ここでは、公立図書館に焦点を当てつつ、市（区）町村立図書館と都道府県立図書館とに分けながら情報サービスの展開例について取り上げていくこととする。なお、それぞれの情報サービスの展開を考えるにあたって、公立図書館が行うべき活動とサービスの目標について、日本図書館協会が策定し、その解説も含めて2009年に刊行した『公立図書館の任務と目標：解説』（改訂版増補）

---

30) 前掲2), p.183.
31) 日本図書館協会編『日本の図書館：全国公共読書施設および大学図書館の実体調査・集計』日本図書館協会, 2016, pp.24-25.

に基づきながら取り上げてみたい。

　市（区）町村立図書館においては、住民の求める資料や情報を提供すること、そのために、貸出、レファレンスサービスを行い、住民の資料や情報に対する要求を喚起する働きかけを行うことが上記の任務と目標において掲げられている。解説では、「情報提供」の内容として、レファレンスサービスのほか、「時事に関する情報、参考資料」の紹介、日常生活上の課題解決やビジネスのための参考情報、当該地域に関する情報等の提供、及び関連する情報源の紹介（レフェラルサービス）があり、そのためのインターネットをはじめ電子情報へのアクセス条件の整備や、その利用についてのサポートを利用者の求めに応じて行うこと、図書館がそのような要求にも応え得るものであることを知らせる活動などを含むことが述べられている[32]。

　都道府県立図書館においては、市（区）町村立図書館と同様に住民への直接サービスが求められる。しかし、多くの場合、住民が一番利用しやすいのは市（区）町村立図書館であることから、都道府県立図書館は市（区）町村立図書館への援助を第一義的な機能として受け止めるべき必要があることが示されている[33]。また、市（区）町村立図書館において調査不可能な（解決できなかった）レファレンス質問については、豊富な情報資源を有する都道府県立図書館が引き受け、調査し回答するといった市（区）町村立図書館への援助の体制づくりも必要となる[34]。

(3)公共図書館における情報サービスの特徴

　公共図書館の最も基本的なサービスが資料や情報の提供であることは、先述した通りである。それは、貸出サービスや読書案内・相談、レファレンスサービス等によって構成されるが、ことに公立図書館として考えれば、その効果を上げる手段として分館網の整備や移動図書館等による図書館サービスネット

---

32)日本図書館協会図書館政策特別委員会編『公立図書館の任務と目標：解説』改訂版増補，日本図書館協会，2009, p.30.
33)前掲32), p.53.
34)前掲32), p.56.

ワークを構築する必要性も出てくるだろう。

　とはいえ、そもそも公共図書館（ここでは公立図書館）として、何のために情報サービスを行うのかを問い直していくことが大切である。具体的には、当該図書館の設置母体である自治体が、どのような施策大綱を持ち、向こう5年ないし10年といった中長期的なまちづくりをめざしているのか把握しておく必要がある。そのなかで、図書館がどのような位置づけにあるのかを踏まえたうえで、地域の抱える課題に寄り添い、その課題解決のための情報サービスの展開も検討していくことが望まれるところに公共図書館における情報サービスの特徴があらわれてくる。例えば、鳥取県立図書館では、鳥取県の施策として掲げられている「鳥取県の将来ビジョン」に対応した情報サービスが展開されている。「鳥取県の将来ビジョン」のなかには、「就業を希望する人が県内で『いきいきと働ける就業環境』を整備[35]」することや、「『いつでもどこでも学べる環境』づくり[36]」といった指針があり、それを受けて、「鳥取県立図書館の目指す図書館像（改定版）[37]」においても、「仕事とくらしに役立つ図書館」や「人の成長・学びを支える図書館」といった柱を掲げ、自治体の施策の推進に資する情報サービスを展開し役立っている。

2.3　大学図書館における情報サービス

　近年、大学改革が急速に進展している。国は、2013年11月、今後の国立大学改革の方針や方策、実施方針をまとめた「国立大学改革プラン」を策定した[38]。各国立大学は、文部科学省と意見交換を行い、研究水準、教育成果、産学連携

---

35)「鳥取県の将来ビジョン（追補版）」パンフレット http://www.pref.tottori.lg.jp/secure/955814/vision.pdf（PDF）（2017.9.20最終確認），p.1．
36) 前掲35)，p.6．
37)「鳥取県立図書館の目指す図書館像（改定版）：県民に役立ち、地域に貢献する図書館を目指して」http://www.library.pref.tottori.jp/about/24-tosyokan-zou.pdf（PDF）（2017.9.20最終確認），p.3．
38)「日本再興戦略」（平成25年6月14日閣議決定），「教育振興基本計画」（同日閣議決定），「これからの大学教育等の在り方について（第三次提言）」（平成25年5月28日教育再生実行会議）等を踏まえたもの。

等の客観的データに基づき、各大学の強み・特色・社会的役割の整理（ミッションの再定義）をすることとなった。今後、それぞれの大学の強みや特色を伸ばし、その社会的役割を一層果たしていくため、国立大学の機能強化を図っていくことを謳っている[39]。これらの改革は、私立大学においても「国公私立大学を通じた大学教育再生の戦略的推進[40]」の中で同様に進められている。このような、社会の新しいニーズに対応すべく様々な教育研究改革が実行される中にあって、大学図書館もまたこれまでの学術情報の集積地としてのみならず、大学図書館を「教育の場」として積極的に位置づけ、大学の教育課程に組織的・継続的に図書館サービスを組み入れる試みが各大学で取り組まれている。そして、大学図書館の情報サービスの展開はこうした試みの中に見ることができる。

(1)大学図書館における情報サービスの意義

　大学図書館の情報サービスにかかわる規定としては、「大学設置基準」の第38条、「短期大学設置基準」の第29条がそれに当たる。

　大学設置基準第38条1項では、「大学は、学部の種類、規模等に応じ、図書、学術雑誌、視聴覚資料その他の教育研究上必要な資料を、図書館を中心に系統的に備えるものとする」とされ、同第2項では、「図書館は、前項の資料の収集、整理及び提供を行うほか、情報の処理及び提供のシステムを整備して学術情報の提供に努めるとともに、前項の資料の提供に関し、他の大学の図書館等との協力に努めるものとする」ことが示されている。このように、大学図書館は、大学の教育研究活動を支える中心機関として、公共図書館以上に国内外の学術分野を中心とした高度な情報サービスを提供するところに意義がある。

---

[39] 文部科学省「国立大学改革について」http://www.mext.go.jp/a_menu/koutou/houjin/1341970.htm（2017.9.20最終確認）.
[40] 文部科学省「国公私立大学を通じた大学教育再生の戦略的推進」http://www.mext.go.jp/a_menu/koutou/kaikaku/index.htm（2017.9.20最終確認）.

(2)大学図書館における情報サービスの展開例

　ヨコタ＝カーター啓子は、ワシントン大学図書館における事例として、「ライブラリアンは人と情報を結びつける専門職であり、研究者と図書館の関係を深めるリエゾンとしての責任が重視[41]」されていることを挙げている。リエゾン（liaison）とは、フランス語で「仲介、つなぎ、橋渡し」等を意味する。資料や情報を利用者へ仲介するという営みについては、これまで確認してきた情報サービスのあり方として特に目新しいものではないだろう。しかし、そこで紹介されているライブラリアンは、学部教育の一部も担うなどリテラシー教育とのかかわりから、授業と密接に関連した大学図書館における情報サービスを展開している。

　具体的な取り組み事例として、「ある特定の授業の担当ライブラリアンになる。例えば、地理学入門のクラスでは、地理学専門のライブラリアンは教授から授業内容を渡され、学生が必要とする基本的必要文献のホームページを作成したり、文献を紹介したりする。学生がその授業に関する資料調査の質問を気軽にできるように、そのクラスの担当ライブラリアンの氏名と連絡先が、授業計画書に記されている[42]」といった活動が紹介されている。学部の特定の授業に専任のライブラリアンが付き、学生の学修活動に資する情報サービスを展開している。2008年当時の記事からの引用ではあるが、日本の大学図書館でここまで学部の授業にコミットした情報サービスの事例は極めて少ないだろう。

(3)大学図書館における情報サービスの特徴

　近年の大学図書館における情報サービスの特徴としては、学生の学修支援として、大学が有する多様な学術情報資源のなかから情報を効率よく収集し、選択し、利用するための情報リテラシーの育成と結びついた情報サービスの展開が見られるところにある（これについては、第6章においても取り上げる）。

---

41) ヨコタ＝カーター啓子「世界基準の図書館情報サービス：アメリカの大学図書館からの視点」『情報管理』Vol.51, No.7, 2008.10, p.528.
42) 前掲41), pp.528-529.

また、地域貢献という観点から、地域住民等へも利用を許可し情報サービスを提供している大学図書館もあるが、制限や条件を設けていることが多い。大学図書館として、所属学生や教員への高度な情報サービスを提供するためには、地域貢献とのバランスを考えた情報サービスの提供のあり方が問われるところである。

2.4 学校図書館における情報サービス

　学校図書館とは、学校図書館法第2条に規定されるように小学校、中学校、義務教育学校[43]、中等教育学校[44]、高等学校、特別支援学校に設けられる図書館である。学校図書館の設置は義務であることから、仮に児童生徒数1名の極小規模校であったとしても、学校図書館を設置することが求められる。公共図書館未設置の自治体においては、子どもたちが最初に出会う図書館が「学校図書館」ということも考えられる。それだけに、学校図書館における情報サービスは、児童生徒が学校卒業後、他館種の図書館を利活用するための礎ともなる重要な原体験となることを踏まえておく必要がある。

(1) 学校図書館における情報サービスの意義

　学校図書館法第2条において、学校図書館では、「図書、視覚聴覚教育の資料その他学校教育に必要な資料を収集し、整理し、及び保存し、これを児童又は生徒及び教員の利用に供すること」が謳われており、情報サービスにおける直接サービスに該当するものとしては、学校図書館が有する資料や情報を児童又は生徒及び教員の利用に供することであり、間接サービスに該当するものとしては、学校教育に必要な資料を収集・整理・保存することである。それら学校図書館における情報サービスの提供によって、「学校の教育課程の展開に寄与」し、「児童又は生徒の健全な教養を育成」することが求められる。

---

43) 1つの学校として、小中一貫教育を実施することを目的とする学校のこと。
44) 1つの学校として、中高一貫教育を実施することを目的とする学校のこと。

(2)学校図書館における情報サービスの展開例

　先に述べたように、学校図書館は児童生徒や教員の利用に供するものとして、学校図書館法第4条1項では、情報サービスの展開にかかわる以下の例が挙げられている。

・図書館資料を収集し、児童生徒及び教員の利用に供すること。
・図書館資料の分類排列を適切にし、及びその目録を整備すること。
・読書会、研究会、鑑賞会、映写会、資料展示会等を行うこと。
・図書館資料の利用その他学校図書館の利用に関し、児童生徒に対し指導を行うこと。
・他の学校の学校図書館、図書館、博物館、公民館等と緊密に連絡し、及び協力すること。

　当然のことながら、学校教育における情報サービスには、「学習指導要領」の理念として継承されている「生きる力」を育む情報サービスの展開が求められる。2017年3月に新しい小・中学校学習指導要領が告示されたが、そこでは、知識の理解の質を高め資質・能力を育む「主体的・対話的で深い学び」が求められている。

　これまでにも、「総合的な学習の時間」の学習指導要領で明示されてきた「総合的な学習の時間における児童の学習の姿」(図2.1) に見られるように、①課題の設定、②情報の収集、③整理・分析、④まとめ・表現、の探究の過程にかかわり、学校図書館が情報サービスを展開する必然性は十分にあった。

　また、「総合的な学習の時間」の学習指導要領では、環境整備についても言及されており、自由な読書活動や読書指導の場である「読書センター」として、自発的・主体的・協働的な学習活動を支援したり、授業の内容を豊かにしてその理解を深めたりする「学習センター」として、さらには、児童や教職員の情報ニーズに対応したり、児童の情報の収集・選択・活用能力を育成したりする「情報センター」としての機能を担う中核的な施設であることが求められている。以下に、『小学校学習指導要領解説：総合的な学習の時間編』において述べられている「学校図書館の整備」について、情報サービスの展開にかかわる

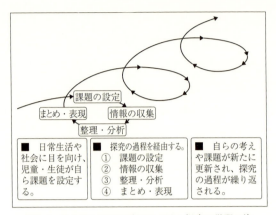

図2.1 総合的な学習の時間における児童の学習の姿
(出典)『小学校学習指導要領解説：総合的な学習の時間編』文部科学省，2017，p.9．

事項の要点を示しておく[45]。

- 総合的な学習の時間で取り上げるテーマや児童の追究する課題に対応して、関係図書を豊富に整備する。
- 学校が求める図書を定期的に配送するシステムを取っている自治体にあっては、地域と一体となって学習・情報センターとしての機能を高める。
- 児童生徒が必要な図書を見つけやすいように日頃から図書を整理したり、コンピュータで蔵書管理したりする。
- 図書館担当は、学校図書館の物的環境の整備を担うだけでなく、参考図書の活用に関わって児童生徒の相談に乗ったり必要な情報提供をしたりするなど、児童生徒の学習を支援する。
- 学校図書館の環境を、児童生徒が自ら活用できるようにするために、どこに行けばどのような資料が入手できるのか、どのような観点から必要な情報を探すのかといった探究の過程を支えることができるように整える。
- 国語科における読書指導や特別活動における主体的な学習態度の形成と学校図書館の活用に係る指導と緊密に関連づけ、成果を上げていく工夫も大

---

45) 『小学校学習指導要領：総合的な学習の時間編』文部科学省，2017，p.135．

切である。
・総合的な学習の時間において児童が作成した発表資料や作文集などを、学校図書館等で蓄積し閲覧できるようにしておくと、児童生徒が学習の見通しを持つ上で参考になるだけでなく、優れた実践を学校のよき伝統や校風の一つにしていく上で有効である。

(3)学校図書館における情報サービスの特徴

　紙幅の関係で「総合的な学習の時間」を例に情報サービスの展開例を述べてきたが、学校図書館における情報サービスの特徴は、学校の教育課程の展開に寄与するところにある。つまり、すべての教科／領域にわたって情報サービスを提供し、子どもたちの学びが豊かになるようにすることはもとより、そのための教員の授業づくりにも資する情報サービスが求められる。さらに、授業とは直接関わりのない事柄であったとしても、子どもたちの日常生活のなかで湧き上がってくる疑問を解決するため、学校内の身近な情報センターとしての情報サービスも必要である。例えば、「校庭で見つけた花の名前を知りたい」、「カブトムシの幼虫を育てるにはどうしたらよいのか」など、好奇心であふれた子どもだからこそ寄せられる日常的な疑問に応える情報サービスも求められる。

　そのような、情報サービスの提供に関わり、学校図書館において指導あるいは支援を行う専門職は、司書教諭、並びに、学校司書である。2014年の学校図書館法改正によって、「専ら学校図書館の職務に従事する職員」としての学校司書を配置する学校も増加してきた。しかし、学校規模（特に12学級以下の小規模校）によっては、司書教諭も学校司書も未配置の学校もあり、学校図書館における情報サービスの提供に課題のある学校も多い。司書教諭、並びに、学校司書が未配置の場合には、市区町村（都道府県）等へ「請願書」を提出するなど、自治体、議会、議員、教育委員会に予算化をはたらきかける必要もある。

　今後の学校教育においては、学校に閉じた学びではなく「社会に開かれた教育課程」を重視した、地域社会と連携した学びづくりが求められる。すなわち、

学校図書館におけるレフェラルサービスもまた学校の教育課程の展開に寄与する情報サービスとして大いに期待されていくこととなるだろう。
　例えば、小学校第5学年国語科教科書（光村図書）には、江戸時代の大地震からの復興に携わった人物について書かれた伝記「百年後のふるさとを守る」という和歌山県広川町での出来事を扱った教材がある。この教材は、「稲むらの火[46]」に登場する五兵衛のモデルとなった浜口儀兵衛の復興へ向けた活動が描かれている。教材の単元名は「伝記を読んで、自分の生き方について考えよう」である。「百年後のふるさとを守る」において書かれた内容は、和歌山県広川町での出来事に基づいているかもしれないが、単元名にもあるように、子どもたちが「自分の生き方について考えよう」とするためには、「自分ごと」として自分が生きている地域になぞらえて考えていくことが求められる。その際、郷土の偉人に学ぶという観点から、当該地域に関連する伝記を資料として提供することも考えられるが、当該地域の「いま・ここ」の環境と寄り添いながら長らく生業（なりわい）としてきた方々（個人・団体の関係者）に、ゲストティーチャーとして語ってもらうことも子どもたちの学びに資する貴重な情報源となる。いわゆる、学習に役立つ地域の「人的情報資源」の構築も学校図書館に求められる情報サービスなのである。
　ここでは、国語科を例に挙げてみたが、国語科に限らず小学校中・高学年になるにしたがって、子どもたちの学びは自分自身の周囲のことから、学校が所在する地域に関わることへと広がっていく。「教科書を学ぶ」のではなく「教科書で学ぶ」と言われるように、子どもたちの学びに資するためには学校図書館が地域の「人的情報資源」につなぐコーディネーターとして機能し、教科書から広がる学びを提供していくことが肝要である。

---

[46] 紀州藩広村（現・和歌山県広川町）で大地震に遭遇した五兵衛（浜口儀兵衛）は、波が沖へ沖へと動く津波の前兆を悟り、一刻も早く村人に知らせるため、取り入れるばかりになっていた田の稲むらに火をつけた。燃え上がる稲むらの火に驚いた人々が、高台にある五兵衛の家に集まり、津波の難を逃れることができたという話。

2.5 専門図書館における情報サービス

専門図書館とは、「一般図書館としての公共、大学、学校の各図書館に対する語であった。(中略) 理論的には、事業の執行機関としての組織の業務実施の支援機能として設けられ、組織の構成員に対するサービスを任務とし、組織の経費負担によって維持される図書館[47]」と示されている。また、収集される資料や情報については、「特定専門分野に関する資料および情報提供サービスをその活動の中心[48]」としているところが特徴として挙げられている。一義的に具体的な図書館を挙げることは難しいものの、専門図書館協議会が2002年に取りまとめた『専門図書館運営の現状と課題：アンケート結果報告書』における集計区分において、以下のように専門図書館を分類している。

官公庁：「立法・行政・司法機関」「省庁附属機関」「公共企業体・行政関係機関・独立行政法人」「地方自治体」の機関

大　学：「大学・付属研究所」の機関

企　業：「民間企業」の機関

団　体：「工業会等事業者団体」「学術・文化団体」「美術館・博物館」「独立法人」「外国政府機関」「その他」の機関

(1)専門図書館における情報サービスの意義

専門図書館における情報サービスの意義は、組織内図書館という特性上、設置母体である親組織としての企業や団体がめざす方向性に合致した、何らかの意思決定の参考となる情報を提供するところにある。親組織は、日々様々な場面での意思決定を行っている状況にあり、その組織の成員も何らかの行動のための意思決定を迫られている。専門図書館としてそのような日々求められる組織の意思決定に資する最新の情報サービスが必要とされる。ただし、専門図書館の利用者については、設置母体の関係者と部外者とに分けてとらえることができることから、両者をサービス対象とする「公開型専門図書館」か、前者と

---

[47] 前掲2), p.135.
[48] 前掲1), p.7.

表2.2 外部利用者に提供するサービス(複数回答) N=830

サービス名	機関数(%)
レファレンスサービス	438 (52.8)
受入資料案内	270 (32.5)
代行検索	119 (14.3)
特殊主題文献リスト	63 (7.6)
新着雑誌目次案内	52 (6.3)
有料データベース利用	42 (5.1)
レファレンス事例の公開	40 (4.8)
クリッピングサービス	20 (2.4)
SDIサービス	16 (1.9)
パスファインダー	11 (1.3)
主題別分析レポート	5 (0.6)

(出典)青柳英治「公開型専門図書館の現状と課題:管理運営とサービスの側面から」『情報の科学と技術』第66巻,第9号,2016,p.448.

後者の一部(紹介状を持つ者など)を対象とする「限定公開型専門図書館」か、前者のみを対象とする「非公開型専門図書館」かによって、情報サービスのあり方も異なってくることが考えられる。

(2) 専門図書館における情報サービスの展開例

　青柳英治は、先に述べた「公開型」と「限定公開型」をあわせて「公開型専門図書館」と位置づけ、そのサービスの現状を資料・情報の収集・組織化・提供の各側面から表2.2のようにまとめ、外部の利用者に対して提供しているサービスについて紹介している。

　なお、表2.2は、専門図書館協議会による『専門情報機関総覧』(2015年版)により作成されたものである。表2.2からは、外部利用者に提供するサービスの上位には、レファレンスサービス、受入資料案内、代行検索などが多く提供されているものの、SDIやパスファインダー(第6章参照)、主題別分析レポートの作成といったサービスの実施は少ないことが、現状の専門図書館における情報サービスの具体的な展開状況として確認することができる。

(3)専門図書館における情報サービスの特徴

　これまで見てきたように、専門図書館は、特定の主題に特化した機関であるため、どうしても特定の成人利用者にサービスを提供することを第一に考えなければならない状況にあった。しかしながら、公開型専門図書館としての今後を考えるのであれば、青柳が述べるように「成人の課題解決のみならず、小・中学生を対象に調べ学習や夏休みの宿題といった課題の解決に役立つサービスも提供していくこと[49]」を検討すべき段階にあるものといえる。

　特に、公開型専門図書館は、公立図書館等の他の館種とくらべ小規模であるものの専門的な資料・情報を収集する強みを生かした情報サービスを特徴としつつ、新たな利用者層の拡大に取り組むことも考えていくことが期待される。

---

[49] 青柳英治「公開型専門図書館の現状と課題：管理運営とサービスの側面から」『情報の科学と技術』第66巻，第9号，2016，p.450.

■□コラム□■

地域課題を解決するレファレンス
――沖縄県立図書館「移民一世ルーツ調査」――

　第2章（31ページ）で述べた通り、公共図書館でのレファレンスサービスには地域が抱える課題を解決する機能も期待されています。地域課題へのアプローチの方法は様々ですが、沖縄県立図書館では、図書館の調査機能を生かした「移民一世ルーツ調査相談サービス」を実施しています。担当者の原裕昭さん（司書）にお話しを聞いてみました。

　――「県系移民のルーツを図書館機能を活用して調べる」という取り組みは、全国的に見てもとても珍しいと思います。取り組みを始めたきっかけを教えてください。

　原さん：私がレファレンス担当だった頃、年に数件ですが、外国の方から「祖父母が生まれた場所を教えてほしい」といった問い合わせがあったことが、この取り組みを始めようと思ったきっかけです。私は沖縄出身ではないのでそれまでは詳しくなかったのですが、調べてみたところ、沖縄では、1900年代前半から海外への移民が始まり、1940年頃には累計約10人に1人、地区によっては5人に1人が沖縄を離れ、仕事を求めて世界各国に移住している、という歴史があります。移民先は時期によって異なりますが、ハワイ、フィリピン、ブラジル、ペルー、アルゼンチンなどが多く、日本からの移民の半数を沖縄出身者が占めることもあったそうです。
　地域によって違いがありますが、現在は、移民三世・四世が活躍している時期にあたります。移民一世が移住先で厳しい労働に耐え、生活基盤の確立に懸命だったころには語られることが少なかった沖縄での生活のことを、時が経ち、沖縄との繋がりが薄くなっている世代だからこそ、自らのルーツとして知りたい、という人々が多いのではないか……、そんな思いから、沖縄県が5年に1回開催している「世界のウチナーンチュ大会」（2016年10月開催）というイベント会場に県立図書館としてブースを出展し、ルーツ調査にこたえるレファレンスサービスを行うことになりました（図2.2）。

　――「ルーツを調べる」とは、具体的にどのような情報をヒントに、どのようなツールを使って、どのような調査を行うのでしょうか？

　原さん：相談を受け付ける際には、まず移民一世の名前と生年月日、移民先を確認します。外務省が公表している出国記録をまとめた『沖縄県史料（移民名簿）』という

第2章　図書館における情報サービスの種類

図2.2　ルーツ調査にこたえるレファレンスサービス

冊子を使って調べると、そこに「本籍地（出身地）」や「渡航目的」が書かれています。出身地がわかれば、さらに各市町村、字ごとに作られている冊子（市史・村史等）の「移民編」を調べていきます。市町村・字によって情報量は異なりますが、資料の中には、移民一世に移住当時の暮らしをインタビューした証言が掲載されていることもありますし、その生家の場所がわかる地図が掲載されている冊子もあり、ルーツ情報として役立つことが多々あります。

　市町村史以外には、移住先で出版された資料も役立ちます。例えば、ハワイの沖縄県人会では、移住先での生活の様子を写した『布哇沖縄県人写真帖』という記念誌を1951年に作っています。アルゼンチンでも、『在亜同胞　活動状況寫眞帖』という写真集が1935年に出版されています。こうした資料には当時の仕事の様子や家族写真が掲載されており、移民一世の人物像をよりリアルにとらえる上で役立っています。

　相談者の中には、移民一世の生家を訪れてみたい、という方も少なくありません。移民名簿に記載されている地名は区画整理により現在は使われていないこともありますので、現在の地図と照合しておおよその場所をお伝えするようにしています。

　「世界のウチナーンチュ大会」でブースを設けて相談を受け付けたところ、4日間で273件の相談が寄せられました。その内、半数はその場で回答し、残り半数はメールでの回答となりました。大会では、新聞で大きく報じられたこともあり、日を追って相談者が増え続け、「ルーツ調査」に大きなニーズがあることが実感できました。

　――今後の展望を教えてください。

　原さん：「世界のウチナーンチュ大会」は5年に1回しか開催されませんので、大会終了後は、県立図書館のホームページに「1st Generation Immigration Genealogical Reference Service」という特設ページを作り、メールでの相談受付を開始しました。また、移民四世・五世といった現役世代は仕事があって大会に参加しづらいという話も聞いていましたので、2017年9月にハワイで開催された「第35回沖縄

図2.3　ルーツ調査に役立つ地域資料

フェスティバル」に再び県立図書館として相談ブースを出展することにしました（2日間で約120人の相談に対応）。現地に出向くことで新たに得られる資料（現地で発行されている記念誌）や研究団体との出会いもありました。こうした沖縄県人会によるフェスティバルは各国で定期的に開かれているようですので、現地開催ももっと進めていきたいと考えています。

　最近では、ルーツ調査から発展して、「沖縄にいる親戚を探したい」という相談も寄せられるようになってきています。沖縄には「名乗頭」という名づけの風習があって、例えば、男子の名前の冒頭の漢字には必ず「義」を付ける、というような風習があるため、古い電話帳で出身地ごとに当主の名前を確認し、同じ苗字で同じ名乗頭が使われていれば、「親戚かな？」という推測は可能です。ただ、確定的な情報を紹介することは図書館の資料を使った調査だけは限界があるので、役所や市町村字史の編纂部署、自治公民館などと連携して、個人情報保護にも留意しながら、要望にこたえられる仕組みを作っていきたいと思っています。

　県立図書館がどのようなミッションを持っているか、地域資料の収集・提供を通してどのように地域社会の課題解決に貢献しているか、ということは、残念ながら、一般の利用者にも、同じ県職員であっても、さらに市町村の図書館にさえも十分に理解されていない現状があるようにも感じています。今回のルーツ調査では、国際交流事業への参加や市史等の資料収集などを通して様々なつながりを持つことができました。この取り組みは、地域課題の解決に大きく貢献していることはもちろんですが、県立図書館の意義や機能、そして、存在感をアピールすることにつながっている点にも大きな意味があると感じています。

＊沖縄県立図書館の「移民一世ルーツ調査」は図書館総合展において開催された「平成29年度地域創生レファレンス大賞」にて大賞（文部科学大臣賞）を受賞しました。

(2017年9月8日インタビュー、山口真也)

第3章 レファレンスサービスの理論と実際

1 レファレンスサービスの定義

1.1 図書館法・学校図書館法から見るレファレンスサービスの定義

　図書館法第2条（定義）には、「この法律において「図書館」とは、図書、記録その他必要な資料を収集し、整理し、保存して、一般公衆の利用に供し、その教養、調査研究、レクリエーション等に資することを目的とする施設（後略）」と定義されており、「教養、調査研究、レクリエーション等に資する」ために、様々な図書館サービスが行われており、レファレンスサービスも図書館サービスの1つとして位置づけられる。

　また、図書館法第3条（図書館奉仕）には、具体的な図書館サービスが挙げられているが、3項の「図書館の職員が図書館資料について十分な知識を持ち、その利用のための相談に応ずるようにすること」および7項の「時事に関する情報及び参考資料を紹介し、及び提供すること」はレファレンスサービスについて直接言及されている箇所といえよう。

　また、学校図書館法第4条4項には「図書館資料の利用その他学校図書館の利用に関し、児童又は生徒に対し指導を行うこと」とあり、レファレンスサービスの「利用教育機能」が該当する。

　1953年にアメリカの図書館情報学者であるローススティーンは「レファレンスサービスは、情報を求めている個々の利用者に対して、図書館員によって提供される人的支援である」と定義している。70年近くを経て図書館を取り巻く社会状況やICT（Information and Communication Technology：情報通信技術）の目覚ましい発展に伴い、レファレンスサービスの内容も多種多様になった現代に

おいても「情報要求を持った利用者の求めに応じて図書館員が行う個人的援助」という基本的な概念は変わっていないといえよう。

これらを勘案するとレファレンスサービスとは、「何かを知りたい、探したい」という情報要求を持つ利用者の相談に応じて、図書館員が情報や資料の提供や、資料検索や情報探索の方法を案内するサービスと定義できる。情報や資料と利用者を結びつけるためには、利用者の求めに応じて単に情報や資料を右から左に流すのではなく、専門的なレファレンスツールを使用し、高度なデータベース検索を行うなど、利用者自身では探し得ない情報や資料を提供することや、利用者の情報探索の時間を節約するといった「付加価値」が求められる。そのため、レファレンスサービスは情報の専門家としての図書館員の力量が非常に問われるサービスといえる。

1.2 レファレンスサービスの変遷

「図書館はどんなところ？」と聞かれたら、皆さんはどのように答えるだろうか？ 「本を借りるところ」「本を読むところ」といった答えを思いつくことが多いだろう。残念ながら「調べものや探し物の相談に乗ってくれるところ」といった返答はあまり期待できない。レファレンスサービスの認知率についてはいくつかの研究調査が行われている。例えば、2004年に東京都の千代田区立図書館で行われた調査では、来館者のレファレンスサービスの認知度は13.1％であり、非来館者も含めた郵送調査での認知率はわずか3％程度であった[1]。また2008年に東京都下の立川市など5つの市の市役所職員を対象とした調査でも、「市の図書館に対してどのようなイメージを持っているか」という問いに対して「③情報を使ってさまざまな課題を解決する施設」及び「⑤調査・研究に役立つ施設」といったレファレンスサービスに該当する回答としたのは、両者を合わせても10％程度であった[2]（表3.1）。

1）辻慶太「千代田図書館に関するアンケート調査報告」『2004年度日本図書館情報学会春季研究集会発表要綱』2004, pp.15-18.
2）齊藤誠一「公立図書館に対する当該自治体職員の意識調査」『千葉経済大学短期大学部研究紀要』第9号, 2013, pp.69-81.

表3.1 市の図書館に対してどのようなイメージを持っているか

項　目	認識率
①本の貸し出しを行う施設	81.3%
②本や古い資料を保存する施設	5.2%
③情報を使ってさまざまな課題を解決する施設	4.1%
④子どもの読書活動を支援する施設	2.6%
⑤調査・研究に役立つ施設	6.4%
その他	0.4%

(出典) 齊藤誠一「公立図書館に対する当該自治体職員の意識調査」より一部抜粋。

　筆者が司書課程の学生に「司書課程を学ぶ前から、レファレンスサービスのことを知っている人は手を挙げてください」と訊ねても、ほとんどの学生の手が挙がらなかったように、そもそも「レファレンスサービス」という言葉自体を利用者が知らないことも多い。図書館によっては、「参考事務」「参考業務」「資料相談」「参考調査」などと言われることもあるが、利用者にとっては貸出や閲覧に比べて認知度が低いサービスであるといえよう。

　レファレンスサービスの認知度が現在でも低い理由としては、図書館サービスの中での相対的な重要度が低いことが挙げられる。1963年に刊行された『中小都市における公共図書館の運営』（通称「中小レポート」）は、戦後の公共図書館のあり方を示したものであるが、「公共図書館の本質的な機能は、資料を求めるあらゆる人々やグループに対し、効果的にかつ無料で資料を提供するとともに、住民の資料要求を増大させるのが目的である[3]」とあり、図書館サービスについては開架式や貸出が最重視されている一方で、レファレンスサービスについては「住民にとって本当に必要な施設である、との認識を獲得するためには、館外奉仕活動（筆者注：「貸出」を指す）がその最高の方式であるけれども、これから述べる相談奉仕（レファレンスサービス）もまた決して見逃してはならないものである[4]」と言及されているが全体で3頁ほどの説明のみであり、「現在図書館において十分な態勢がなく、図書館員もそのための訓練を受けておらず、資料も不十分である[5]」との現状を述べており、レファレンスサービ

---

[3] 日本図書館協会『中小都市における公共図書館の運営』日本図書館協会，1963，p.21.
[4] 前掲3），p.101.

スについては優先順位が低かったことが窺い知れる。

　1970年に刊行された『市民の図書館』では、①貸出、②児童サービス、③市内全域サービス（分館・移動図書館車）の3つのサービスが重要視され、各自治体の公共図書館建設やサービス展開の指針となった。レファレンスサービスについては「貸出しが十分行なわれることによって、レファレンスの要求が生まれ、拡大するのである。つまり貸出しの基礎の上にレファレンスが築かれる[6]」とされ、貸出・児童サービス・移動図書館車の最重点サービスと比べると優先順位が低いサービスとして認識されており、レファレンスサービスを行うための人的資源（図書館員）や物的資源（レファレンスコーナーの設置やレファレンスツールの整備）はあまり顧みられなかった。

　こうした風潮が変わり始めるのは、多くの自治体で公共図書館が整備され貸出が一般化し、世の中でもICTが急速に普及しデジタルデバイド（情報格差）が叫ばれるようになる1990年代後半以降である。2000年に文部省（現・文部科学省）が発表した『2005年の図書館像：地域電子図書館の実現に向けて[7]』では、電子メールでのレファレンスに受付や「質問・回答集（Q＆A）」をデータベース化しホームページで公開するデジタルレファレンスの事例が挙げられており、ICTの進展に伴う新しいサービスの可能性について言及している。

　2006年に文部科学省が発表した『これからの図書館像：地域を支える情報拠点をめざして[8]』では、「図書館法で掲げられている調査研究への支援やレファレンスサービス、時事情報の提供等は未だ十分とはいえない」と指摘し、「貸出サービスのみを優先することなく、レファレンスサービスを不可欠のサービスと位置づけ、その利用を促進するような体制と環境を用意することが必要である」としており、課題解決支援の事例として行政支援・学校教育支

5）前掲3）, p.101.
6）日本図書館協会『市民の図書館』増補版, 日本図書館協会, 1976, p.22.
7）文部省「2005年の図書館像：地域電子図書館の実現に向けて」http://www.mext.go.jp/b_menu/shingi/chousa/shougai/005/toushin/001260.htm　（2017.8.30最終確認）.
8）国立国会図書館WARPインターネット資料収集保存機能「これからの図書館像：地域を支える情報拠点をめざして（報告）」http://warp.ndl.go.jp/info:ndljp/pid/286794/www.mext.go.jp/b_menu/houdou/18/04/06032701.htm　（2017.8.30最終確認）.

援・ビジネス支援・子育て支援などを行うことを求めている。

　2012年に文部科学省は公立図書館の健全な発展に資するために「図書館の設置及び運営上の望ましい基準[9]」を発表している。この基準では図書館サービスとして「情報サービス」「地域の課題に対応したサービス」を挙げており、「レファレンスサービスの充実・高度化」や「住民の生活や仕事に関する課題や地域の課題の解決に向けた活動を支援」について言及している。

　2014年に文部科学省が発表した「図書館実践事例集：人・まち・社会を育む情報拠点を目指して[10]」では、課題解決支援の実践事例として公共図書館15館の事例が挙げられており、例えば小山市立中央図書館では、農業支援サービスとして「家庭菜園のコツ！　相談事業」といったユニークなレファレンスサービスを行っている事例が紹介されている。

　このようにレファレンスサービスの変遷を振り返ってみると、時代とともにその重要性が変化している。貸出重視の時代ではレファレンスサービスは注目されることはあまりなかったが、ICTの発展やデジタルデバイドの是正といった社会状況の変化に伴ってレファレンスサービスが再注目され、課題解決型サービスなど様々な情報サービスへと進化していった。認知率が低いのが現状の課題であるが、裏を返せばこれから大いに伸びる余地があるサービスといえる。

2　レファレンスサービスの種類

2.1　レファレンスサービスの業務

　レファレンスサービスは各種業務から構成されるが、大きく以下のように大別される（図3.1）。

・直接サービス（人的サービス）

---

9) 文部科学省「図書館の設置及び運営上の望ましい基準」http://www.mext.go.jp/a_menu/01_1/08052911/1282451.htm（2017.12.29最終確認）.
10) 文部科学省「図書館実践事例集：人・まち・社会を育む情報拠点を目指して」http://www.mext.go.jp/a_menu/shougai/tosho/jirei/（2017.8.30最終確認）.

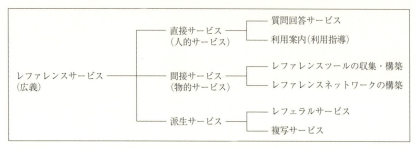

図3.1　レファレンスサービスの業務

・間接サービス（物的サービス）
・派生サービス

　直接サービスは、図書館員が利用者と直にコミュニケーションをとりながら行われるサービスである。図書館員が介在して行われるサービスなので人的サービスとも呼ばれる。レファレンスサービスの場合、利用者の質問や相談に応え情報や資料を提供する質問回答サービスや、情報探索や図書館利用の方法についての指導や案内などの利用案内（利用指導）が該当する。

　間接サービスは直接サービスを円滑に行うための準備のための業務が該当する。例えば、レファレンスの際に利用する事典や辞書などのレファレンスブック（参考図書）に代表されるレファレンスツールの収集と構築やレファレンスネットワークの構築などが該当する。利用者と直接的なコミュニケーションは行わず、もっぱら情報資源と向き合うことが多いので物的サービスとも呼ばれる。

　派生サービスは、本来はレファレンスサービスの範疇ではないがレファレンスサービスを行う際に派生して行われる関連業務を指す。複写サービスやレフェラルサービスなどが該当する。

2.2　直接サービス

(1)質問回答サービス

　質問回答サービスとは、利用者からの質問に応じて図書館員が図書館内外に

ある情報や資料を探索し、質問に対する回答を行うサービスであり、レファレンスサービスを代表するサービスである。質問の受付は図書館のレファレンスカウンターや閲覧フロアなどで口頭のやりとりを行う対面式だけではなく、電話・手紙・FAXなどでも行われる。近年では、電子メール・チャットシステムなどを介したデジタルレファレンスも行われている。

　質問の受付方法によって質問回答サービスの対応も変化する。利用者が図書館に来館し、レファレンスカウンターや閲覧フロアで図書館員に声をかけて質問する対面式では、利用者の情報ニーズを図書館員がレファレンスインタビューを通じて確認し、情報探索を行い回答するという同期的なやりとりができる。また言葉だけでなく表情やしぐさなど非言語的なコミュニケーションからも利用者の情報ニーズを読み取ることが可能である。利用者は自身の情報ニーズがはっきりしていない場合でもレファレンスインタビューを通じて情報ニーズを明確化していくことができるため、気軽に質問をしやすく比較的短時間で回答を得られることが多い。しかしながら、利用者にとってはわざわざ図書館の開館時間に来館をしなければならない手間がある。また、利用者の口頭質問は情報ニーズが不明瞭だったり、曖昧な形で尋ねてくると利用者の情報ニーズがつかみにくいこともある。対応する図書館員の対人コミュニケーション力やレファレンスインタビューの能力が対面式の大きなカギとなる。

　電話での受付も口頭で同期的なやりとりができる点では、対面式と同じであるが、非言語的なコミュニケーションは困難である。来館せずに質問できる利点はあるが、受付時間は開館時間に限られるといったデメリットを挙げることができる。

　手紙やFAXや電子メールでの受付は口頭ではなく文章による非同期的なコミュニケーションである。質問内容が文章で整理されており利用者の情報ニーズがつかみやすい傾向があるが、情報ニーズをきちんと読み取れない場合には非同期のためレファレンスインタビューが即座にできないというデメリットもある。そのため、情報ニーズの明確化を促すため、質問フォーマットをあらかじめ用意したり、質問の情報源や利用者が既知の事柄や照会済み機関等の記入

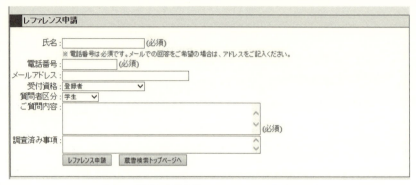

図3.2　横浜市立図書館のレファレンス申請の画面

表3.2　質問回答サービスの受付型の特徴

受付方法	口頭	電話	手紙・FAX	電子メール	チャット
場所	来館	非来館	非来館	非来館	非来館
レファレンス対応	同期	同期	非同期	非同期	同期
コミュニケーション媒体	話し言葉	話し言葉	文字	文字	文字(ライブチャットの場合は話し言葉)
非言語コミュニケーション	○	×	×	×	△
回答までの時間	短い	短い	長い	長い	短い

を求める図書館もある（図3.2）。

　利用者にとっては来館が不要で開館時間に限らずいつでも質問ができるというメリットもあるが、利用者自身が事前に情報ニーズを明確にして文章にするという手間がかかる。また、口頭の受付に比べ質問への回答は時間がかかることが多く、例えば横浜市立図書館では回答までに1週間程度の時間がかかるとホームページで告知をしている。さらに、回答自体も費用や著作権法の関係もあり、資料の郵送貸出やコピーの郵送は行えず、書誌事項の紹介にとどまることが多い。資料の内容を確認する必要があれば来館をしなくてはならない。

　チャットでのデジタルレファレンスは文字によるコミュニケーションにもかかわらず口頭・電話と同じように同期的にやりとりができる特徴があり、webカメラを使用すれば非言語コミュニケーションも行うことができる。

　受付種別に特徴を整理すると表3.2のようになる。

(2) 質問回答サービスの質問類型

質問回答サービスはその質問内容によって以下のように類型化できる。
1) 事実項目に関する質問
2) 文献情報に関する質問
3) 所蔵状況に関する質問

1) 事実項目に関する質問は、「モンテッソーリ教育とはどのような教育法なのか概要を知りたい」、「日本には看護師はどれくらいいるのか知りたい」、「松尾芭蕉の俳号の由来を知りたい」といった事象や事実を探索する質問である。こうした質問の場合には事典や辞書・統計書など事実解説型情報源を利用する。例えば、モンテッソーリ教育であれば教育学事典、看護師数については統計書、松尾芭蕉については人名事典などを利用して回答を行うことになる。

2) 文献情報に関する質問は、特定のテーマや主題を扱った文献(図書・雑誌記事など)を探索する質問であり、例えば「モンテッソーリ教育に関する図書はどんな図書があるのか」「看護師不足の現状を扱った資料を探している」「子ども向けの松尾芭蕉の伝記は出版されているか」といった質問が該当する。書誌や索引などのナビゲーション型情報源を利用して回答を行うことになる。

3) 所蔵状況に関する質問は、例えば「『モンテッソーリの子育て:0〜6歳のいまをたのしむ』という図書を読みたい」、「日本精神科病院協会雑誌に掲載された『看護師不足からの脱却への試み』という論文が読みたい」、「ポプラ社の世界の伝記シリーズの『松尾芭蕉』はこの図書館に所蔵しているか」といった質問が該当する。利用者が求めている資料があるかどうかOPACなどの蔵書目録などで探索して確認を行う。所蔵されていて館内にあれば閲覧や貸出で資料提供を行い、所蔵されていても貸出中ですぐに提供できない場合には予約(リザーブド)を促すことになる。未所蔵の場合は購入希望(リクエスト)を受付たり、相互貸借の手続きを行うことになる。

2.3 間接サービス

　間接サービスは直接的に利用者とコミュニケーションを図らないが、直接サービスである質問回答サービスや利用案内（利用指導）を円滑に行うための準備のための諸業務である。これらの業務も広義にはレファレンスサービスの概念に含まれ、いわば縁の下の力持ち的なサービスといえるであろう。具体的には以下の事柄を挙げることができる。

　・レファレンスツールの整備
　・自館資料の作成
　・レファレンスネットワークの組織化

(1)レファレンスツールの整備

　事典や辞書などの冊子体のレファレンスブックだけではなく、CD-ROMやDVDなどの電子メディアもレファレンスツールとして収集し組織化しなければならない。さらには、インターネットからアクセスするデータベースやウェブページなどのネットワークメディアもレファレンスツールに含まれる。商用データベースの場合には利用契約が必要であり、ウェブページもリンク集を作成するなどの整備が必要となる。用途に応じて冊子体と電子資料を上手に使いこなすことができるハイブリッドライブラリーとしての機能も求められている。

(2)自館資料の作成

　パンフレットやリーフレット、そして新聞や雑誌の切り抜きなどの非冊子資料をテーマごとに整理したインフォメーションファイルの作成や、特定のテーマに関する情報の探し方・調べ方を案内するパスファインダーの作成（第6章参照）、さらにコピーカタロギング（他の図書館の目録データなどを流用すること）では対応しきれない郷土資料などの書誌・目録・索引の整備などの自館資料の作成も行われる。

(3) レファレンスネットワークの組織化

資料や情報源の不足によって自館でレファレンス質問の回答ができない場合には、他の図書館や博物館、そして行政の各部署などの他機関に協力を求める。これは協力レファレンスと呼ばれるが、普段から他機関との協力関係の構築がされてなければならない。こうした協力関係の構築も間接サービスの1つといえる。また、質問回答サービスは似たような質問を受けることもあり、レファレンス事例の共有や蓄積は、レファレンスサービスの質を担保する意味でも非常に重要である。こうしたレファレンス事例を自館だけではなく他館と共有する協力レファレンスもレファレンスネットワークの組織化に含まれる。

2.4 派生サービス

派生サービスは直接サービスに付随して行われる複写サービスやレフェラルサービスが該当する。レフェラルサービスについては第2章で既に説明をしているので、ここでは複写サービスにのみ焦点を当てる。

(1) 複写サービス

公共図書館ではレファレンスツールは禁帯出資料になっており、貸出ができず館内閲覧のみとする館が多い。利用者がメモを取る手間や時間がかかる場合には複写サービスを行うことになるが、その際には著作権法に配慮しなければならない。著作権法第31条では、国立国会図書館、公共図書館、大学図書館、一部の専門図書館において一定の条件を満たせば、著作権者に無許諾で複写を行うことができると規定している。

(図書館等における複製等)

第三十一条　国立国会図書館及び図書、記録その他の資料を公衆の利用に供することを目的とする図書館その他の施設で政令で定めるもの（以下この項及び第三項において「図書館等」という。）においては、次に掲げる場合には、その営利を目的

としない事業として、図書館等の図書、記録その他の資料(以下この条において「図書館資料」という。)を用いて著作物を複製することができる。
一　図書館等の利用者の求めに応じ、その調査研究の用に供するために、公表された著作物の一部分(発行後相当期間を経過した定期刊行物に掲載された個々の著作物にあつては、その全部。第三項において同じ。)の複製物を一人につき一部提供する場合
二　図書館資料の保存のため必要がある場合
三　他の図書館等の求めに応じ、絶版その他これに準ずる理由により一般に入手することが困難な図書館資料(以下この条において「絶版等資料」という。)の複製物を提供する場合
(以下略)

　ここではレファレンスサービスの際の複写サービスを行うための著作権法第31条の条件を挙げておく。
　1)　図書館資料であること
　2)　図書館利用者の求めに応じた複写であること
　3)　調査研究のための複写であること
　4)　公表された著作物の一部分であること
　5)　1人につき1部のみの提供であること
　1)は、図書館が所蔵している資料のみ複写が可能であり、利用者が持参した資料は複写することができない。2)は、利用者から複写の依頼があった際に初めて複写を行うことが可能となる。そのため事前に利用ニーズを予測して予め資料を複写することができない。3)については、図書館法第2条で「教養、調査研究、レクリエーション等に資する」と規定されているが、複写は調査研究の目的以外ではできないことになっている。しかし実際の図書館では教養目的やレクリエーション目的であっても研究調査目的であるとして複写を受け付けているのが現状である。4)については、公共図書館で所蔵するほぼ全ての資料は利用に供することを目的とするために公表された著作物であるため

に複写サービスの対象となる。また、資料の全てを複写することができず、一般的な解釈では「1つの著作物の半分以下」とされている。ここでいう1つの著作物というのは、新聞や雑誌であれば1つの記事、事典や辞書などであれば一項目が該当する。新聞や雑誌など定期刊行物に掲載された記事に関しては「発行後相当期間を経過」した場合には記事全体を複写できる。定期刊行物の場合には最新号が刊行されるか、刊行から概ね3ヶ月以上経過していれば「発行後相当期間を経過」と解釈され全てを複写することができる。一方で事典などは定期刊行物ではないため、一項目の半分までしか複写ができない。これでは利用者の利便性を著しく損なうため、日本図書館協会をはじめとする図書館団体と権利者団体が協議を行い、「複製物の写り込みに関するガイドライン」が策定され、写り込みについての複写が一部緩和された。しかし、「写り込みの許容により、結果的に当該図書の全部又は大部分を複製することがあってはならないものとする。」という留保規定がある。5）は、同じ部分の複写を1人の利用者に複数枚の提供を制限するものである。

　著作権法第31条では学校図書館は対象外である。学校図書館での複写については別途、著作権法第35条に規定があり、授業目的のためであれば複写が可能と規定されている。

(学校その他の教育機関における複製等)

第三十五条　学校その他の教育機関（営利を目的として設置されているものを除く。）において教育を担任する者及び授業を受ける者は、その授業の過程における使用に供することを目的とする場合には、必要と認められる限度において、公表された著作物を複製することができる。ただし、当該著作物の種類及び用途並びにその複製の部数及び態様に照らし著作権者の利益を不当に害することとなる場合は、この限りでない。

電話・FAX・手紙・デジタルレファレンスなど非来館型のレファレンスの

回答の際に、利用者から資料のコピーをFAXや電子メール添付を求められる場合があるが、これはFAXや電子メールは求めがあれば誰に対しても複製を送信できる自動公衆送信に該当する。著作権法第23条では著作権者に公衆送信権の権利を与え、不許諾の例外規定を設けていない。そのため利用者に対してはFAXや電子メールでの複製の送信は著作権者の許諾がなければ行うことができない。ただし、視聴・聴覚障害者の利用者に対しては著作権法第37条3項で規定する一定の条件を満たせば公衆送信は可能であり、日本図書館協会では「図書館の障害者サービスにおける著作権法第37条第3項に基づく著作物の複製等に関するガイドライン」で著作物の複製・譲渡・自動公衆送信の指針を示している。今後はデジタルレファレンスの需要も増えてくると考えられるため、公衆送信権や自動公衆送信に関する議論が必要となっていくと考えられる。

3 レファレンスサービスの機能

3.1 利用教育機能と情報提供機能

利用者が自身の問題を図書館の資料やサービスによって解決しようとする際、図書館は利用者に対し、資料の提供や情報そのものの提供によって援助を行う。これをレファレンスサービスと呼んでいるが、図書館がこうした人的援助を利用者に対し提供する場合、サービスのレベルは必ずしも同じではない。特定の主題に関して、いくつかの情報源を探索して回答を見つけ出さなければならないような質問が寄せられた場合に、ある図書館ではその主題に関する基本的な知識を得られるレファレンスブックやより深い知識を得られる専門書、雑誌記事など、問題解決に役立つ資料を提供し、場合によっては回答を見つけ出すところまでを支援するような手厚いサービスを提供するのに対し、別の図書館では、そうした情報源を探索するために必要な目録やデータベースについて案内するにとどめ、問題解決過程は利用者の自主的な情報行動を尊重したサービスを提供する。

このように、レファレンスサービスには利用教育（案内）機能と情報提供機

能という、異なる2つの機能がある。先の例でいうと、前者が情報提供機能、後者が利用教育機能を指す。

　この2つの機能のどちらを優先したサービスを提供するかは、基本的には利用者のニーズに合わせて選択されることが多い。特定の主題についての情報要求に対しても、調べるための文献の所在や探し方を問う質問に対しては利用教育機能を優先し、書架の場所を教えたり、OPACの使い方を指導したりすることでサービスが完結する。この場合、2つの機能は対立関係にはなく、ニーズに応じて利用教育機能が発揮されていることになる。

　しかし実際には、利用者が求める場合でも、あえて情報提供機能は果たさないケースがある、という意味でこの2つの機能は対立関係に陥ることもある。規模の大きい公共図書館や大学図書館では、膨大なレファレンスコレクションを備え、かつ人材の配置も情報提供機能を発揮するに十分であったとしても、利用教育機能を優先する場合がある。例えばこれらの図書館では、質問内容が宿題や課題に関することである場合には、図書館は情報そのものを提供するのではなく、調べるための様々なツールを紹介したり、情報の探し方を指導したりすることによってサービスが完結する。

　一方で、学校図書館でも宿題などに関連のない質問（学校の花壇に咲いている花の名前が知りたい、など）に対しては情報提供機能による対応をしたり、公共図書館でも課題解決型の図書館としての役割を重視して回答そのものを提供したりするなど、近年のレファレンスサービスの機能は、館種や利用者のニーズだけに縛られることなく柔軟な対応が求められるようになってきている。

　レファレンスサービスの機能については、1900年代初頭のアメリカの公共図書館におけるレファレンスサービスの発達に伴って継続的に議論が重ねられてきたが、その過程で示されたのは、2つの機能のどちらを重視したレファレンスサービスを提供するかは、①図書館の種類、②図書館の規模、③図書館のリソース（資源）、④利用者のニーズ、⑤担当者の人材と能力、などが関係しているということである。

　④の利用者のニーズについては先に述べたとおりである。①の図書館の種類

と、②の図書館の規模によるサービスの違いについては後述するが、③のリソースや、⑤の担当者の人材と能力も、図書館がレファレンスサービスの機能についての方針を決める際の判断材料となる。図書館は、サービス提供の基盤となる情報資源が十分に確保されているか、それらの情報資源を駆使して質の高いサービスを提供できる人材が確保できているかを考慮したうえで、どちらの機能を重視するかを決定するのである。

多くの図書館が、利用者の満足度の高いサービスを提供したいとは考えているが、一方で、そのためには十分な資源や人材、それらを確保するための費用や設備が必要となる。しかしすべての図書館にそうしたリソースを確保するだけの予算があるわけではないので、図書館としてはサービスを提供するレベルをあらかじめ決めておくのである。つまり、図書館側のリソースが提供しようとしているサービスのレベルを補えるのか、を考えなければならないのである。

3.2 図書館の種類とレファレンスサービスの機能

主な図書館の種類としては、公共図書館、学校図書館、大学図書館、専門図書館があるが、それぞれの図書館は対象とする利用者層が異なり、それに伴って蔵書の傾向、提供するサービスの種類にも違いがみられる。

表3.3は、同様の質問を受けた際に図書館の種類や規模によってどのような対応の違いがあるのかを示したものである。

Aのような回答は、教育的機能を重視する図書館で多くみられる。例えば小中高校の図書室などの学校図書館では、利用者のほとんどが学校に所属する児童や生徒であり、受け付けるレファレンス質問も学習内容に関連すること、読書に関連することが中心となっている。学習内容に関する質問に対しては、児童や生徒の自主的な調査活動を重視し、レファレンスブック等の使い方、図書館資源の活用方法を指導するにとどめ、利用者の自発的な行動を支援する方針を採る図書館が多い。

同じく教育的機能を重視する図書館として大学図書館があるが、大学図書館の場合、専門性の高い情報を収録した情報源であるとか、検索方法が難解な情

第3章　レファレンスサービスの理論と実際

表3.3　レファレンス質問に対する回答のレベル

利用教育機能 ↕ 情報提供機能	質問	食中毒について、概要や症状、具体的な菌の種類、感染経路などを知りたい。
	回答A	利用指導・利用案内 ・OPACや目録・書誌などのレファレンスツールを使用して特定の主題に関する文献が検索できることを案内する。 ・主題に関する図書の排架場所へ案内する。
	回答例	「医学用語の専門事典は参考図書コーナーにあります。また、OPACで食中毒に関する図書が検索できます。…」
	館種	学校図書館、公共図書館
	回答B	文献探索法指導 ・OPACやレファレンスブック、各種データベースの使い方を指導し、利用者が特定の主題に関する文献を検索できるよう案内する。
	回答例	「食中毒についての概要を知るには百科事典のほかに『感染症事典』等のレファレンスブックを活用できます。また、医学分野のデータベースでは…」
	館種	大学図書館（学生向け）、公共図書館
	回答C	情報提供 ・各種情報源を図書館員が探索し、利用者が求める情報そのもの、あるいは情報が掲載されている情報源を提供する。
	回答例	「食中毒についての概要はこちらの資料の通りで、『感染症事典』の〇ページに記載されていました。また、××という図書には…、△△という雑誌に掲載の記事によれば…」
	館種	専門図書館、大学図書館（教員・研究者向け）、公共図書館

報源を学生が使用することもあるため、学校図書館以上に高度な利用教育が求められる。この場合、レファレンスサービスの機能としては利用教育機能を重視しているとはいえ、情報源の利用指導に関しては学校図書館よりも手厚いサービスが求められる。こうした図書館の場合、Bのような回答が求められる。回答Bの場合、利用者が情報源に辿り着くための過程を重視しつつも、実際にレファレンスブックやデータベースを提示し、どのようにすればそれらの情報源を見つけ出せるのかを、具体的に示しながら案内することになる。

　一方で、大学図書館には情報提供機能を重視する要素もある。レファレンスサービスの利用者が大学教員や研究員などの場合、必要とされる情報や情報源を迅速に提供することが求められるので、その場合においては、情報提供機能を重視したCのような回答を選択する。

　利用者が求める情報や情報源そのものを提供し、利用者の問題解決に直接的に働きかけるCのような回答は、専門図書館でもみられる対応である。企業や

研究所の情報センターや資料室では、利用者のもっぱらの関心は情報の入手そのものであるので、専門図書館では、そうしたニーズを受けて情報提供機能を重視したサービスを選択している。ただし、専門図書館であるからといって利用教育機能を全く考慮しなくてもよい、ということではない。いくら特定の主題に精通した研究者や大学教員であっても、情報技術の発達によって次々と生み出される新しい情報源に対しては、利用経験がなければ使いこなすことは困難である。その場合には、専門図書館においても、利用教育機能が発揮されることになる。

　学校図書館や大学図書館、専門図書館は利用者層がある程度限定的であり、それに伴う利用者のニーズにも一定の傾向がみられることが多い。しかし公共図書館の場合、年齢や職業も様々の幅広い利用者が訪れるため、情報ニーズも多種多様であり、一定の傾向がみられない。そのため、公共図書館の場合は、それぞれの図書館で自館の規模や利用者の傾向、図書館が有するリソースなど様々な要素を考慮し、利用教育を重視するか、情報提供を重視するかを決定している。つまり、オフィス街にあってビジネスパーソンの利用が多い図書館と、学校や住宅街の近くにあって小学生の利用が多い図書館とでは、図書館の規模がたとえ同じぐらいであったとしても、前者は情報提供機能、後者は利用教育機能を優先したサービスを提供することが望ましい。

　アメリカにおける図書館の発達の歴史においては、初期の公共図書館は成人教育のための機関としての性質が強く、そのため図書館が提供するサービスも利用教育機能を重視したサービスが展開されてきた。しかし先の専門図書館の例にもあるように、利用者が問題解決のために活用する情報資源の中には、非常に専門的であったり、新しく開発されたものであったり、あるいはインターネット上の情報のように様々な情報が入り混じっていたりすることがあり、利用者自身が探索をすることが困難な場合がある。十分なリソースを備えて人材も配置している規模の大きな公共図書館であれば、こうした利用者のニーズに応じて、情報提供を重視した積極的なサービスを展開することも求められている。

3.3　保守理論か自由理論か

　1876年の全米図書館員大会においてサミュエル・グリーン（Green, Samuel Sweet）が発表した論文「"通俗図書館における図書館員と利用者のあいだの人的交流や交渉の望ましさ"を主張する論文」は、図書館員による人的援助の重要性を広く認知させることとなったが、その後、新たな問題として取り上げられるようになったのが、このレファレンスサービスの機能に関する議論である。

　レファレンスサービスの機能については、米国議会図書館長のスポフォード（Spofford, Ainsworth Rand）や辞書体目録規則で有名なカッター（Cutter, Charles Ammi）など、当時の代表的な図書館関係者の多くは利用教育機能を重視する考え方を示していた。その理由として、第一に図書館員の時間は限られており、特定の利用者に手厚いサービスを提供することで他の利用者が不利益を被ることになること、第二に図書館員が情報そのものを提供することは、利用者が自らの力で問題解決をするという体験から得られる様々な利点を奪うことになること[11]を挙げている。

　こうした考え方について、1930年にはアメリカのワイヤー（Wyer, James Ingersoll）が保守理論―中庸理論―自由理論として整理し、1960年にも米国図書館大会においてローススティーン（Rothstein, Samuel）が最小論―中間論―最大論と定義した。

　保守あるいは最小論とはスポフォードらが支持する利用教育機能を重視する考え方である。この考え方においては、図書館及び図書館員の役割は利用者と図書館資料を結び付けるための案内役に限定されている。つまり、利用者が自身の抱える情報ニーズを解決しようとする際、即答が可能な簡単な事実に関する質問を除き、具体的な情報を提供するのではなく、それらの情報を得るために必要な資料が何かをガイドすることを、レファレンスサービスの基本とする考え方である。

---

11) サミュエル・ローススティーン著，長澤雅男監訳『レファレンス・サービスの発達』日本図書館協会，1979, p.93.

これに対し自由あるいは最大論とは、利用者の情報ニーズに対して問題解決に役立つ資料を提供するのではなく、それらの資料を使ってニーズに対する回答を図書館員が探し出し、情報そのものを利用者に提供することをレファレンスサービスの基本とする考え方である。この考え方の根底にあるのは、利用者の多くが情報の入手方法ではなく情報そのものに興味があるのだから、利用者に対して積極的な資料提供をすることにより、利用者が調査に費やす時間を削減すべきであるという考え方である。

　そして中庸あるいは中間論とは、この2つの概念の中間に立つ考え方を指すものであり、ほとんどの図書館が現在も採用している理論である。ローススティーンは、中庸理論は"指導案内と完全な情報サービスとの妥協[12]"であるとともに、利用者に対し"最大限の援助をしたいという評価すべき意欲と、それを実行する図書館の能力の面で現実から受ける制約との妥協[13]"であると述べている。こうしたレファレンスサービスの機能に関する議論は、1950～60年代のアメリカにおける大学や大学院の増加とそれに伴う学問分野の専門化、専門的な情報を蓄積した新たな情報源の出現などによって、1965年頃には情報提供機能の重要性が注目されるようになるなど、図書館を取り巻く環境の変化とともに変容し、継続して議論されてきた。

　それまでの議論においては、利用教育機能は自由論に基づく最大限のレファレンスサービスを抑制するものと考えられてきたが、インターネットの発達はそうした2つの機能の対立的な構図を変えつつあるといえる。情報源の複雑化や多様化による情報探索の難しさによって、情報そのものを入手したいという要求とアクセス方法を知りたいという要求の区別があいまいになり、結果として利用教育機能が情報提供機能と関連を持つようになったのである。

3.4　新しいレファレンスサービスの機能

　現代の情報社会において、図書館はレファレンスサービスに対する考え方を

---

12) 前掲11)．p.162.
13) 前掲11)．p.162.

見直す必要性に迫られている。多くの図書館では、情報源として収集したWeb情報や各種データベースを、単に利用者に紹介するだけでなく、それら情報源の活用方法の指導を含めた情報リテラシー教育を展開している。レファレンスサービスの機能は、図書館を取り巻く環境の変化、それに伴う情報資源の多様化と複雑化を受けて、情報そのものがほしいというニーズだけでなく、その情報を得るためにはどのようなツールを使い、どのような方法で検索を行えばよいのか、あるいは同様の問題を解決するためには他にどれぐらいの情報源があるのか、といった幅広いニーズに対応できるようなレファレンスサービスを展開することが求められている。

　デジタル環境の進展によって、利用者が情報を探す際の行動は大きく変わってきている。それまで図書館などの専門機関が提供するサービスによって消化されていた利用者の様々な疑問が、検索エンジンを用いたインターネット検索によって解決されているように、何か知りたいことがある場合に、多くの人がGoogleなどの検索エンジンを選択している。

　こうしたことを受けて図書館が今後視野に入れるべきレファレンスサービスの機能とは、学習支援機能であるといえる。レファレンスサービスは、従来のように利用者が情報源に行き着けるよう事前に準備をしたり、情報あるいは情報源を提供したりすることにおいてのみ機能を発揮するにとどまらず、利用者の問題解決過程における学習支援機関としての機能を発揮していくことで、Google等の検索エンジンや、インターネット上の無料の質問回答サービスとの差別化を図ることができるのである。

　大学図書館においては、図書館で学生が自身の目的や学習方法に合わせて効率的に自主学習を進められるよう、インターネット環境の整備、コミュニケーションスペースやプレゼンテーションエリアの用意などの学習環境、いわゆるラーニングコモンズの整備が進んでいる。公共図書館においても、学習支援機能を視野に入れた環境整備に取り組む図書館が出現している。山梨県立図書館では、公共図書館にも大学図書館で取り入れられているラーニングコモンズが必要になるとの判断から、図書館をコミュニティ空間ととらえた設計を導入し

た新たな県立図書館を2012年に開館した[14]。そこでは利用者同士の交流や議論からそれぞれの学習効果が上がるようにと、イベントスペースや交流ルームを配した交流スペースを設置している。また、書架やマイクロ資料室、静かに学習や読書がしたい利用者のためのサイレントルームを含む閲覧スペースは、交流スペースとは中央通路を挟んで場所を隔てる工夫がされる[15]など、図書館に来る利用者の目的が多種多様な公共図書館ならではの配慮がなされている。

　従来のレファレンスサービスの機能は、図書館を資料やサービスを提供する機関としての立場から考えられてきた。今後は、図書館はただ利用者の求めに応じて資料や回答を提供したりするためだけの、受動的かつ一時的なサービスの提供機関ではなく、利用者の自主学習や生涯学習を資料や情報の面からだけでなく、空間や設備面からも総合的にサポートする、学習支援機能が求められる。

4　情報探索行動

4.1　情報探索行動とは何か

　私たちは、日常生活の中で意識的、無意識的に、実に様々な情報にふれる機会がある。試しに、ある一日の朝から夜までの行動を起こして欲しい。例えば、朝起きて出かける前に、テレビや新聞、スマートフォン等でニュースを見て社会の出来事を知り、天気予報を見て、その日の服装や行動を検討するだろう。移動の際には、電車の時刻や乗換案内を携帯電話やスマートフォンから確認する。道を歩いていれば、企業や商品の広告を目にとめ、店に入れば商品の所在案内で場所を確認し、さらにその商品の値段や材料表示を見て購入を検討する。このように、現代社会では、メディアの著しい発達と普及により、常に情報が私たちの身の回りに溢れている。あまりにも多くの情報が存在するので、適切

---

14) 株式会社岡村製作所　納入事例集「bp-ベストプラクティス：山梨県立図書館」http://www.okamura.co.jp/service/bp/library/yamanashi.html（2017.8.4最終確認）。
15) 山梨県立図書館 https://www.lib.pref.yamanashi.jp/index.html（2017.8.4最終確認）。

な情報を探し、取捨選択しなくては、効果的に情報を生かして活動することが困難な場合も多いだろう。

もし何か特定のテーマが決まっていて、自分自身の求めに合った適切な情報を探そうとする場合、多大な情報の中から、何らかのツール、例えば図書や雑誌、新聞やテレビ、インターネットやデータベースなどを利用して、必要な情報を得ようとするだろう。このように、様々な情報源や検索ツールを選択したり、操作したり、情報を得るために図書館であれば図書館員とのコミュニケーションを図るなど、情報を探すためにとる一連の行動を「情報探索行動」と言う。

4.2 情報探索と情報検索

「情報探索」とやや類似した用語に、「情報検索」という言葉がある。『大辞泉』によれば、「探索」とは、「未知の事柄などをさぐり調べること」を意味する。一方「検索」とは、「調べて探し出すこと。文献・カード・ファイルなどの中から必要な情報を探すこと」を意味する。また、最近ではインターネットの普及により、「検索」は「コンピュータ・ネットワーク上に蓄積されたデータベースやコンテンツの中から、特定の条件に見合うデータを探し出すこと」の意味で使用されることが多くなっている[16]。「探索」は、検索よりも広い概念であると言えるだろう。「情報探索」は、探索者が様々な情報源を模索しながら、知識を得る一連のプロセスである。よって情報探索は、「情報ニーズに応えて人々がすること」とみなされる[17]。

このようにしてみると、図3.3のように、情報行動＞情報探索＞情報検索という構造を考えることができる。人々が情報に関連してとる行動には、欲しい情報を探そうとする「情報探索」という行為があり、その中には、特定のツール、例えばコンピュータ内に蓄積されたデータや紙媒体の資料の中から、条件

---

16) 三輪眞木子『情報検索のスキル：未知の問題をどう解くか』中央公論新社，2003，p.47．
17) 日本図書館情報学会研究委員会編『情報アクセスの新たな展開：情報検索・利用の最新動向』勉誠出版，2009，p.53．

図3.3　情報探索と情報検索の位置づけ

に合った情報を探す「情報検索」という行為があるという枠組みである。

「情報行動」の中には、「ブラウジング」と「スキャニング」という行為がある[18]。非公式・無計画な「ブラウジング」という行為は、具体的な情報探索の戦略を持たず、漠然と情報やモノを探す行為である。コンピュータの画面に表示された文字や画像等を何となく見る行為にも使用される言葉である。図書館におけるブラウジングとは、書架に並んでいる本や雑誌の背表紙、あるいは中身をざっと眺めるということになる。実際、図書館利用者の多くが経験したことがあるだろう。開架式の図書館システムが利用者にもたらす最大の利点の一つであり、利用者はブラウジングによって関心のある分野の資料を偶然に発見し、新たな情報と出会うきっかけを得ることができる。

ブラウジングに対し、欲しい情報やモノを多くの対象から探し出すために視線を一定方向に走らせる行為は「スキャニング」と言われる。図書館でのスキャニングの例を挙げると、自身の関心のあるテーマに関する情報が載っている資料に、定期的に目を通すような行動である。

特定の分野について未解決の問題に取り組み、成果を発信する「研究者」の情報探索行動についても、そのプロセスが研究されてきた。エリスは、社会科学の研究者を対象に、研究や教育に関する情報を探す際に行う行動パターンを①探索開始、②連鎖探索、③情報源の識別、④ブラウジング、⑤モニタリング、

18）前掲17），p.54．

⑥情報の抽出、⑦確認、⑧探索終了の8つに分類した[19]。それぞれの具体的な行動として、以下のようなものが考えられる。

　①探索開始（starting）……人に聞く、本や雑誌を求める、インターネットで検索するといった様々な行動がある。

　②連鎖検索（chaining）……入手した情報を手がかりに、他の情報源を探す。例えば、引用文献から他の文献を探し、新たな情報源に当たる。

　③情報源の識別（differentiating）……情報源の性格によって、必要なものを選ぶ。論文に掲載されたものを選ぶ、学習者向けの図書リストの中から選ぶ等。

　④ブラウジング（browsing）……漠然とした情報収集をする。インターネットの関連項目や書棚をざっと見る。

　⑤モニタリング（monitoring）……知りたいことに関する情報を定期的に収集する。学術雑誌の定期購読をする。前述のスキャンニングと似たようなものである。

　⑥情報の抽出（extracting）……特定の情報源から、必要な情報を抽出する。コピーをする、メモをする等。

　⑦確認（verifying）……得られた情報が正確であるかを確認する。複数の情報源を比べる、得た情報に矛盾がないか検討する。

　⑧探索終了（ending）……情報探索を終える。

　これらのパターンは、日常の暮らしの中でも組み合わせて使用されることが指摘されている[20]。研究者の情報探索のプロセスであるが、もし一般の利用者が情報を探す際にもこういった情報行動が組み込まれれば、より的確で信頼性の高い情報を得ることができるだろう。しかし、利用者だけでこのような工程を経ることは困難な場合も多い。限られた場でしか利用できない情報源や、すぐに探すことのできない情報源もある。また、利用者自身が探し方や選別のス

---

19) D. Ellis, A behavioral approach to information retrieval system design, *Journal of Documentation*, vol.45, no.3, 1989, pp.171-212.
20) 前掲16），p.173.

キルを持っていない場合もある。そのような状況では、図書館では、図書館員の支援が必要とされる。ただし利用者は、図書館員からこのような支援を受けることができると知らない場合も多い。現在は多くの図書館で、「調べもの案内」や「調べ方ガイド」等、わかりやすい表示でサービスの利用を促すようなサインが見られる。しかしながら、実際のところは図書館にそのようなサービスがあることや、図書館員から信頼性の高い情報収集の支援を受けられることに驚く人々も多いのである。利用者の情報探索行動の中で、いかに図書館のシステムや図書館員が効果を発揮できているかを明らかにすることも、図書館の価値を確立するために重要なことであろう。

4.3 図書館における情報ニーズ

図書館で、利用者が何らかの問題を解決するために情報を探す場合、「情報ニーズ」が生じた状態となる。そして、必要な情報を手に入れたいという欲求のことを「情報要求」という。R. S. テイラーによれば、図書館における利用者の情報ニーズは、以下に示す4つの段階をたどる[21]。

　第一段階：心底のニーズ（要求）（visceral need）
　第二段階：意識化されたニーズ（要求）（conscious need）
　第三段階：形式化されたニーズ（要求）（formalized need）
　第四段階：相手に合わせて調整されたニーズ（要求）（compromised need）

この四段階について、図3.4を参考に、具体的に考えてみよう。第一段階の「心底のニーズ」の段階では、不足している知識が何であるか、どんな情報を収集したらよいかは漠然としていて明確になっていない。つまり、ニーズは潜在している状態である。次の第二段階である「意識化されたニーズ」になると、ニーズは顕在化していて、不足している知識は何なのかは認識できるが、それをうまく表現したり、説明したりすることはできない。図の例では、質問者は頭の中に、金魚の育て方を知りたいと頭の中に思い浮かべているが、それを質

---

21) Robert. S. Taylor, Question-negotiation and information seeking in libraries, *Journal of College and Research Libraries*, Vol.29, no.3, 1968, pp.178-194.

第 3 章 レファレンスサービスの理論と実際

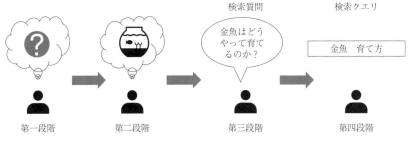

図3.4 情報ニーズの4つの段階

問として表現するには至っていない。第三段階の「形式化されたニーズ」の段階で、得たい知識を明確に質問として表現することができる。図では、第二段階で頭に浮かんだ疑問を、第三段階で「金魚はどうやって育てるのか?」と具体的な質問として発することができるようになる。しかし、実際に情報を探すために図書館員に尋ねたり、検索ツールを利用したりする場合は、次の第四段階の「相手に合わせて調整されたニーズ」の段階になる。これは、具体的な質問を、図書館員の知識構造や、検索ツールの構造に従った質問形式にして発話したり、入力したりすることを意味する。もし検索システムを用いて、「金魚はどうやって育てるのか?」という質問の回答を検索するとしたら、検索窓に「金魚　育て方」と入力するだろう。このように、検索システムの検索窓に入力する質問を、「検索クエリ」と呼ぶ。

　実際に質問者が図書館で問題解決をしようと試みた場合、図書館員とコンタクトをとるのは、第三段階か第四段階が多いであろう。第三段階の形式化されたニーズでやり取りを開始した場合は、双方のやり取りを通じて適切な表現を吟味し、第四段階に至り、回答が得られなければ、再び第三段階から見直す必要がある。さらには、第二段階に戻って、質問事項を検討し直すことも出てくるだろう。使用した表現や検索クエリによって、適切な回答をすぐに得られることもあれば、なかなか回答を探すことができないという事態も起こり得る。ここで必要になってくるのが、レファレンスやインタビューのスキルである。具体的なスキルの詳細については、次節5.1以降で扱う。

4.4 図書館利用とインターネット利用

　以前は、詳しい調べものや専門的な調査をする際には、図書館に足を運ぶことが主要な解決手段の一つであった。しかし、現在はインターネットの普及により、あらゆる情報を一瞬にして手に入れることができるようになった。簡単な辞典等は、インターネット上からも見られるし、少し詳しい情報を知りたいというときは信頼性はともかく、Wikipedia に頼るというのはよくある話である。そこで危惧されたのが、インターネットで情報が得られるようになるので、図書館の利用者が減ってしまうのではないかという問題である[22]。

　バッカリは、「学習」「仕事」「日常生活」「レジャー」の4項目について、図書館利用とインターネット利用の頻度の関連を調べている。どの項目でも図書館を利用する人ほど、インターネットも利用する傾向があることがわかった。特に、「学習」と「仕事」が目的である場合に、その傾向が強いという結果が得られている[23]。情報に対する要求が強い人ほど、図書館もインターネットも利用し、多くの情報源にアプローチしようとするのだろう。

　一方で、図書館を利用しない理由に「インターネットで済むから」という回答をする人々も存在する。簡単な調べものをしようとした場合、身近にインターネット環境があれば、瞬時にアクセスして解決することができる。しかし、このようなインターネット上の情報源が必ずしも信頼できるものとは限らない。図書館と図書館員の意義や強みを述べるとしたら、提供する情報源の信頼性が担保できること、図3.5の例のように、情報探索の経過において利用者のニーズをより明確にし、適切な検索を行って、資料提供、問題解決へと促す仕組みやスキルがあることであろう。

　インターネットを利用して、利用者自身で情報を得ようとした際には、ニーズの変化や探索行動の途中で適切な支援を受ける機会が無いため、最終的に世の中に存在している情報の中からより適切な情報を得る確率が下がる可能性が

22）ジョン・ポールフリー著，雪野あき訳『ネット時代の図書館戦略』原書房，2016, p.12.
23）Pertti Vakkari, Internet use increase the odds of using the public libraries, *Journal of Documentation*, vol.68, no.5, 2012, pp.618-638.

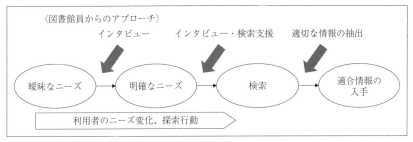

図3.5 情報探索における、利用者と図書館員の関わりの例

高いと考えられる。図書館員は、情報探索の過程における利用者との関わりを通じて、利用者をより良い情報源へ導くためにも、レファレンスの一連のプロセスを効果的に活用することが求められているのである。

5 レファレンスプロセス

5.1 レファレンスプロセスのモデル

　レファレンスプロセスとは、利用者がレファレンス質問として問いかけを行った段階から、それを受けた図書館員が質問内容を把握したうえで、必要とされる情報ないし情報源を探索し、その結果を質問者に回答する段階までの一連の処理過程でのことをいう[24]。

　レファレンスサービスは、図書館員が行う一連の実務の流れに沿って時系列に表現するフロー型のモデルとしてとらえることができる。図3.6は、フローモデルでの処理に実施主体（図書館員、利用者）を合わせて表したものである。直感的に理解しやすいこともあり、このフローモデルに沿って説明を行う。しかし、実際のレファレンスサービスが必ずしも完全にフローモデルの流れに沿って行われているわけではない。利用者と図書館員の間では、情報を介して常にダイナミックなやりとりがなされている。このレファレンスプロセスを、利用者・図書館員・情報源というサービスに関係する要素間（図書館員、利用者、

---

[24] 長澤雅男『レファレンスサービス』丸善, 1995, pp.136-137.

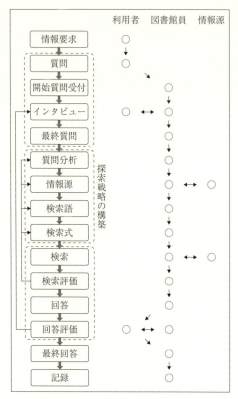

図3.6　レファレンスプロセス

情報源）の相互関係を総体的にとらえる考え方もある。

　また、熟練した図書館員は、各ステップを特に意識せず瞬間的に判断している場合も多い。しかし、レファレンスサービスのスキルの修得にあたっては、サービスが今どの段階にあるかを認識することが大切である。

5.2　レファレンスプロセスの各段階

　レファレンスプロセスのフローは、大きく３つの段階に分けてとらえるとわかりやすい（図3.7）。

第3章　レファレンスサービスの理論と実際

> **(第一段階)**
> ・利用者から質問を受け付け、必要に応じてレファレンスインタビューを行い、利用者の情報要求を把握し質問を確定させるまでの過程。

> **(第二段階)**
> ・レファレンス質問に対して、どのような情報源を用い、どのような検索を行うか探索戦略を構築する過程。

> **(第三段階)**
> ・探索戦略の構築の結果、組み立てた検索式に沿って実際に検索を実行し、利用者に回答を提供する過程。

図3.7　レファレンスプロセスの各段階

(1)第一段階　開始質問から最終質問

　第一段階は、利用者から質問を受け付け、必要に応じてレファレンスインタビューを行い、利用者の情報要求を把握し質問を確定させるまでの過程である。

　まず、利用者から提示された質問をそのままの形で受け付ける。利用者から最初に受ける質問を「開始質問」という。利用者が図書館員に最初に発する質問のことである。

　利用者から図書館員への接触（情報コンタクト）は様々な経路で行われる。口頭、電話、文書（手紙、FAX、電子メール）などがあげられる。また、口頭の場合、カウンターで受ける質問もあれば、フロアで受ける質問もある。いずれの場合も、図書館では受付票（図3.8）を用意しておき、一連の記録を残していく必要がある。受付票は、単に質問部分だけでなく、レファレンス事例として一連のレファレンスプロセスの全体にわたって記録できるような様式を準備しておく。

　質問を正式に受理する前にまず考えなければならないのが、質問の内容がその図書館の規程で決められた回答制限事項（例. 病気の診断、法律相談、身上相談、将来予測、鑑定など詳細は3.6.6参照）にあげられた質問でないかどうか判断することである。もし回答制限事項に該当する内容の質問であれば、利用者にはていねいに事由を説明し、直接回答は避けて資料提供に止めるなど、可能な範囲

レファレンス記録票

館 名			管理番号	
公開レベル		□自館のみ参照　□参加館公開　□一般公開		

質　問	
回　答	
回答プロセス	
事前調査事項	

NDC		NDCの版	□7版　□8版　□9版 □7版　□8版　□9版

参考資料	

キーワード	
照会先	
寄与者	
備考	

事例作成日	年　　月　　日	解決／未解決	□解決　□未解決(メール配信 する しない)
調査種別	□文献紹介　□事実調査　□書誌的事項調査　□所蔵調査　□所蔵機関調査　□利用案内 □その他(　　　　　　　　　)		
内容種別	□郷土　□人物　□言葉　□地名　□その他(　　　　　　　　　　　　　　　)		
質問者区分	□未就学児　□小中学生　□高校生　□学生　□社会人　□団体　□図書館　□その他(　　　)		
質問者連絡先	氏名(　　　　　　　　　)　　氏名ヨミ(　　　　　　　　　) 住所(〒 　　　　　　　　　　　　　　　　　　　　　　　　　) 電(　　　　　)　FAX(　　　　　　)　Email(　　　　　　　)		
受付窓口		担当者	
受付方法	□来館　□電話　□FAX　□E-mail　□その他(　　　　　　　)		
回答方法方法	□来館　□電話　□FAX　□E-mail　□その他(　　　　　　　)		
受付日時	年　月　日　時　分	回答日時	年　月　日　時　分
メモ			

図3.8　受付（記録）票例

（出典）WARP（国立国会図書館　インターネット資料収集保存事業）より「レファレンス協同データベース」http://warp.da.ndl.go.jp/info:ndljp/pid/10316315/crd.ndl.go.jp/jp/library/tools.html より「レファレンス記録票」http://warp.da.ndl.go.jp/collections/NDL_WA_po_print/info:ndljp/pid/10316315/crd.ndl.go.jp/jp/library/documents/NDL_WA_po_ref_kirokuhyo.pdf　（2018.1.12最終確認）。

で対応する。

　以上の点を確認した上で、次に「開始質問」について検討を行う。「開始質問」は、多くの場合利用者の情報要求をそのまま表しているわけではない。一般に利用者からの最初の問いかけは、資料の場所を尋ねる場合が多い。探している資料の主題があいまいな場合もあれば、非常に限定的な資料の場合もある。

　そのため、「開始質問」の内容では不十分な場合、図書館員はレファレンスインタビューを行い、利用者の真の情報要求を明確にする必要がある。レファレンスインタビューは、利用者から開始質問を受けた図書館員が、開始質問に反映されていないと考えられる情報要求を明らかにするために利用者に対して行う[25]、利用者とのやりとりのことである。

　「開始質問」が右枠内の条件を満たしていないとき、レファレンスインタビューが必要とされる[26]。

① 質問者が真に求めているものか
② 主題が明確であるか
③ 質問の表現にあいまいな点がないか
④ 求められている情報量が明確になっているか
⑤ 求められている回答のレベルが明確になっているか
⑥ 資料形態（言語・期間・出版地・出版形態など）になにか条件があるか
⑦ 許容される時間内に回答が可能か

　インタビューの結果、必要に応じて「開始質問」に追加・修正を行った上で、最終的に内容を調整した（探索前の時点における最終的な）利用者の質問を「最終質問」という。以後、図書館員はこの「最終質問」にもとづき探索を行っていく。レファレンスインタビューの具体的な方法・注意点については、次節6.1以降で説明する。

---

[25] 齋藤泰則，大谷康晴『情報サービス演習』（JLA 図書館情報学テキストシリーズ）日本図書館協会，2015, p.110.
[26] Gerald Jahoda and Judith Schiek Braunagel, *The Librarian and reference queries*. Academic Press, 1980, p.116.

表3.4　主題の類型

	主題の類型（長澤）	主題の類型（齋藤）
1	参考図書・データベース	テーマ（トピック）
2	言語・文字	語句・用語・文字
3	事物・事象	事象・事物
4	歴史・日時	歴史・日時
5	地理・地名	地理・地名
6	人物・団体	人物・団体
7	図書・叢書	図書・雑誌・新聞
8	新聞・雑誌	雑誌記事・新聞記事

（出典）長澤雅男『レファレンスサービス』丸善, 1995, pp.178-179.
齋藤泰則, 大谷康晴『情報サービス演習』（JLA図書館情報学テキストシリーズ）日本図書館協会, 2015, p.106.

(2)第二段階　探索戦略の構築

　第二段階として「最終質問」を分析し、解決に必要な調査・探索に関する戦略を立てていく。その過程はさらに次のように細分することができる。

　1)　最終質問に対する分析
　2)　情報源の選択
　3)　検索語の選定
　4)　検索式の作成

　なお、「検索」という用語は、コンピュータシステムにおける検索に限定されるイメージが強い。実際のレファレンス調査では、参考図書など印刷体の資料を使っての調査も含まれることから、ここでは「探索」という語を用いる。

　「最終質問」の分析は、情報源の選択を効率的に判断するために、次の2つの要素に分けて分析することが多く行われる。質問が持つ主題に関する分析（何について知りたいのか）と利用者の具体的な要求事項（どんなことを知りたいのか）に分けて考える。

①質問分析──主題の類型

　主題を明らかにするため、主題の類型を判定する、あるいは質問の分野を判定するといった手法が存在する。表3.4は主題の類型の例である。

　その他、質問の分類を主題分析に用いる考え方もある。神戸市立図書館では、

表3.5　要求事項の類型と情報源のタイプ

	要求事項の類型	情報源のタイプ
1	解説情報	事典　辞典　字典　便覧　年鑑
2	数値情報	統計　年鑑　便覧
3	画像情報	図鑑　地図　事典　便覧
4	日時情報	年表　年鑑
5	人物・団体情報	事典　名鑑
6	書誌情報	書誌　索引　抄録
7	書誌・所在情報	目録
8	探索法	―

日本十進分類法の第二次区分（百区分）を利用する方法が試みられた[27]。主題の判定に既存の分類記号を利用する。分類規則があるために比較的揺れの少ない判断が可能である。区分数が多いため細かな判定ができる反面、判断のためのマトリックス表が大きくなり維持に手間がかかることになる。

②質問分析――要求事項

　次に、どのような形式の情報を提示したらよいか、要求事項を判定する。表3.5は齋藤による要求事項[28]をベースにアレンジを加えたものである。要求事項の類型によって候補となる情報源のタイプがわかる。

　これらの中で、「6．書誌情報」と「7．書誌・所在情報」は本質的には重なりのある情報だが、書誌と目録というレファレンスツールを分けて考えるという実務的な観点から、便宜的に分けられている。「8．探索法」は他と異なり、情報の利用のしかた、調べ方といった利用法・探索法自体を提供するものである。

　こういった質問分析の手法は、ヒューリスティックスに基づいたものである。常に成り立つとは限らないが、多くの場合に有効とされる経験的知識・発見的知識に基づいた類型や事項である。実際の判定に際しては揺れや重なりが生じることも考えられる。しかし、ひらめきや直感にまかせて情報源を選択するの

---

27) 志智嘉九郎『レファレンス・ワーク』赤石出版，1962，pp.127-133.
28) 前掲25），pp.106-107.

ではなく、このような方法論にそって探索に役立ちそうな情報源を効率的に絞り込んでいくことが大切である。

　また、質問分析にあたっては質問が複数の主題を持っていたり、複数の要求事項をもっていたりする場合がある。その場合、無理にどれか1つの区分に収束させるのではなく、質問を主題や要求事項ごとに分割し、論理的に複数の質問に再構成して解釈する。

③質問分析——制約条件の加味

　第一段階であるレファレンスインタビューでは、利用者の特性や質問の状況など、回答に関わるその他の諸条件として次のような事項も明らかにされている。

　　1）　利用者の属性（一般成人、児童・生徒など）
　　2）　回答までの時間的な制約の有無
　　3）　利用者が必要とする回答の様式
　　4）　利用者が必要とする情報量
　　5）　利用者が必要とする情報の精度（レベル）
　　6）　利用者自身による事前調査事項

　制約条件に応じて、情報源の選択や探索方法などに反映させる。例えば、子どもからの質問に対して、専門家向けの資料で回答するのは適切とは言えないし、要点だけ知りたい場合、網羅的に知りたい場合など利用者の必要とする分量や精度に応じた回答でなければ情報要求を満足させることはできなくなるだろう。

④情報源（リソース）の選定

　以上の「主題分析」と「要求事項」の組み合わせに「制約条件」を加味した結果、どのようなレファレンス情報源が探索に有効か判断し、実際に探索に用いる情報源のタイプを決定する。表3.5に示した通り、情報源のタイプは必ずしも1つに絞られるわけではない。複数の情報源のタイプが出てくる場合は、

優先順位を決めて対応する。情報源のタイプが判断できたら、制約条件も加味しながら、探索に用いる個々の情報源を選択していくことになる。ここで判断がつきにくい場合には、参考図書の解題情報などの三次資料を使うことも有効だろう。これまで文章で説明した質問分析と情報源の関係を式の形式で端的にまとめると次のとおりである。

情報源$Resources$＝{主題$Subject$∧要求事項$Demand$∧制約条件$parm(1,2,3,\cdots)$}

⑤探索のための検索語（キーワード）の設定

　情報源が決まったら、その情報源を検索するために用いる検索語（キーワード）を決定する。検索語には「質問分析」で明らかになった主題を表すキーワードなどを採用することが多いが、場合によって統制語表（件名標目表やシソーラス）を活用し、上位語や下位語や同義語、類義語を使用することも考えられる。

⑥情報源に応じた検索式の作成

　情報源がどのような検索が可能かを確認する。印刷体の参考図書であれば、見出しや索引からのアクセスが基本になるが、凡例に書かれた使用法などは確認する。印刷体の参考図書では、あらかじめ検索できる項目（アクセスポイント）が限られており、複数の検索語を組み合わせる場合でもあらかじめ固定されている事前結合方式[29]であるため、どのような検索ができるのかその特性を知って利用することが大切である。

　一方、データベースでは、図書でいう見出し語や索引語以外にも多くのアクセスポイントが設定されていることが多く、また複数の検索語を自由に組み合わせて事後結合方式の検索が可能である。データベースでは、実際どのような

---

[29] 複数の主題を組み合わせて検索する場合に備えてあらかじめそれらを結合した見出し語や索引語を用意して対応するやり方を事前結合方式、逆に検索の時点で自由に組み合わせて結果を得ることのできるやり方を事後結合方式という。

検索が可能なのか、検索システムのヘルプ画面などを参考にするのがよい。一般的には論理演算子（論理積 AND、論理和 OR、論理差 NOT）やトランケーション（前方一致、後方一致、中間一致、前後一致）の検索機能を持つものが多い。データベースの検索方法については、第4章で詳しく説明する。

(3) 第三段階　探索の実行

第三段階では、それまでの段階を踏まえた上で、図書館員は検索を実行する。

図書館員は利用者に検索結果を回答する前に、検索結果が、最終質問の主題や要求事項を満たしたものになっているかどうかを評価する必要がある。ここで、適合していないようならば、探索戦略を再考して、探索をやり直す。問題ないようであれば、実行結果を整理し、利用者への回答を行い、利用者による評価を受ける。

利用者への回答の結果、利用者の情報要求を充足する内容になっていれば、最終回答となり、一連の探索は完了する。もし、情報要求を充足していないようならば、探索は不完全だったということになる。その場合は、利用者とのレファレンスインタビューを再度行って、探索をやり直すことになる。また場合によっては、利用者が探索を打ち切る判断をすることもあり、その場合は、その時点までに入手できた情報を提供して終了ということになる。また、途中で質問内容が自館の情報資源では回答することができないことが判明した場合、あらかじめ準備しておいたレフェラル資料などを参考に解決につながる関連機関が紹介するなど、場合によってレフェラルサービスへ移行することもある。

利用者からの質問に始まって、受付、探索、回答にいたるまでの一連の経過は、レファレンス記録票に記録しておく。

6　レファレンスインタビュー

6.1　レファレンスインタビューの重要性

レファレンスインタビューとは、利用者からの質問を受けた図書館員が、利

用者の情報ニーズを確認するために行うインタビューであり、図書館員が利用者とのコミュニケーションを通じて、利用者の質問の内容を特定化・具体化し本当に知りたい事柄や要求事項を聴き出すことである。

一般的には利用者の開始質問は、「調べたいことがあるのですが」「糖尿病の図書を探している」といった発話であり、曖昧で大雑把なことが多い。例えば「糖尿病の図書」といっても、予防法なのか？　治療法なのか？　それとも闘病記なのか？　と様々な資料が想定できる。こうした漠然とした最初のレファレンス質問（開始質問）からレファレンスインタビューを通じて、最終的に利用者が望んでいる情報ニーズ（最終質問）の把握を行い、レファレンスプロセスにおける探索戦略に繋げていく。

例えば、以下は図書館における利用者と図書館員のレファレンスカウンターでのレファレンス質問の発話であるが、この場合の利用者の真の情報ニーズは何か考えてみたい。

私の母が病気なのですが、医者はどのような治療をするべきかはっきりした決断をせずに、信頼がおけません。医者は私に会うたびに治療法について説明するのですが、毎回、その治療法が違っているのです。

それに、医療保険に加入しているのですが、保険会社は医者の診断を信用していなくて、保険会社がこの件に関していくらの保険金を払うのかどうかわかりません。

私は何冊かの本を探しに図書館に来ました。しかし本棚になかったり、私が知りたいと思うようなことが書かれた本はありませんでした。

昨日も図書館に来たのですが、昨日に対応した職員のサービスが悪かったです。その職員はちっとも手助けをしてくれませんでした[30]。

上記の会話では4つの情報ニーズが指摘できよう。
1）　母親の病気の治療法について知りたい。

---

[30] Mark R. Willis, *Dealing with difficult people in the library*, American Library Association, 1999, p.15.

2） 保険会社の保険金の支払いについて知りたい。
3） 本を探しているのだが、必要とする本が見つからなかった。
4） 昨日の職員の対応が悪かったのでクレームを言いたかった。

確かにどれも利用者の情報ニーズといえそうだが、1）～4）の情報ニーズの優先順位が不明確であり、この会話だけでは優先順位の高い真の情報ニーズが必ずしも把握できるわけではない。例えば3）「本を探している場合」が優先順位の高い情報ニーズであったとしても、母親が読むための図書なのか、それとも自分が読むための図書なのかということも確認しなければならない。母親が読む図書だったとしても、例えば気楽に読めるミステリー小説がよいのか、病気についての医学書なのかといったジャンルに関しても確認しなければならない。

「利用者が何を望んでいるかが正確につかめたら、レファレンスサービスや情報サービスの戦いは半分終わった」という言葉があるように、レファレンスインタビューは、レファレンスサービスの成否に大きくかかわる非常に重要な要素であるといえる。

6.2 レファレンス質問が不明瞭な理由

前節の発話をみても、開始質問だけでは利用者の情報ニーズの把握はすぐにはできないことが理解できよう。利用者のレファレンス質問が最初から真の情報ニーズについて明確にしない理由について長澤らは以下の5点を指摘している[31]。

1） レファレンスサービスに対する理解が不足していること
2） 質問の動機を明かさないこと
3） あいまいに尋ねること
4） 質問者に先入観があること
5） 図書館や図書館員に対する信頼感を欠いていること

31）長澤雅男，石黒祐子『問題解決のためのレファレンスサービス』新版，日本図書館協会，2007，pp.72-73．

1 ）は、利用者のレファレンスサービスの認知率が低いことと関連している。利用者は図書館員に尋ねてよいことかどうか判断がつきかね、遠慮がちに婉曲に尋ねてしまうので真の情報ニーズが隠されてしまう傾向がある。

2 ）は、誰でも初対面の人と話す際には緊張や警戒心が伴うものであり、無意識のうちに自分をガードしてしまうということである。情報ニーズを把握するためにはレファレンス質問の動機を聞くことは重要なことだが、図書館員が利用者を受け入れる姿勢を表さないと警戒心を持ったままで質問を受けることになり、質問の動機を明かしてくれないことがある。

3 ）は、利用者自身がよくわからないことを調べようと思ってレファレンスカウンターにやってくるが、そもそも利用者自身がよく理解していないことを図書館員に説明するのは難しい。そのため不明瞭な発話になってしまう。

4 ）は、レファレンス質問で利用者自身が知りたい事柄について、勘違いや間違った思い込みをしているということであり、正しい回答が導けない場合がある。筆者自身が図書館員時代に体験した事例であるが、「江戸時代にこの地域で有機栽培を始めた人物の名前が知りたい」といった質問を受けたことがあった。人名辞典や農業関係の事典や郷土資料まであたってみたが、該当する人物はいなかった。しかし、江戸時代の生まれだが明治時代に有機栽培を始めた著名な人物はいた。レファレンス回答の際に該当する人物はいなかったが、明治時代に活躍した人物であればこんな人物がいると回答をすると、利用者が知りたかった人物であった。利用者自身が「江戸時代の生まれ」と「江戸時代に活躍」を混同していた事例である。

5 ）は、図書館や図書館員の社会的認知と関連する問題である。図書館自体については、本を借りる場所というイメージ強く、調べものを手助けしてくれるという社会的な認知が少ない現状がある。また図書館員についても、残念ながら「日がな一日、カウンターに座っていて、暇なときは本が自由に読める」という間違ったイメージを持つ利用者も少なからずいる。こうしたイメージを持つ利用者は、図書館員に専門的知識がないと思い込んでしまい図書館員に尋ねるよりは自分で調べてしまおうと考え、レファレンス質問をしたとしても、

簡単なことしか質問しない場合がある（逆にテレビドラマや小説に登場する図書館員は博識なキャラクターも多く、そうしたイメージによって図書館員にどんどん尋ねようと思う利用者もいるかもしれない）。

　図書館員の専門性や社会的認知の向上については昔からずっと叫ばれ続けたことではあるが、利用者に満足のいくサービスを提供することで図書館員の専門性をアピールして社会的認知を地道に上げていくしかない。そういった面で考えれば、レファレンスサービスは利用者に直接かつ大きな満足を与えられるサービスであり社会的認知の向上に資するサービスといえよう。

6.3　レファレンスインタビューでの確認事項

　「5.2レファレンスプロセスの各段階」でも紹介したように、レファレンス質問を受け、利用者の真の情報ニーズを導き出すために、ジャホダらは以下の7つの項目を明確にするように指摘をしている[32]。

　1)　質問者が真に求めているものか
　2)　主題が明確であるか
　3)　質問の表現にあいまいな点がないか
　4)　求められている情報量が明確になっているか
　5)　求められている回答のレベルが明確になっているか
　6)　資料形態（言語・期間・出版地・出版形態など）になにか条件があるか
　7)　許容される時間内に回答が可能か

　1)は、前節で述べたように利用者の最初のレファレンス質問はあいまいなことが多い。例えば「人物事典はどこですか？」と聞かれた場合、「あちらのレファレンスコーナーの280の棚にあります」と回答すればレファレンスサービスとしては成り立っているが、もう少し踏み込んで「あちらの棚に人物事典はあります。人物事典は複数ありますので、どういった人物をお知りになりたいかをもし教えていただければ適切な人名辞典をご案内いたします」と回答すれば、利用者は「水戸黄門といわれる徳川光圀についての生涯を調べたい」と

32) 前掲26), pp.116-125.

最初のレファレンス質問では隠されていた真の情報ニーズを示してくれる場合もある。こうした方が利用者も様々な資料を探索せずに時間を節約し、かつ的確な情報を入手することができる。利用者の立場を想定しながらプラスアルファの問いかけができることが望まれる。

2）は、図書館員が利用者の援助をするためには、主題をきちんと把握しなければならない。これも筆者の図書館員時代の経験であるが、ある利用者が「『せきさんしりょう』はこの図書館にあるか？」と訊ねてきた。「関さんの資料？」郷土史でそんな人物がいたのかなと、初めて聞く言葉で戸惑った。利用者からよくよく聞いた結果「積算資料」と書くことや公共工事の際に利用する資料であることなどが分かった。最終的には公共工事の予算を算定するための基礎資料であり、定期刊行物のタイトルであることが分かった。自館に所蔵がなかったので県立図書館にレフェラルサービスをして事なきを得たことがある。利用者の求める主題について不案内な場合には利用者から情報を聞き出すことが必要であり、中途半端に知ったかぶりの態度をとるとレファレンスサービス自体が失敗に終わってしまうので、留意する必要がある。

3）は、「国立西洋美術館について知りたい」といった場合、国立西洋美術館で現在行われている企画展が知りたいのか、所蔵作品を知りたいのか、世界遺産に指定されている建物について知りたいのか、それともアクセス方法が知りたいのか、どのような事柄について知りたいのかを明確にしなければならない。この確認を怠ってしまうと無駄な労力を使ってしまうことになる。情報探索をする前に明確にしなければならない。

4）は、「紫式部の晩年に関する本はないか？」といった場合、図書の現物が必要なのか？　それとも書誌リストだけでよいのか？　といった確認が必要である。現物でもリストでも何冊程度必要かといった分量の確認が必要になる。

5）は、「織田信長に関する伝記はありますか？」といった場合、児童向け、一般向け、専門書など様々な伝記が刊行されている。利用者の属性を考慮しながら利用者の情報ニーズを満たせる図書を案内しなければならない。

6）については、「ゲーテの書いたファウストを読みたい」といった場合、

日本語かドイツ語かといった言語に関する事柄や、様々な翻訳者がいるので特定の希望する翻訳者がいるかどうかといった訳者に関する事柄、全集・単行本・文庫本など様々な形態があるので刊行形態の確認も必要である。出版年などの確認も必要である。

　7）については、利用者の待ち時間を確認することである。図書館員がレファレンス質問に回答するためには探索の時間が必要であるが、利用者がどれぐらい待てるのか確認を行ってから探索を実行する方が良い。時間がかかりそうと予想されれば、30分後や後日に回答できそうな旨を利用者にきちんと伝えれば利用者も納得してくれる。逆にどれぐらいの時間がかかるのかの案内がないと利用者のイライラが高まってしまう。「図書館学の五法則」を提唱したランガナタンも「読者の時間を節約せよ」という言葉を残しているように、利用者を漫然と待たせることが無いように留意したい。

6.4　レファレンスインタビューの技法

　実際にレファレンスインタビューを行う際にどのような事柄を尋ねるかということは確認できたが、では実際には利用者に対してどのように質問を行うのであろうか。レファレンスインタビューの技法について説明をする。

(1)開質問（open question）と閉質問（closed question）

　開質問とは、情報をわかりやすく伝達するための手法である「５Ｗ１Ｈ」＝「なに（What）、なぜ（Why）、いつ（When）、どこで（Where）、だれが（Who）、どのように（How）」などの疑問符を使って、応答内容を限定せずに利用者の裁量で応答内容を決定できる質問方法である。

　例えば、「あなたはどんな図書館員になりたいですか？」といった質問をした場合には、「親切な図書館員になりたい」「専門知識が豊富な図書館員になりたい」「歌って踊れる図書館員になりたい」などと人によって様々な返答が返ってくる。このような質問手法を開質問という。

　開質問の以下のような状況で使用すると有効である。

- 質問と返答のキャッチボールを通して、利用者に真の情報ニーズを考えさせたい場合
- 利用者の情報ニーズが不明確な時など、相手のことがよくわからない場合

また、メリットとしては以下のような点が指摘できる。
- 質問の始めに、なに（What）、なぜ（Why）、どのように（How）を使用した質問をすると利用者の情報ニーズを引き出すことができる
- 利用者のアイディアを膨らませたい場合にはどのように（How）を使用するとインタビューが活発化しやすい
- なに（What）は問題の中にある潜在的な問題を引き出すときに有効である

一方で、以下の点についても留意しなければならない。
- 核心をついた答えを素早く引き出すことが難しい
- 利用者からの返答の情報量が多い場合は会話が飛躍してしまう
- 相手が答えを用意できない時は会話がはずまない
- 「なぜですか？」「どうしてですか？」といったWhyを使用する質問を連発すると責任追及のようになるので、利用者の心証を悪くする場合がある

　これに対し、閉質問は「はい」「いいえ」といった限られた応答内容や一言で答えられるような回答を求めるものであり、質問を絞り込む時に有効である。例えば、「あなたは図書館員になりたいですか？」といった質問の場合には「はい」「いいえ」「べつに……」といった限られた返答が返ってくる。他にも「今日は何曜日ですか？」「何才ですか？」といった質問も曜日や年齢といった限定された返答が期待できるため閉質問といえる。

　閉質問は以下のような状況で使用すると有効である。
- （短い答えが返ってくるので）インタビューの時間を節約したい場合
- 素早く核心をついた情報ニーズを引き出したい場合
- 最終的な意思や決断を聞きたい場合

一方で、以下の点についても留意しなければならない。
- 利用者から返される情報が、少なく制限されてしまう
- 返答が短いため、その裏に隠れた気分や理由が理解しにくい

・使いすぎると、尋問や詰問のようになってしまう

　開質問と閉質問のそれぞれの長所、短所を理解し、組み合わせて使うと活発なレファレンスインタビューを行うことができる。

(2)漏斗型インタビューと逆漏斗型インタビュー

　漏斗とは注ぎ口の小さい容器に液体を入れるときに使う朝顔の花のように上部が開いて下部が細くなっている道具である。レファレンスインタビューをする際に、最初は開質問で広範な話題から始まり、閉質問を使って限定していくインタビューのことを「漏斗型インタビュー」という。利用者が知りたい情報ニーズを明確に認識し、主題や問題についてよく知っているときに有効な方法である。また、「逆漏斗型インタビュー」は、最初は閉質問によって回答を限定し、利用者に情報ニーズを明確に認識させ、応答しやすくすることを狙いとする方法である。利用者の状況によって両者の適宜使い分けをして効果的なインタビューを行っていく。

(3)中立質問法（Neutral Questioning）

　中立質問法とはアメリカの図書館情報学者のダーヴィンが意味付与アプローチに基づく情報探索行動として提唱したレファレンスインタビューの際の質問法である[33]。利用者の情報ニーズを的確に把握するためには、1）状況（情報にニーズが発生した状況）、2）ギャップ（不足している情報や知識）、3）利用（得た情報をどのように利用するのか）の3点を把握することが重要と指摘をしている。

　図3.9では、人がスタート地点に立って、ゴールの旗に向かって進まなければならない。このスタート地点が現在の「状況」になる。ゴールの旗に進むためには途中で大きな穴があいている。これが「ギャップ」であり、これを埋め

---

33) 意味付与アプローチとは、情報探索行動を利用者の日常における内面の行動としてとらえようとする理論である。Dervin, Brenda, "From the mind's eye of the user: the sense-making qualitative-quantitative methodology," *Qualitative Research in Information Management*, 1992, pp.61-84.

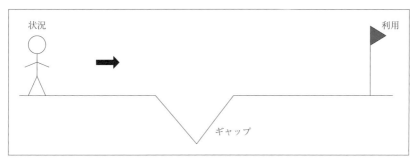

図3.9 中立質問法

ることでゴールにたどり着くことができる。最終的にゴールがたどり着き課題を解決することが「利用」にあたる。

例えば、「授業のレポート作成のために指定管理者制度についての資料を探している」といったレファレンス質問があった場合、この質問から読み解けることは、1）状況「レポート課題が課された」、2）ギャップ「参考となる資料が足りない」、3）利用は「レポートとして提出」することである。状況・ギャップ・利用が明確になっているので、ここではレポート作成に使用できる参考文献を提供すればよいわけである。状況・ギャップ・利用のいずれかが不明確な場合にはレファレンスインタビューを行って聞き出すことになる。

⑷アクティブリスニング（傾聴法）

利用者の情報ニーズを引き出し、真の情報ニーズを把握するにはアクティブリスニングの手法も有効である。アクティブリスニングとは、相手の言葉をただ受動的に聞くのではなく、話し手の言葉の中にある事実と感情を積極的につかみながらその情報ニーズをつかもうとする聞き方である。うなずきや相槌を交えながら話を聞く「傾聴」を行うことで、利用者は自分の話をきちんと聞いてくれていると感じ、図書館員に親近感を感じて会話が盛り上がることが期待できる。また、情報ニーズを的確に把握するには確認質問や復唱も重要である。確認質問や復唱をすることで、食い違いや誤った理解を防止しお互いに一呼吸つき、考える時間を持つことができる。

もちろん、レファレンスインタビューの手法を利用したからといって、情報ニーズを的確に把握できるとは限らない。筆者の経験になるが、利用者から「スズについて知りたい」というレファレンス質問があった。その際に「金属のスズですね？」と確認質問と復唱を行った。利用者は「はい、そうです」と応えたので、『軽金属事典』の「錫」の項目を案内したが、利用者は困惑していた。なぜだろうと追加インタビューを行った結果、音が鳴る「鈴」について知りたかったと判明した。同音異義語の「錫」と「鈴」を勘違いしたまま案内してしまったのである。また書架案内で「詩集」と「刺繍」の書架を間違って案内したこともある。レファレンスインタビューは日々の経験を積み重ねながらスキルアップをしていかなければならない。

6.5　子ども達へのレファレンスインタビュー

　知っていることを説明するのは簡単であるが、知らない事柄を説明することは大人にとっても難しい。公共図書館の児童コーナーや学校図書館で、子ども達からレファレンス質問を受けることもあるが、子ども達の質問は、漠然としていることが多く、真の情報ニーズを的確にくみ取るためにはレファレンスインタビューが欠かせない。特に授業で指示された調べ学習の課題などは、子ども達自身が調べるべき事柄をきちんと理解していないことも多い。「環境問題について調べたい」と児童が尋ねてきた場合に「環境問題のどんなことを調べたいか？」と尋ね返しても子ども達は自分の確固たる意志がない時は返答に窮してしまったり、「なんでもいい」というような大雑把な返事が返ってきてしまう。子ども達が想像しやすいように「地球温暖化、ゴミ問題、動物の絶滅危惧、森林破壊、食糧問題いろいろあるけど、どれが知りたい？」などと具体的な事例を挙げて、その中から選ばせるとレファレンスがうまくいく。

　「最初の人間はだれか？」「なぜ男性は短髪が多く、女性は長髪が多いのか？」といった回答が難しい質問もある。こうした質問についても機転を利かせて、各民族の神話や聖書の提示や、ファッション史に関する図書を示せば回答につながる。こうした質問は経験がないと回答が難しいが、子ども達の好奇

第3章　レファレンスサービスの理論と実際

図3.10　鳴門教育大学附属図書館児童図書室
「子どもの心を理解するための絵本データベース」

(出典) 鳴門教育大学附属図書館児童図書室「子どもの心を理解するための絵本データベース」http://www.naruto-u.ac.jp/library/ehon/ （2017.10.9最終確認).

心を育むためにもていねいに対応するべきであろう。

　また、読書相談では子ども達は「怖い本が読みたい」「ドキドキする話を読みたい」など抽象的な質問や、「ウサギが主人公の物語が読みたい」といったOPACのタイトル検索や件名検索では難しいストーリーレファレンスの質問をすることもある。こうした質問にはたくさんの図書を知っていなければ対応できないことも多く、司書・司書教諭・学校司書の専門性が問われる。すぐに返答できなくても、時間をもらって書架をブラウジングしたり、ブックリストを使用して後で回答してあげれば子ども達も喜び、図書館へのさらなる興味関心を持ってもらえるので、真摯に子ども達の質問に向き合いたい。

　近年ではストーリーレファレンスの検索もできるOPACやデータベースを公開している図書館もある。例えば鳴門教育大学附属図書館児童図書室の「子どもの心を理解するための絵本データベース」（図3.10）では通常の書誌事項の

検索項目だけでなく、主人公の性別や年齢でも検索ができる。ストーリーについても「生活と自立」「自我・自己形成」「友達・遊び」「性格」「心」「家族」の6の大主題の下に「動物の世話をする」「失敗する」「穴を掘る」「欲張りな」「愛される」「競争をする」「父母の子ども時代」など280もの主題に分類され詳細な検索が可能となっている。

　他にも山口県立山口図書館のOPAC「子どもの本検索[34]」は、登場人物の年齢や学年といった検索ができるだけではなく、「アザラシ」「カエル」「サル」「ダチョウ」などの生き物や、「動物園」「図書館」「ともだち」「トラクター」といったテーマでの検索も可能である。

6.6　レファレンスサービスの限界

　レファレンスサービスは、「参考業務」「参考事務」「回答事務」とも呼ばれる。利用者を求める情報・資料へ導くことは図書館の本質的任務であると言えるが、レファレンスサービスはその最も代表的なサービスであると言うことができよう。

　このことを踏まえれば、図書館員が利用者からの質問に対してできる限り回答するのは至極当然であるということになろう。しかし実際には、図書館員の能力の問題やレファレンスツール等の関係で必ずしも回答できない場合があるし、また特定の質問に対して答えるべきではないという場合も出てくる。前者の2つの問題、すなわち図書館員の能力については利用者の要求に的確に回答できるようになるにはどうしても（不断の努力はもちろんだが）長年の経験が重要になってくるし、レファレンスツールに関してはそもそも質問に対する参考図書やデータベース等が存在していないような場合には、合理的な探索手段が存在しないため、答えたくても答えられないというケースもでてくることになる。また後者、すなわち特定の質問に対して答えるべきではないという事例に関しては、例えば次のようなものがあろう。

[34) 山口県立山口図書館「子どもの本検索」https://library.pref.yamaguchi.lg.jp/wo/opc_ext/srh_kids_cont/（2017.10.9最終確認）。

第3章　レファレンスサービスの理論と実際

1）　ある利用者が自宅の物置の奥から見つかったという古い壺を持参してきて、「この壺にどれくらいの価値があるか教えてください」と質問してきた。この場合、図書館員はどう対応すべきか。これに対しては、図書館は図書、逐次刊行物や電子資料等の図書館資料を扱う場所であって、壺を鑑定する場所ではないし、また図書館員はそのための専門家でもないことをはっきり述べた上で、鑑定に役立ちそうな資料を提供したり、鑑定できる専門機関を調べて紹介する、などの対応にとどめるべきだろう。

2）　小学生が「夏休みの宿題を手伝ってください」と言って来た。この場合、図書館員はどうすべきか。もとより図書館員は宿題の代行屋ではない。それに宿題は自分でするものであって、他人にやってもらうものではない（もっとも、親と一緒にやるケースはかなり多いようだが）。したがって、図書館員は宿題の参考となるべき資料を提示するにとどめるべきであって、問題の回答を教えるようなことがあってはならない。

　要するに、図書館の世界には図書館員が「直接応じてはならない」とされている事柄が存在するということである。図書館員は資料に関する専門家であって、それ以外の事柄に安易に関与することは許されないのである。
　このことを明記した事例として、例えば、「JLA公共図書館部会参考事務分科会参考事務規程」（以下「JLA規程」）の3〜9と、「東京都立図書館情報サービス規定」（以下「都規定」）の第17〜18条を挙げることができよう。それらは、次のものである[35]。

JLA公共図書館部会参考事務分科会参考事務規程（1961年3月15日）

（回答の原則）
　3　回答事務は資料を提供することを原則とする。

35）東京都立図書館「レファレンスサービスに関する諸規程について」http://www.library.metro.tokyo.jp/Portals/0/15/pdf/r05_chap1-2.pdf（2017.8.27最終確認）.

4 前条の規程にかかわらず、軽微な質問であって資料の裏づけのあるものに限って回答を与えてもよい。
5 自館で資料を発見出来ない場合には適当な他の図書館または、専門機関・専門家への紹介または照会をはかる。
6 3条から5条の範囲を越える便宜または利益の供与はしない。

(回答の制限)
7 他人の生命・名誉・財産等に損害を与え、または社会に直接悪影響をおよぼすとみられる問題は受け付けない。
8 次の各号に該当する質問には回答を与えてはならないと共に資料の提供も慎重でなければならない。ただし、問題によっては専門機関・専門家を紹介する。
　　a 医療・健康相談
　　b 法律相談
　　c 身上相談
　　d 仮定または将来の予想に該当する問題
9 次の各号に該当する質問には解答を与えない。
　　a 学校の宿題
　　b 懸賞問題

東京都立図書館情報サービス規定（1999年11月26日、改正2003年3月27日）

(回答の制限)
第17条　次の各号に該当する質問には、解答を与えないとともに、資料の提供も慎重に行う。
1　病気の診断や治療について判断を必要とする問題
2　法律相談
3　人生案内または身上相談
4　仮定または将来の予想に属する問題

(回答の除外)
第18条 次の各号に該当する依頼及び質問に対しては、直接には応じない。質問に応じ関連する参考図書その他の資料や情報を提供する、などの援助を行う。
① 図書の購入売却のあっ旋仲介
② 古書、古文書、美術品等の鑑定及び市場価格調査
③ 学習課題の解答及び論文の作成
④ 懸賞問題の解答
⑤ 計算問題の解答
⑥ 資料の解読・注釈・翻訳・抜粋の作成
⑦ 系図等の作成

　レファレンスサービスの原則は、図書館員が資料の専門的知識を活かして資料（情報源）や情報を提示することである。上に挙げたJLA規程と都規定は、図書館員が専門職として回答してはならないとされている項目を列記したものであるが、これらはすなわち、「専門家・専門機関に判断を仰いだほうがよい」項目であると言うことができる。言い換えれば、専門性の高い分野に関してはその分野の専門家が回答すべきであって、それらの事項について素人である図書館員が回答すべきではないというものである。医学・医療に関する質問などはその典型的なケースである言えよう。利用者から「お腹が痛いのですが、何の病気でしょうか。どうしたらよいのか、教えてください」と聞かれたからといって、図書館員は答えられないし、勝手なことを言うと、医師法第17条「医師でなければ、医業をしてはならない」に抵触することになってしまう。したがって，仮にこのような質問があった場合には、「図書館ではこのような質問には答えられませんので、病院で受診されてください」とまず返答する。そして、利用者の求めに応じて、近隣の医療機関の所在地を紹介したり、「腹痛」をテーマとした図書が並べられたコーナーに案内して、利用者自身の責任においてそれらを参考にしてもらう、といった対応が望ましいだろう。
　また、法律・条例に関する質問の内、「法律相談」にあたるような質問につ

いても、本来、弁護士等の法曹人が担当すべきものであるから、法律の素人である図書館員が勝手なことを言うことは法律上許されない。「隣家の騒音がひどくて夜も眠れず体調を崩したのだが、隣人に損害賠償請求はできますか」等の質問があった場合には、「図書館では答えられませんので、弁護士に相談してください」とまず回答するのが正しい態度であろう。その上で、身近な法律問題について書かれた資料を参考資料として紹介したり、無料で相談できる「法テラス」の紹介をする、といった情報提供の可能性を探るようにしたい。その図書館で法律関係の質問が多い場合には、図書館内に専門家を招いて、無料法律相談会を開催し、法律の専門家へのアクセスを容易にしようと試みることもできるだろう。

　もちろん、法律に関する質問のすべてが「法律相談」というわけではない。第5章3.4でも取り上げているように、「個人情報保護法の条文が知りたい」「沖縄の基地問題をめぐる裁判の判例にはどのようなものがあるか」「射出成型技術に関して日本にはどのような特許があるか」といった、法律情報を求める質問に対しては一般のレファレンスサービスと同様の対応を取って何ら問題はない。

　このほか、「身の上相談」や「人生相談」などのプライベートな問題や、「将来予測」といった不確実な情報しか提供できないことについても、図書館員は回答を控えるべきである。とりわけプライベートな事柄については、利用者の心の問題に踏み込むことであり、図書館員が安易に関わるべき問題ではない。繰り返しになるが、対応できない旨を伝えた上で、利用者の求めに応じて、関連する資料や相談機関の情報を紹介する対応にとどめておきたい。

7　レファレンスライブラリアンの資質とコレクションの構築

7.1　情報のコンシェルジュ・情報のソムリエ

　レファレンスサービスを専門的に担当する図書館員のことをレファレンスライブラリアンという。レファレンスライブラリアンは、資料と利用者を結びつ

ける直接援助するための必要なスキルを兼ね備えた「情報のソムリエ」「情報のコンシェルジュ」でなければならない。ソムリエは料理にあったワインを提供する給仕人であり、料理とワインの相性だけでなく、お客の懐具合や価格も勘案して、そのお客に最適なワインを提供する。コンシェルジュはホテルやデパートなどの「総合案内係」である。お客の要望に「決して No といわない」人とされており、困難な要求の場合でも次善の策を提案して要望に応えようとしてくれる[36]。レファレンス質問も同様である。すぐに「わかりません」「できません」「ありません」と応えることはレファレンスライブラリアンとしては失格である。困難なレファレンス質問の場合でもコンシェルジュのように、同僚に応援を頼んだり、レフェラルサービスを展開したりと、利用者のために最善を尽くさなければならない。

　例えば、皆さんもレストランで料理が美味しくなかったら、二度とそのレストランに足を運ばないであろう。これは図書館でも同じである。レファレンスサービスで利用者の情報ニーズを満たすことができなければ、その利用者が再び図書館に足を運んでレファレンス質問をする可能性は非常に低い。図書館員にとってレファレンスサービスは通常業務かもしれないが、利用者にとっては、情報ニーズを解決するためにやむにやまれぬ気持ちでカウンターにやってくる。一期一会の気持ちを持って1つ1つのレファレンス質問にていねいに向き合うことが大切である。

7.2　専門知識とホスピタリティ

　利用者からのあらゆるレファレンス質問に「情報のソムリエ」「情報のコンシェルジュ」として対応できるようにするためにはレファレンスに対する「専門知識」と「ホスピタリティ」の2つが必要である。

　「専門知識」とは、事典・ハンドブック・書誌・目録などの資料ごとの特性を理解し、書誌・目録・索引などのデータベースなどの検索スキルがあり、さ

---

[36] 岩手県立図書館や千代田区立図書館では実際にコンシェルジュデスクが設置され「図書館コンシェルジュ」が配置されている。

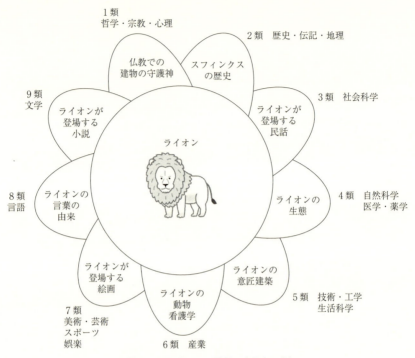

図3.11　ライオンの発想ひまわりの例
(出典) 片岡則夫「発想を広げる」より、筆者作成。

らにはインターネットに代表されるデジタル情報にも明るくなければならない、ということである。レファレンスツールには様々な種類があり特徴があることを認識し、精通し使いこなす能力がなければならない。

　それだけではなく、レファレンス質問を受けた際に該当するレファレンスツールをすぐに思いつき、情報ニーズとレファレンスツールを即座に結びつけることができる知識や発想力も必要である。例えば「お寿司屋さんでお茶のことを『あがり』というのはなぜ？」といった質問には、特定の業界で使われる言葉を集めた「隠語辞典」で調べれば良いと即座に思いつけなければならない。

　発想力については片岡が提唱した「発想ひまわり[37]」や「ウェビングマッ

---

[37] 片岡則夫「発想を広げる」『あうる』No.76, p.18.

第3章 レファレンスサービスの理論と実際

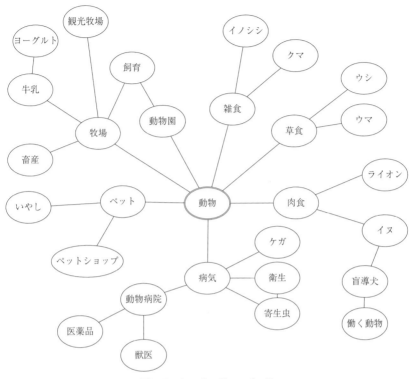

図3.12 ウェビングマップの例

（出典）筆者作成。

プ」などの思考ツールを利用する方法がある。「発想ひまわり」はヒマワリの花をNDCの分類記号にみたてて、あるテーマが与えられている時に、十進分類法の切り口で、発想を広げていく手法である（図3.11）。例えば「ライオン」を発想ひまわりに当てはめた場合、例えば1類であれば、仏教ではライオンは建物の守護者とされた事例などがあてはまる。2類であれば、古代エジプトの人間の顔とライオンの体をしたスフィンクスの歴史を調べるといったことがあてはまる。

「ウェビングマップ」は思いつくままに関連するキーワードをつないでいき、具体化や細分化をして発想を広げる手法である（図3.12）。「発想ひまわり」

「ウェビングマップ」は単に連想に留まるものではなく、件名法や分類法にも通じる考え方であり、利用者の情報ニーズが明確でない時に有効である。

「ホスピタリティ」とは心のこもったていねいな対応のことであり、いわゆる「おもてなし」の心といえよう。レファレンスサービスは人的サービスであることが強調されるように、図書館員のホスピタリティはサービスに大きな影響を与えるものである。ホスピタリティの要素として「信頼性」「確実性」「有形性」「共感性」「対応力」の5つがある。レファレンスサービスを通じて「図書館に行けば自分の情報ニーズを解決してくれる」と利用者が期待する「信頼性」。レファレンスサービスに必要な知識やスキルを身につけ、的確なサービスを提供できる「確実性」。館内の設備や清掃が行き届いており、図書館職員の身なりも整っている「有形性」。敬語の使い分けなどのていねいな言葉遣いや、利用者一人一人を丁重に扱う態度が利用者にもきちんと伝わる「共感性」。コミュニケーションを通じて、利用者それぞれの情報ニーズを満たす「対応力」が求められる。この5つの要素が揃ってこそ、利用者はレファレンスサービスに満足することができる。裏を返せば、これらの要素の一つでも欠けていると、利用者は不満を感じる可能性が高くなる。アルブレヒトは同じく図書館員のホスピタリティが欠如し利用者からの不満やクレームを増加させる対応について以下の7つを挙げている[38]。

1) 無関心（Apathy）
2) 拒絶（The Brush-Off）
3) 冷淡（Coldness）
4) 人を見下し恩着せがましい（Condescension）
5) ロボットのように感情を持たない機械的なやり方（Robotism）
6) 規則集のような対応（The Rule Book）
7) 言いのがれ（The Runaround）

忙しい時などにこうした対応を無意識のうちにしてしまうことがあるので留

---

[38] Steve Albrecht, *Library Security : Better Communication, Safer Facilities*, American Library Association, 2015, p.24.

意をしたい。

7.3　フロアワークでのレファレンス対応

　フロアワークとはカウンター以外で行われる直接サービスの総称であり、レファレンスサービス以外にも利用案内や読書相談などの情報サービスやブックトークなども範囲に含まれる。第1章でも言及したが、カウンターにいる図書館職員に話しかけるよりも、フロアにいる図書館職員に話しかける方が心理的負担が少なく利用者が声をかけやすい。カウンターにじっと座り続けるのではなく、時にはフロアワークを行いレファレンス対応も行うことが大切である。

　貸し出された図書を書架に戻す作業や書架整理の合間にも利用者からのレファレンスに応えられるように意識をしたい。特に子ども達は蔵書検索のスキルが未熟であったり、情報ニーズが明確でないまま資料を探すことも多く、適切な資料が見つからないことも多い。たとえ、子ども達から声をかけられなくても、困った表情をしていたり、資料を決めかねて思い悩んでいる子ども達を見かけたならば図書館員の方から積極的に声をかけ読書案内やレファレンスサービスに繋げていくことで、図書館職員の専門性をアピールしながら子ども達の情報ニーズも満たすことができる。

7.4　PR活動に求められる資質

　レファレンスサービスの認知率が低いという現状については先にも述べたが、認知率を上げるためにはPR活動が必要となる。PRの目的は、利用者の目にとまってくれることであるので、館外であれば、ホームページやSNSや市町村の広報誌などでの告知や、学校・博物館・ブックスタートが行われる保健センターなど関連機関への告知などがある。

　館内であれば、館内マップや館内サイン・POPや利用案内などの掲示でPRをすることになる。ただし、掲示物はたくさんありすぎるとかえって拡散してしまい注目されにくくなってしまう点にも留意しなければならない。図書館全体の掲示物の量も考慮しながら、レファレンスサービスPRの優先順位を勘案

しながら掲示を行う必要がある。

掲示に際しては以下の6点を留意事項として挙げておく。

1) 利用者に親しみやすくわかりやすい言葉で説明：図書館員が使用する専門用語ではなく「調べものお手伝いをします」といった利用者がわかりやすい言葉を使う必要がある。サインパネルも「調査相談コーナー」「情報サービスコーナー」など「レファレンスコーナー」以外の名称を用いている図書館も多い。

2) 否定的な言葉でなく肯定的な言葉づかいを多用する：「○×はできません」といった否定的な言葉だと反感を持たれやすいので、例えば、「○×に関する調査についてはお引き受けできない場合もありますが、関連する資料の紹介は可能です」というような肯定的、かつ前向きな言葉を使って表現する。

3) プライバシーが保護されることを伝える：利用者の情報ニーズの中には、他人に知られたくないこと、そっとしておいて欲しいことが含まれる場合もある。そうしたニーズにも十分に応えることができるよう、レファレンス質問に関するプライバシーは厳重に守られること、サービス終了後は個人情報は破棄される（利用記録とは切り離される）ことなどを説明する。

4) 目立つ場所に掲示する：カウンターに小さく掲示するのではなく、入口や閲覧室に大きなポスターで図を掲示し、さらに可能であれば館外からも見えることが望ましい。レファレンスサービスを行うために間接サービスの準備をして良いサービスを行う体制が構築できても、利用者が来なければレファレンスサービスの意味をなさない。レファレンスサービスを「知らなかった」「聞いたことなかった」と毎回いわれないようにPRを継続的に行っていくことも大切である。

5) 質問事例を掲載する：掲載する事例は、本に関する調査はもちろん、事実そのものの調査にも対応していることがイメージできるものであることが望ましい。その際、「Aに関する本を探してほしい」「Bについて知りたい」というような抽象的な表現ではなく、「英文契約書の書き方を知り

第3章　レファレンスサービスの理論と実際

図3.13　大学図書館でのレファレンスブックの展示企画

たい」「この地域の60代以上の人口と男女比を知りたい」「胎教によい音楽が入ったCDを探している」というような、利用者の多様なニーズを表すような事例を具体的に掲載したい。

6）　無料であることを伝える：利用者の中には本を借りる際にカウンターで「いくらですか？」と聞いてくる利用者もいる。認知率が低いレファレンスサービスはなおさらそうした誤解が付きまとっている可能性もないわけではない。コピー代を除いて、基本的な調査回答サービスは無料で行っていることもアピールしておきたい。

また、レファレンスブックには利用者の興味を惹きやすい事典や辞書なども多数ある。レファレンスコーナーに足を運ばない利用者にPRするためにレファレンスブックの展示企画を行うこともある（図3.13）。こうした活動もレファレンスサービスを認知させる手法といえる。

学校図書館については、以上のような日常的なPR活動に加えて、児童生徒向けには入学時や年度初めの時期にオリエンテーションを開催し、その中でレファレンスサービスを紹介するという方法も有効である。教職員に対しては、年度初め・学期はじめの職員会議等の場で教職員向けの利用案内パンフレットを配り、レファレンスサービスの一環として、授業づくり（教材研究）や生活

指導に必要な資料の調査や予約（取り寄せ・購入希望）ができることなどをアピールする方法もある。レファレンスサービスの認知率を高めることは図書館サービス、ひいては図書館員の価値を高めることにつながっていく。サービスの認知率が高まり、多様なニーズが寄せられることは、職員の資質向上の後押しにもなるだろう。館種の特徴に応じて、多様な方法でサービスをPRしたい。

7.5　研修の重要性

　レファレンスサービスの基礎的な知識やスキルは司書課程の中で教授されるが、図書館員としてのスタートラインに立つための基礎的な知識やスキルである。また、デジタル資料やデータベースなどのICTの進歩のスピードは速く、そのつど知識やスキルを修得していかなければならない。そのため研修の機会は重要である。例えば、横須賀市立図書館では毎年レファレンスサービスに関する職員研修会を行っており、近年のテーマを見てみると「子ども達へのレファレンスサービス」「冊子体ツールを使用したレファレンスサービス」「レファレンスインタビューの手法」など座学と演習を織り交ぜた実践的な研修が行われている。また、日本図書館協会でも図書館勤務経験3年以上を対象とした中堅職員ステップアップ研修の中で「レファレンスツールの評価」「レファレンスクエスチョンの処理」「レファレンスインタビューの方法」といったレファレンスサービスに関する研修が行われており、レファレンスサービスの専門性の向上と研修とは切り離せないのであるといえよう。

7.6　レファレンスコレクションの構築

　充実したレファレンスサービスを行うためには当節で指摘した図書館員の資質だけでなく、レファレンスコレクションの構築も重要である。例えば、レファレンスライブラリアンの経験が30年の図書館員がいたとしても、レファレンスツールが『広辞苑』だけであった場合には十分なレファレンスサービスを行うことができないだろう。逆に充実したレファレンスコレクションを備えた図書館であってもレファレンスサービスの経験が浅い図書館員ばかりであれば、

レファレンスツールを上手に使いこなすことができずレファレンスコレクションは宝の持ち腐れになってしまう。このようにレファレンスサービスを行うためには図書館職員の資質とレファレンスコレクションの充実の2つが重要な要素となる。

図書館の運営方針や情報サービスの指針に基づき、どのようなレファレンスツールを収集し、どうコレクションを構築していくかというアウトラインが必要である。例えば、図書館の規模やレファレンスコーナーの広さ、レファレンスカウンターやレファレンスライブラリアンの有無、主要な利用者層などの要素によって重点的に収集する主題やツールなどは各館ごとに異なり、レファレンスコレクション収集のアウトラインもそれに応じて各館で異なってくる。

毎年刊行される理科年表や図書館年鑑などの「年鑑」や、政府の各省庁の報告書である「白書」などは常に最新版を購入する必要がある。また学校図書館では文部科学省が定める学校図書館の蔵書冊数の基準である「学校図書館図書標準」を満たすために、20年以上前の古いレファレンスツールがそのまま置いてあることがあるが、例えば、「鎌倉幕府の成立年は1192年」「冥王星は惑星である」といった現在では見解が異なる事柄を誤って子ども達に伝えてしまう可能性もあるので、蔵書冊数の基準を満たしていなくても、レファレンスツールの定期的な更新が必要となる。さらには、冊子体の百科事典などは30万円以上する高額なものもある。図書館の資料費は限りがあり、一般図書に予算が多く割かれレファレンスツールの予算は少ないことが多いので3～5年先を見据えた中期的な視点でレファレンスツールを計画的に購入していくことも必要である。

また、商用データベースについても利用に応じて料金が増えていく従量課金制や利用の多寡に関係なく一定料金が課される定額制など様々な形態があり、図書館の利用状況に応じた料金契約を勘案しなければならない。

7.7 レファレンスコレクションの排架方式

「利用者が容易に自ら探したい資料を探し出せる」ことが排架の基本的な方針である。利用者自身が図書館員の支援なしに一人で調べものを行う「セルフ

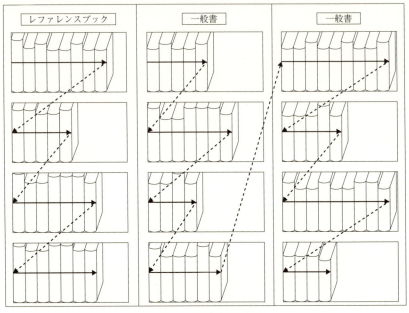

図3.14　混架方式の配架例

レファレンス」が容易にできる排架でなければならない。

　レファレンスブックの排架方法は「別架方式」と「混架方式」の2つがある。「別架方式」とはレファレンスブックを一般の資料と区別してレファレンスコーナーに配置する方法である。レファレンスブックは大型本も多いため一般資料と一緒の排架が難しいことや、一般書架の利用者と異なりレファレンスを行う利用者は多くの資料を参照しながら比較的長い時間滞在することが多い。こうした理由のため多くの図書館では閲覧室とは別にレファレンスコーナーを設ける「別架方式」が採用されている。

　一方、「混架方式」とはレファレンスコーナーを設置せずに、レファレンスブックと一般資料を書架に隣接させて一緒に並べる方式である。レファレンス資料が一般資料に埋没するのを避けるために、書架の左側にはレファレンスブックだけを並べ、残りのスペースに一般資料を排架していく（図3.14）。

　混架方式はレファレンスやセルフレファレンスの需要が多い図書館で採用さ

第3章　レファレンスサービスの理論と実際

れることが多い。また、子ども達の調べものの際には、一般書とレファレンスブックの併用が多いため、児童コーナーに限って「混架方式」を採用する図書館もある。レファレンスブックと一般書が隣接しているため同時に参照できるというメリットがある。しかし、

図3.15　学校図書館でのインフォメーションファイル（山形県鶴岡市の小学校図書館）

例えば「犬の生態」はNDCの分類記号489のレファレンスブックで調べるが、「ペットとしての犬」について調べる時には分類記号は645であるため、複数の分類にまたがる調査の場合には、別架方式よりも書架の位置が離れてしまうため、書架を歩き回らねばならないといったデメリットもある。どちらの方式にも長所短所があるので、自館の規模や状況に応じて考える必要がある。

7.8　レファレンスコレクションの組織化

レファレンスコレクションは一般資料と区別するために、Referenceの頭文字のRを請求記号に冠する場合が多い。またレファレンスブックは、小説のように最初から最後まで読み通す資料ではなく、必要な個所だけを参照する資料であり、貸出をしてしまうと他の利用者のレファレンスが行えなくなってしまうため、貸出をしない「禁帯出資料」とするのが原則である。必要な場合は複写サービスを案内したり、非常に需要が多い場合には複本を購入するという方法もある。

冊子体のレファレンスブック以外にも、新聞記事などのスクラップや、特定の主題に関するパンフレットやリーフレットなどをファイリングしたインフォ

図3.16 埼玉県立図書館「埼玉県暮らしに役立つリンク集」
(出典) 埼玉県立図書館「調査・相談(レファレンス)~あなたの「調べる」を応援します~」https://www.lib.pref.saitama.jp/stplib_doc/reference/index.html (2017.10.12最終確認).

メーションファイルなどのレファレンスツールもある(図3.15)。こうした自館作成資料の組織化も行っていかなければならない。

　インターネットの情報源についても、①物理的なメディアが手元に無い、②「収集」「管理」するのではなく「アクセス」するものである、③不安定なメディアであり、突然内容が変更したり、消滅したりすることもある、といった特性があり物理的に所蔵可能なレファレンスブックやCD-ROMとは扱いが異なる点に留意しながら組織化をしなければならない。リンク集の作成やパスファインダーの作成の際にはサイトの情報源の信頼性の確認を行う必要がある。埼玉県立図書館では「調査・相談(レファレンス)に役立つリンク集」として455の機関のリンク先を紹介する「調査・研究に役立つリンク」や、埼玉県に関する情報源となる154サイトを紹介する「埼玉県暮らしに役立つリンク集」を提供している(図3.16)。こうしたサイトの維持管理や定期更新もレファレンスコレクションの組織化の射程に含まれる。

8　デジタルレファレンスサービス

8.1　デジタルレファレンスサービスの定義

　近年のインターネットの発達に伴い、図書館も利用者へのサービスに情報通信技術の導入を積極的に進めている。その一例として、デジタルレファレンスサービスが挙げられる。

　デジタルレファレンスサービスの定義について、『図書館情報学用語辞典』（第4版）では以下のように述べている。

　　インターネットを利用して提供するレファレンスサービス。ヴァーチャルレファレンスともいう。狭義には、電子メール、チャットシステム、ウェブなど双方向で利用可能な情報技術を活用した質問回答サービスのことで、利用者は時間と場所を限定されずに利用することができる。このほか、チャットなどを利用して、利用者からの質問にリアルタイムで回答するものや、複数の図書館が時間や質問内容に応じて、協力して質問回答サービスを提供する協同レファレンスサービスなど、インターネットの特徴を生かしたサービスが展開されている[39]。

この定義によれば、デジタルレファレンスサービスとはインターネットを活用した質問の受付と回答の提供であり、電子メールやWebフォーム、チャットによるやり取りなど、双方向のコミュニケーションツールを活用することが従来のレファレンスサービスとの違いであるといえる。

　デジタルレファレンスサービスは1990年代半ばよりアメリカの大学図書館を中心に発展を遂げてきた。わが国でも1995年頃からの電子メールの普及に伴い、図書館が利用者からの質問を電子メールで受け付けるサービスが広まり、近年

---
[39] 日本図書館情報学会用語辞典編集委員会編『図書館情報学用語辞典』第4版，丸善，2013，p.160．

では電子メールよりも専用のソフトウェアを導入し、Webページ上に受付フォームを用意したうえで利用者とやり取りをする図書館がほとんどである。

デジタルレファレンスサービスの範囲を限定的にとらえるのであれば、上記のようなサービスがデジタルレファレンスサービスの定義に当てはまるが、インターネットの発達がもたらした環境の変化は、レファレンスサービスの手法をより積極的なかたちへと拡大していくこととなった。それにより、デジタルレファレンスサービスの定義も電子メール等を使用した質問の受付と回答という直接的な側面だけでなく、インターネットを活用したレファレンスサービス全体をデジタルレファレンスサービスととらえた、いわば間接的あるいは準備的なレファレンスサービス[40]という側面も併せ持つようになったのである。このことについて、小田はデジタルレファレンスサービスを以下のように定義している[41]。

① 電子メールを用いたレファレンス質問の受付と回答の提供
② ネットワーク上でレファレンスサービスを提供するしくみ
③ ICT（情報通信技術）を活用したレファレンスサービスの総称

①は、狭義にデジタルレファレンスサービスをとらえた定義で、単一の図書館がインターネットを利用して利用者からの質問に回答を提供するものである。ここでは、図書館は現実の建物としての図書館として存在しており、図書館内でのレファレンスプロセスにおける受付から回答までの過程が、非同期的に行われている点が対面式のレファレンスサービスとの違いである。

②は、提供するサービスは①と同様にレファレンス質問に対する回答の提供であるが、利用者が質問を投げかける対象として、図書館が現実に存在する建物としての図書館ではないことが前提となっている。つまり、複数の図書館で協力ネットワークを形成し、利用者の質問に対して最も回答にふさわしい図書

---

40) 大串夏身『最新の技術と図書館サービス』青弓社，2007，p.186.
41) 小田光宏「総論：デジタルレファレンスサービスの現在」『情報の科学と技術』56（3），2006.3，p.84.

館が調査を担当したり、複数の図書館で協力して調査を行ったりする形態が含まれる。

これに対して③は、最も広義にとらえたものである。③はインターネットの特性を活かして提供されるレファレンスサービスを総じてデジタルレファレンスサービスととらえており、②と同様に複数の図書館の協力ネットワークによる質問の受付と回答の提供のほか、サービスの範囲を質問回答に限定しないというもので、デジタルレファレンスサービスの解釈を間接的（準備的）な範囲へと拡張しようとする考え方である。パスファインダーやリンク集、レファレンス事例データベースの作成がこれに該当するが、これらのサービスはいずれも利用者の具体的な要望を受けて提供するサービスではなく、利用者のニーズがレファレンス質問として表現される前の段階で、利用者自身が自らの情報行動によって問題解決ができることを目的に作成されている。

レファレンスサービスを含め、図書館のサービスはもはや図書館という建物の中でのみ提供されているのではない。インターネットの発達は、人々の生活における距離や時間的な問題を解消しつつあり、いつでもどこでも、欲しい情報が入手できる時代へとシフトしている。デジタルレファレンスサービスとは、このインターネットによる図書館および利用者を取り巻く環境の変化がもたらした、新しいサービスの形態と位置づけることができる。

8.2　各種デジタルレファレンスサービスのメリットとデメリット

デジタルレファレンスサービスを最も広義にとらえた場合、以下の5つが具体的なデジタルレファレンスサービスの手法として挙げられる。

(1) 非同期型のツールを活用したレファレンス質問の受付と回答
(2) 同期型ツールを活用したレファレンス質問の受付と回答
(3) レファレンス事例データベースの構築
(4) パスファインダーの作成
(5) リンク集の作成

これらのうち、(2)を除く4つは、現在では都道府県立図書館を中心に多くの図書館がすでにサービスを開始しており、その様子はそれぞれの図書館のWebページよりサービスを行っていることを確認できる。また、(3)(4)(5)はデジタルレファレンスサービスの一環としてとらえられると同時に発信型情報サービスの手法でもあるので、ここでは概要にとどめ（詳細は第6章参照）、(1)と(2)について実施状況、サービスの特徴について説明する。

(1)非同期型のツールを活用したレファレンス質問の受付と回答
　ここでいう非同期型のツールとは、電子メールやWebフォームのことである。これらのツールは利用者と図書館員が同じ時間を共有しないという点で、非同期型のレファレンスサービスであるということができる。
　電子メールやWebフォームを活用したレファレンス質問の受付と回答は、デジタルレファレンスサービスの手法としては最も広く浸透しているといえる。都道府県立図書館のWebページを確認すると、2017年6月9日現在、48のすべての図書館で、このサービスを導入している。また、日本図書館協会のWebサイト掲載の情報によれば、市区町村立図書館でも横浜市立図書館や大阪市立図書館、札幌市立図書館などの政令指定都市の図書館をはじめ、2012年1月の時点で66の市区町村立図書館でWebを活用したレファレンス質問の受付を行っている[42]。
　このサービスを実施することによる利用者側のメリットとしては、インターネットに接続できる情報機器があれば、図書館に来館しなくても自宅や学校、職場、あるいは電車の中などからも図書館へ質問することができ、回答を入手することができることである。また、図書館側もこうしたサービスを提供することにより、利用者に図書館の有用性や利便性を理解してもらい、さらに社会に対しても図書館が情報サービスを提供する意義をアピールすることができる。
　また近年では、レファレンスサービスの受付にメールやWebフォームだけ

---

42) 日本図書館協会「公共図書館Webサイトのサービス」http://www.jla.or.jp/link/link/tabid/167/Default.aspx#reference（2017.5.15最終確認）.

でなく、Facebook などの SNS を活用する事例も見受けられる。オーストラリア国立図書館では、2013年8月より、レファレンスサービスである"Ask a Librarian"サービスを Twitter と Facebook に拡張し、SNS でも利用者からの質問を受け付ける試みを始めている。

　しかしこのサービスに関しては、非同期型であるがゆえの問題もある。図書館内において口頭で質問を受けたり電話で質問を受けたりした場合には、利用者は即座に回答を入手できることが最大の利点であり、図書館員にとってもレファレンスインタビューによって利用者の知りたいことを正確に把握することができるので、利用者の満足度も高くなることが期待できる。しかしメール等を使用した場合、図書館はこのレファレンスインタビューをメールで行わなければならないため、受付から回答提供までに時間がかかるうえ、利用者のニーズを正確に把握できないまま調査に入ってしまうおそれもある。また、レファレンス担当者は本来、インタビュー時には言葉だけでなく身振りや手ぶり、目線、声のトーンなど様々な点に注目しているため、メール等を用いるということは、これらの非言語コミュニケーションによって利用者の意図を理解することが困難である点も課題として挙げられる。

(2)同期型のツールを活用したレファレンス質問の受付と回答

　先にも述べた通り、デジタルレファレンスサービスと対面式のレファレンスサービスとの大きな違いは、レファレンスインタビューの難しさと、回答を提供するまでにかかる時間である。この問題を解決する方法として展開されているのが、チャットなどを活用したライブレファレンスである。

　チャットとはインターネット回線を活用したリアルタイムコミュニケーションであるが、このチャットを用いることで、利用者と離れた場所にいながら対面式レファレンスと同じように同期的にコミュニケーションをとることができる。また、チャットには文字のやり取りがベースになるテキストチャットのほかに、Web カメラを設置することによってお互いの顔を見ながら話をすることができるビデオチャットなどもあるため、対面式のレファレンスサービスと

同じような環境を用意することができる。
　一方でこのチャットレファレンスが抱える問題点は、1日のうち一定時間はチャットレファレンスのために図書館員がパソコンの前で待機しなければならない、ということである。通常、図書館員は他の業務と並行して質問回答業務をこなしていくので、利用者からの質問をただじっと座って待っているわけではない。しかしチャットレファレンスの場合は、来るか来ないかもわからない利用者をひたすらコンピュータの前で待ち続ける、というケースもある。
　以下に、チャットレファレンスの現状に関するコラムより、一部を抜粋する。

　筆者が在籍していたオハイオ州立大学図書館でも例に漏れず、チャットを提供していた。実際にどのように行われるのかを見たいと思い、2004年の春親しいレファレンスライブラリアンに現場を見せてもらうことにした。彼女の担当時間にオフィスのコンピュータの前に座り、雑談しながらいつ来るかと待つこと2時間。質問の到着を知らせるチャイムはとうとう一度も鳴らないまま2時間は過ぎてしまった。聞いてみるとその時が特別だったわけではなく、質問ゼロの方が多いとのことであった。この大学だけの問題なのだろうかと不思議に思ったものである[43]。

　このコラムからもわかるように、チャットレファレンスには解決すべき問題も多くあり、結果として日本でも導入する図書館はほとんどなく、現在はアメリカを中心に少数の図書館が継続してサービスを行うにとどまっている。

(3)レファレンス事例データベースの構築
　多くの図書館では、受け付けたレファレンス質問を事例集として蓄積している。自館で独自にデータベースを構築している図書館もあるが、現在では多くの図書館が国立国会図書館のレファレンス協同データベース事業に参加してい

---

43)高木和子「米国のチャットレファレンスサービスの苦闘　レファレンスクラブ：コラム＆レビュー」http://www.reference-net.jp/column/column018.html　（2005年9月1日更新）.

第3章　レファレンスサービスの理論と実際

図3.17　レファレンス協同データベース　事例詳細

るため、自館のインターフェースで検索するとレファレンス協同データベースでの検索結果が表示されることが多い（図3.17）。レファレンス協同データベースへの参加館は、2017年5月の段階で745館、登録事例数の総数は17万7,087件（一般公開9万8,305件、参加館のみ公開1万3,294件、自館のみ公開1万3,294件）[44]にのぼり、図書館員だけでなく利用者の調査活動に役立てられている。

また岡山県立図書館が運営する電子図書館「デジタル岡山大百科」のように、自館だけでなく、地域内の公共図書館等のレファレンス事例を独自に蓄積している都道府県立図書館もある（図3.18）。これらの事例データベースは、レファ

---

44) 国立国会図書館「レファレンス協同データベース事業累積統計」http://crd.ndl.go.jp/jp/library/documents/stats_201705.pdf（2017.6.21最終確認）.

117

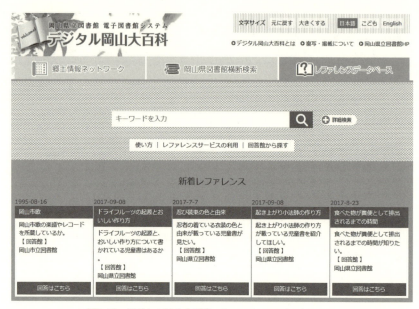

図3.18　デジタル岡山大百科　レファレンスデータベース

（出典）デジタル岡山大百科「レファレンスデータベース」http://digioka.libnet.pref.okayama.jp/ssearch-jp/G0000003reference　（2017.9.10最終確認）.

レンス情報源として活用されるだけでなく、レファレンスプロセスの評価材料として、あるいはレファレンス担当者育成のための教材としても活用されている。

(4) パスファインダーの作成

　パスファインダーとは、特定の主題に対する情報の探し方、資料の扱い方を示したものである。もともとは館内での利用を前提に作成された紙資料であったが、現在では電子化して図書館の Web ページに掲載し、館外からも利用できるようにしている。パスファインダーで取り扱う主題は、提供する図書館の利用者層やニーズの傾向、図書館の種類によって異なるが、いずれもパスファインダーを入り口として、利用者自身がその主題についてもっと掘り下げて調べようとするときにも役立てるよう、基本的なレファレンスツールやデータ

ベース等の案内だけでなく、実際に調査をする際に必要となるキーワードを挙げているものもある。また、公共図書館では子ども向けにパスファインダーを作成しているところもあり、子どもの自主的な学習を支援するツールとして役立てられている。

(5)リンク集の作成

インターネットの発達と情報メディアの多様化によって、多くの人がGoogleなどの検索エンジンを使用して簡単に知りたいことを調べることができるようになっているが、このことにおける最大の問題点とは、インターネット上の情報の信頼性である。膨大なWeb情報群から必要な情報、信頼できる情報を探し出すには、信頼できるWeb情報源が何かを知っていなければならない。レファレンスサービスの実施にあたって、図書館員は館内のレファレンスコレクションのほかに、必要に応じてインターネット情報源から情報を得て、回答を作成することもある。つまり図書館員は、どのWeb情報源の信頼性が高く、どのWeb情報源の信頼性が低いのか、ということを判断する知識を有しており、この知識を活かして作成されるのが、図書館が提供するリンク集である。このリンク集も、図書館が提供する間接的（準備的）なデジタルレファレンスサービスのツールであるといえる。

8.3 海外における事例──協力レファレンスという体制

これまで紹介したデジタルレファレンスサービスの事例を含め、現在わが国の図書館で広く行われているサービスは、単一の図書館による形態をとっている。しかしレファレンス質問は多種多様なものが寄せられるのに対し、公共図書館であれ大学図書館であれ、それぞれの図書館には得意とする分野があり、そこで働く図書館員それぞれにも得意とする主題分野がある。自館では資料があまりなく、その主題を得意とする図書館員もいない場合には、同一地域内の他の図書館や協力ネットワークを形成している他の図書館、あるいは国立国会図書館へ調査を依頼することがあるが、多くの場合、それには様々な手続きが

必要となり、利用者のもとへ回答が提供できるまでにさらに時間がかかってしまうことになる。

　こうした問題を解決する一つの手段として、協力レファレンスというサービス形態がある。協力レファレンスとは、複数の図書館やその他の専門機関によって共同で提供されるレファレンスサービスで、利用者からの質問の内容や専門分野に応じて最も回答に適した機関に質問が回送される、といった仕組みのことである。こうした協力体制は地域だけでなく国境を越えて築かれているところもあるため、時差を利用して24時間サービスを提供することが可能となっている。

　この協力レファレンスの代表的な事例として、米国議会図書館（LC）とOnline Computer Library Center Inc.（OCLC）によるQuestionPointや、フランスのポンピドー情報公共図書館（Bpi）が中心となって行っているEurêkoiという協力レファレンスサービスがある[45]。このEurêkoiというサービスでは、Webフォームによる受付ではなくFacebookを利用しての質問の受付と回答の提供を行っている。なお、回答は72時間以内の提供が原則であるとWebページやFacebook上に記述があることからも、比較的早く回答を入手することが期待できる。そしてこのサービス開始から2年目には、Bpiでは質問数が前年から25％も増加したとの報告もある[46]。デジタルレファレンスサービスは協力レファレンスという新しい体制だけでなく、利用者と図書館をつなぐ窓口も、WebフォームやメールからSNSへと拡大することによって、新たな利用者獲得にもつながっているのである。

　このような協力レファレンスサービスの形態は、単一で行うデジタルレファレンスサービスにおいて指摘される問題にも一定の解決を提示しているといえよう。単一で利用者が満足するサービスを実施する場合には、先に述べた利用者の待ち時間の問題もあるが、図書館それぞれがあらゆる質問に対して回答を

---

45) ポンピドー情報公共図書館（Bpi）「Eurêkoi サービスのページ」http://www.bpi.fr/la-bibliotheque/offres-culturelles-et-mediations/eurekoi（2017.7.31最終確認）.
46) 渡辺由利子「動向レビュー：デジタルレファレンスサービスの変化」『カレントアウェアネス』331, 2017.3.20, pp.18-21.

提供するために、幅広いレファレンスコレクションを形成しなければならない。これにはコストもかかるうえに、特定の主題分野の専門家を育成しなければならないという問題もついて回る。しかし協力レファレンスの体制を整えることにより、これらの問題にも、低コストで解決策を見いだすことが可能になるのである。

第4章　情報検索の理論と方法

1　コンピュータネットワークを利用した情報の検索

　現在「コンピュータネットワークを利用した情報の検索」というと、インターネット上のデジタル化された情報を、GoogleやYahoo!などの検索エンジンで探すことだととらえるかもしれない。

　しかし、この章でいう情報検索の検索対象は、OPACのようなデータベースを念頭においている。データベースとは、コンピュータを用いて、ある目的に適した情報を捜し出すために情報を収集、整理、蓄積し、利用可能な形態にした情報のファイルをいう。

　情報検索とは、この情報ファイルの中に、探している情報の内容を示す「検索語」を、「検索機能」にしたがって入力し、その命令に合致した情報を取り出すことである。この情報を探し出す「検索語」と「検索機能」のしくみが、情報検索システムといわれるものである。各種のデータベースには、それぞれ独自の情報検索システムが搭載されている。なお、Googleのような検索エンジンにも、同様の検索機能が搭載されて利用できる場合もある。

　情報ファイルは、外からは中身の全容が見えない、いわゆるブラックボックスであり、「検索語」と「検索機能」を使った命令をして、初めて情報ファイルに入っている情報を結果として見ることができる。したがって、情報検索を行う際には、それぞれの情報検索システムをよく理解し、入力する「検索語」の選択と、「検索機能」を正確に使って検索することが重要になる。

　そこで、この章では、多くの情報検索システムに共通する、必ず知っておかなければならない、基本的な「検索機能」について解説する。

各情報検索システムの検索機能は、それぞれ特徴があり、ここに示した基本的な検索機能以外にも様々な機能を付加している。また、同じ基本的な機能でも使用する記号が違っていたり、細部のシステムの処理のしかたが異なる場合がある。

実際に検索する際には、以下の基本的な情報検索機能を理解したうえで、必ず利用マニュアルをよく参照し、適切な検索をしてほしい。

1.1 論理演算子

情報を探す場合に、1つの検索語で情報要求を表せればよいが、時によると、2つ以上の検索語を必要とする場合がある。例えば、「パクチー」というセリの一種で、独特の風味があり、東南アジアや世界の様々な料理に使われているハーブ野菜がある。この「パクチーを使った料理」を探したいとすると、「パクチー」「料理」という検索語が思い浮かぶ。この2つの語の両方があるような情報を検索すればよいだろう。

一方「パクチーを利用しない料理」を探したい場合でも、「パクチー」「料理」という検索語が思い浮かぶ。この場合は、「料理」という検索語があるが、「パクチー」は除きたいという情報要求である。

いずれも、検索語は「パクチー」「料理」であるが、検索語の関係は異なる。このような、検索語と検索語の関係を指示するのが論理演算子である。論理演算には「AND検索」「OR検索」「NOT検索」の3種類がある。

なお、検索語と論理演算子を使って表した式を「検索式」と呼ぶ。

(1) AND検索

図4.1で、四角で囲った部分が検索対象となる情報ファイルだと考えると、「パクチーを使った料理」を探したい場合には、「パクチー」という検索語がついた情報の集合と、「料理」という検索語がついた情報の集合の重なった、中央のアミかけの部分にある情報を検索すればよいことになる。

このような両方の集合の重なる部分を検索する場合には、「パクチー　AND

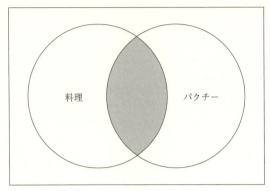

図4.1　AND 検索

料理」と入力する。これを AND 検索あるいは論理積と言い、この AND を論理演算子と呼ぶ。

　AND 検索をする際の論理演算子は、「AND」であったり、「&」を使ったりと、その検索機能によって異なる。

　しかし、現在多くの情報検索システムでは、AND 検索にはスペースを使っている。無意識に「パクチー　料理」と入力すると、「パクチー　AND　料理」と検索しているということになる。

　また、このような記号ではなく、「両方を含む」「すべてを含む」などの文章で表現して、プルダウンメニューから選択するシステムもある。

　自分が使用する検索システムでは、どのような記号や文章で AND 検索が可能かを、利用マニュアルやヘルプで確認する必要がある。

(2) OR 検索

　「パクチー」という野菜は、西洋では「コリアンダー」、中国では「香菜」「シャンツァイ」と呼ばれている。そこで「パクチーを使った料理」を探したかったら、「コリアンダー」も「香菜」「シャンツァイ」という検索語も検索しないと、情報が洩れてしまう。

　このような場合には、「パクチー　OR　コリアンダー　OR　香菜　OR

第4章　情報検索の理論と方法

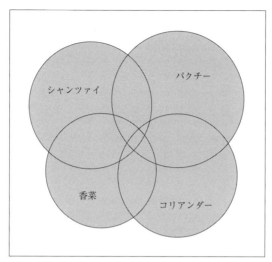

図4.2　OR検索①

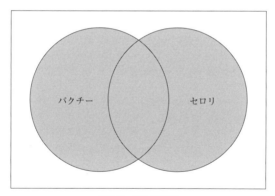

図4.3　OR検索②

シャンツァイ」と入力する。そうすると、情報に「パクチー」「コリアンダー」「香菜」「シャンツァイ」のどの語も付与されている情報が検索される。これを図で表わすと図4.2のような、アミかけの集合部分を検索していることになる。これをOR検索あるいは論理和と呼び、ORでつないだ、どの検索語でもよいという命令になる。

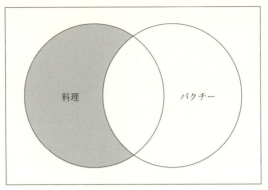

図4.4 NOT 検索

　OR 検索は、このように同じ概念を表現する異なる語（同義語）を検索したり、検索の対象を広げたい時に使う。検索の対象を広げる場合とは、例えば、「パクチーだけでなく、セロリを使った料理でもよい」という場合にも、「パクチー　OR　セロリ」とすると図4.3のような集合となる。
　OR 検索の論理演算子としては、「OR」だけでなく、「＊」（アスタリスク）や「＋」（プラス）の記号を使うシステムもある。記号を使わない場合は、「いずれかを含む」「どちらも含む」などの指示がこれに該当する。これも利用マニュアルやヘルプで確認する必要がある。

(3) NOT 検索
　「パクチーを使った料理は除きたい」という場合に使用する演算が、NOT 検索あるいは論理差という機能である。「料理　NOT　パクチー」のように検索すると、図4.4のような三日月型のアミかけの集合が検索される。
　NOT 検索の記号は「NOT」以外にも「＃」「－」（マイナス）などが使用される。日本語では、「除く」というような語で表わされることがある。
　AND 検索や OR 検索は、多くの情報検索システムに適用されているが、この NOT 検索は情報検索システムによっては、できない場合もある。

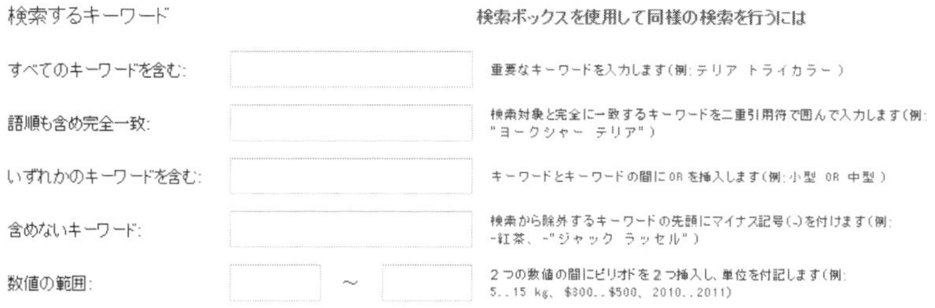

第 4 章　情報検索の理論と方法

図4.5　Google 検索オプション

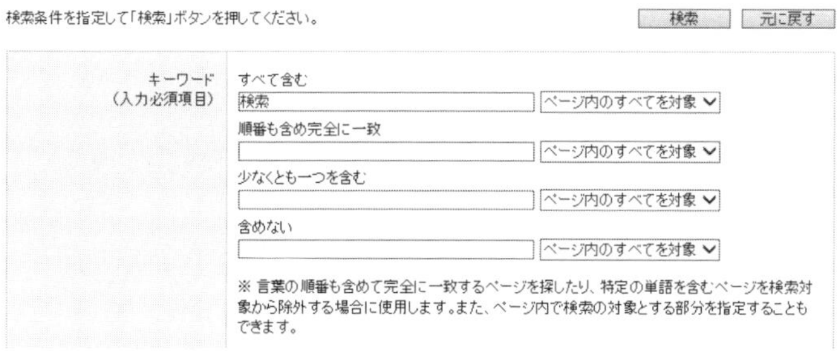

図4.6　Yahoo!条件指定

(4)検索エンジンの論理演算

　データベースだけでなく、全文検索システムをとる Google や Yahoo!でも論理演算が利用できる。

　図4.5は、Google の検索オプション、図4.6は Yahoo!の条件指定の画面である（2017.8.1現在）。

　「すべてのキーワードを含む」「すべてを含む」が AND 検索、「いずれかのキーワードを含む」「少なくとも一つを含む」が OR 検索、「含めないキーワード」「含めない」が NOT 検索に該当する。

1.2　優先順位をつける演算子

　以上のように、情報検索システムには、基本的に3つの論理演算子がある。この演算子と検索語を組み合わせて、目的とする情報の集合を抽出することが

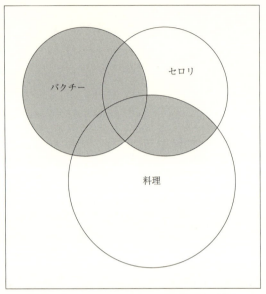

図4.7 「パクチー OR セロリ AND 料理」の検索

情報検索なのである。

　ところで、この3つの論理演算子は、システムによって検索する順番が決められている。できるだけ迅速に検索するには、集合が小さい方がいいので、通常は、AND検索やNOT検索を先に行い、OR検索は最後に行うよう設定されている。

　例えば、「パクチーあるいはセロリを使った料理を探したい」と考えて、「パクチー　OR　セロリ　AND　料理」という検索式を作ったとする。このままだと、自動的にAND検索を先に行うので、「セロリ　AND　料理」をはじめに検索し、その検索結果と「パクチー」をOR検索してしまう。そうすると、「パクチー」と「料理」はAND検索されないので、「パクチーの育て方」「パクチーの由来」などというような料理とは関係ない情報が検索されてしまう。これは、「セロリ　AND　料理」を先に検索し、次に、その集合に「パクチー」が付与された集合がOR検索されたからである（図4.7参照）。

第4章　情報検索の理論と方法

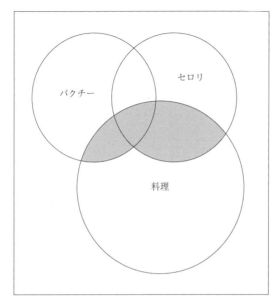

図4.8　「(パクチー OR セロリ) AND 料理」の検索

　このような検索を防ぐためには、情報検索システムが、あらかじめ決めた（ディフォルトという）論理演算の順番ではなく、検索者が自由に演算の順番を決める必要がある。そこで、情報検索システムによっては、論理演算の優先順位を指定する「(　)」丸括弧を使うことができる場合がある。

　そこで、丸括弧を使って「(パクチー　OR　セロリ)　AND　料理」とすれば、「パクチー　OR　セロリ」をまず検索し、その集合と「料理」の集合をAND検索するので、目的の「パクチーあるいはセロリを使った料理」を検索することができる（図4.8参照）。

　複雑な検索式を立てる場合には、この論理演算の優先順を指定する丸括弧を使用するとよい。使用しようとしている情報検索システムでは、どのような順番で演算しているのか、また優先順位をつける丸括弧が使えるかは、各利用マニュアルを読んでほしい。

1.3　項目間の論理演算

論理演算子や優先順位をつける丸括弧は、あるひとつの検索項目においても使うが、異なる検索項目の間でも使用する。

例えば、図書館の蔵書目録で、「お弁当の料理本で講談社が出版した本を探したい」という場合は、タイトルの検索項目に「お弁当」と入力し、出版社の検索項目に「講談社」と入力すればよい。

この場合、通常は「AND」のような論理演算子を入力しないが、実際には、「お弁当（タイトル）　AND　講談社（出版社）」という検索を行っている。

これは、検索項目間の論理演算は AND 検索の場合が多いため、通常、情報検索システムでは、検索項目間の論理演算子を AND にあらかじめ設定しているのである。

図4.9は、国立国会図書館のNDL-Bib（注：2020年12月サービス終了）であるが、検索項目間で論理演算を変更することが可能になっている。そこで、例えば、「お弁当の料理本で講談社が出版した本は除きたい」ということならば、検索項目間の論理演算を「NOT」にすればよい。

情報検索システムによっては、検索項目間の論理演算を変更することができず、AND 検索しかできない場合もある。これもそれぞれの利用マニュアルを参照して、的確な検索をする必要がある。

1.4　範囲指定

年月日や価格などの数値の検索語では、範囲を指定して検索したい場合がある。例えば、「2016年から2017年までに出版された図書」や「1万円から2万円の靴」などを検索したい場合である。

このような検索を行うには、範囲指定をするとよい。現在多くの検索システムでは、範囲指定は、範囲指定のボックスが設定されていて、そこに入力する方法をとる。そのため、それぞれのマニュアルに従って、正しい方法で入力すれば、大体は検索できる。

図4.9の国立国会図書館のNDL-Bibでも、出版年という検索項目があり、

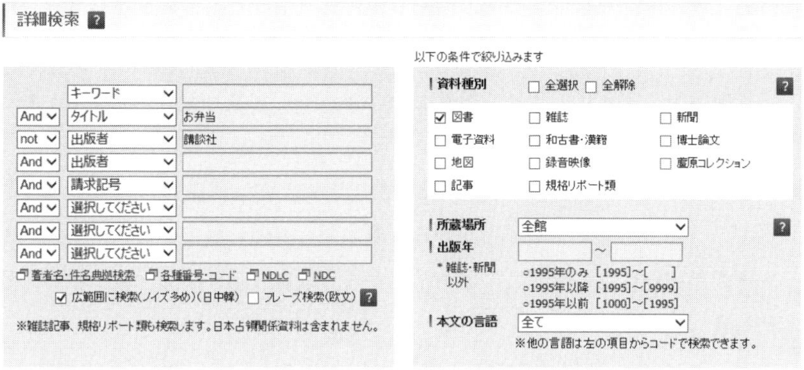

第 4 章　情報検索の理論と方法

図4.9　NDL-Bib　項目間の NOT 検索

ボックスを挟んで「～」という表示がある。その下には、入力のしかたが例示されている。このように、特に意識しなくても大抵は間違いなく入力できるようになっている。

1.5　トランケーション

　Google などの全文検索システムでは、検索語を入力すると、文章のどこに検索語があっても検索する。しかし、データベースの情報検索では、検索項目に検索語を入力すると、入力した語と完全に一致した情報を検索するようになっている場合がある。これを完全一致検索という。

　このような完全一致で検索する検索項目で、「"何とかの散歩道" というタイトルの図書を探したい」というような、検索語のある一部分だけは一致して、他の部分が何でもよいという検索を行うには、トランケーション（あるいは部分一致）と呼ばれる検索機能を使う。

　トランケーションとは、指定された記号を、検索語に付与すると、その記号の箇所が任意の文字となるというしくみである。

　例えば、先ほどの例だと「？散歩道」というように入力する。そうすると、「懐かしの散歩道」「下町の散歩道」などタイトルの最後に「散歩道」がついた図書が検索される。

131

この「？」をトランケーション記号という。トランケーション記号は情報検索システムごとに異なり、「＊」「！」など様々である。
　情報検索システムは、米国で発達したので、トランケーションは、もともとは英語の複数形と単数形（womanとwomen）や、英綴りと米綴り（catalogとcatalogue）などをいっぺんに検索する機能であったが、日本語では複合語やフレーズの一部分を指定することができる機能として使われている。
　トランケーションには、4つの方法がある。前方一致、中間一致、後方一致、前後一致（中間任意）である。
　前方一致では、例えば「都市？」と入力すると「都市計画」「都市再開発」など都市がつく語をすべて検索する。「？都市」のように後方一致で指定すると、「地方都市」「大都市」などが検索される。
　中間一致では、「？都市？」と入力すると、「観光都市立国」「世界都市博覧会」など「都市」がどこかに含まれる語を検索する。「都市？協会」と入力すると「都市計画協会」「都市環境エネルギー協会」など前後一致（中間任意）の語彙が検索される。
　一見すると便利な機能だが、「？都市」とすると「京都市」が検索されたり、「都市？」を検索すると「都市伝説」「都市鉱山」のように目的と異なる語が混在して検索されることがあるので、トランケーションを使う場合には、気を付ける必要がある。
　特に、一文字の漢字やカタカナは、ノイズを多く含むことがある。例えば、数学や哲学などの学問を全部検索しようと「？学」と検索すると「大学」「中学」「私学」などが検索される。自動車長距離レースをすべて検索しようと「？ラリー」とすると「ライブラリー」「ギャラリー」が検索される。
　トランケーションは、情報検索システムによって、4つの方法のうち使用可能な機能や使用する記号も違うので、必ずマニュアルを見て検索する必要がある。
　また、トランケーション記号も、論理演算子同様、記号を使わないで文章で表わす場合もある。例えば、朝日新聞、講談社、小学館などが出版している事

典や辞書を横断的に検索する「コトバンク」では、見出し語を検索する際に、前方一致を「で始まる」、後方一致を「で終わる」、中間一致を「を含む」、完全一致を「で一致する」のように表現して、トランケーションを使用できるようになっている（2017.8.1現在）。

なお、トランケーションの記号は、一つの記号で何文字でもよいという場合と、1つの記号で1文字を指定するという場合がある。例えば「？」記号で何文字でもよいという場合は、「都市？」と入力すると、「都市化」「都市計画」「都市再開発」など、「都市」の後にいくつの文字があっても検索する。

一方、「？」記号1つで1文字を指定する場合は、「都市？」とすると、「都市化」のように都市の後に1文字がつく語のみが検索され、「都市？？？」とすれば「都市再開発」のように3文字がつく語が検索されて、「都市化」や「都市計画」は検索されない。

2　その他の演算子

2.1　近接演算子

　JDREAM ⅢやMEDLINEなどのデータベースでは検索語同士の順番や位置関係を厳密に指定する「近接演算子」を使用して、より精度の高い検索をすることができる。例えばJDREAM Ⅲでは（W）という近接演算子を使用する。「図書館（3W）システム」と入力した場合には入力語順に0〜3語以内で隣あっているものだけを検索するので、「図書館システム」「図書館のシステム」「図書館情報システム」「図書館管理用システム」などが検索できる。また、近接演算子はシステムによっては（W）の代わりにNEARを使用するものや、入力語順に関係なく隣接関係にある語を検索する（A）などがあるのでデータベースごとに確認が必要である。

2.2　ストップワード

　実際のデータベースでは、検索向上のため頻繁に登場する単語をあらかじめ

検索対象から除外していることが多い。この際に除外された検索語のことをストップワードという。日本語では「は」「の」「です」「ます」などの助詞や助動詞などの機能語や長音符「ー」などがストップワードになることが多い。例えば NDL-Bib は長音符がストップワードとして登録されているので「コンピュータ」と「コンピューター」どちらを入力しても同じ結果になる。しかし、「ゲーテ」と検索した場合には「ゲテ」で検索され、さらには中間一致で検索するため丹羽重輝（ニワシゲテル）などのノイズも含めて検索されてしまうこともあり、注意が必要である。英語の場合には a, an, the, of, in, for, it, their, and など前置詞や代名詞や冠詞がストップワードに該当する。例えば Vitamin A は Vitamin だけで検索されることがある。他にも「・」「〜」などの記号もストップワードになることが多い。例えば「ハリー・ポッター」「ハリーポッター」のどちらを入力しても「・」を無視して検索するので同じ検索結果になる。データベースごとに、どの語がストップワードに指定されているかは異なるので注意が必要である。

2.3 フレーズ検索

入力した検索語の語順を守って、検索語の論理積としてではなく、一連の検索句として完全一致するものを検索することをフレーズ検索という。「" "」（ダブルコーテーション）が多く使われ、キーワードを囲んで入力をする。例えば、「教育の歴史」について調べたい場合に「教育　AND　歴史」と入力すると「歴史の教育」に関する事柄まで検索されてしまう。もちろん論理差の演算子を用いることも可能だが、フレーズ検索を用いることで除外することができる。

英語の場合は単語間にスペースがあるためにフレーズ検索は威力を発揮してくれる。例えば、"Working at the library" とフレーズ検索をすれば、ストップワードである at the 含めて語順が完全一致した検索を行い、単語や順序が異なる Working in the library や Work at the library は除外される。

また、フレーズ検索は Yahoo!や Google でも詳細検索で「順番も含め完全に

一致」を指定したり、「""」を使用することでフレーズ検索を行うことができる。

3　自由語検索と統制語検索

3.1　自由語（自然語）と統制語

　データベースの検索で検索語を入力する際に、頭の中で思いついた言葉をそのまま使用する検索を自由語検索または自然語検索という。普段から使用している言葉で検索できるので利用者にとっては使いやすいメリットがあるが、一方で言葉や概念は以下のように様々な表記がされる。

1） 漢字・仮名表記・送り仮名
「めがね」「メガネ」「眼鏡」　　「焼き芋」「焼芋」「焼いも」「焼イモ」
2） 同義語・類義語
「公共図書館」「公立図書館」　　「総理大臣」「首相」
3） 完全語と略語
「スマートフォン」「スマホ」　　「高等学校」「高校」
4） 日本語・英語表記・頭字語
「世界保健機関」「World Health Organization」「WHO」

　こうした表記の違いを「表記のゆれ」という。自由語検索や自然語検索では表記のゆれによって検索件数が大きく変わることがある。例えばGoogleで「保育園」と検索すると9,780万件ヒットするが、同義語である「保育所」で検索すると1,690万件まで減ってしまう。このようにデータベースでは一文字でも表記が異なると検索結果が大きく変化する。こうした「表記のゆれ」を防ぐためには、論理和（OR）を使用して同義語を追加してく方法もあるが、同義語が思いつかない場合には検索モレがでてしまう。こうした検索漏れを防ぐ方法として統制語検索がある。

3.2　統制語検索——シソーラスと件名標目表

　統制語とは一つの概念に対して一つの言葉を決めて、同義語・類義語・表記のゆれを吸収して統制した語でありディスクリプタとも呼ばれる。例えば「警察官」「警官」「お巡りさん」という同義語があった場合に、「警察官」を統制語（ディスクリプタ）として統制語検索を行うと「警察官」だけでなく非統制語（非ディスクリプタ）の「警官」「お巡りさん」も一緒に検索をしてくれるようになる。しかし、どの言葉を統制語にするか人によって異なってしまっては統制語検索の意味をなさない。そのため、どの語を統制語とするかを決めるルールブックが必要となる。このルールブックが「シソーラス」や「件名標目表」である。

　シソーラスは、本来は同義語、反義語、類義語を収録し頭に浮かんだアイデアを適切に表すことのできる単語を見つけ出すことができる類語辞典のようなリストであり、ギリシャ語で「宝庫」を意味する。情報検索で用いられるシソーラスは統制語彙表で階層構造を持つ。そのため厳密にキーワード付与が可能であり、概念間の関係性に略語を用いる特徴を持つ。2015年に改定された「JST科学技術用語シソーラス」は日本のシソーラスを代表するものである。

　件名標目表は同義語や多義語を統制した件名を表にしたものであり、公共図書館では「基本件名標目標表」が目録作成時の件名付与に使用される。「基本件名標目標表」は1999年改訂の第4版からシソーラスに準じた階層構造を採用しており、シソーラスとの差異が無くなっている。あえて違いをいえば、科学技術系に特化したシソーラスは主題分野が詳細で厳密であり、一方、件名標目表は公共図書館での利用が前提とされているので対象とする主題は広いことが挙げられる。

　では、「看護師」を事例として「JST科学技術用語シソーラス」と「基本件名標目表」を見てみよう[1]。なお、略語の表記は以下のような意味を指す。

---

1) 2002年より法律改正に伴い「看護婦」「看護士」に代わって「看護師」という言葉が正式な用語となったが、基本件名標目表は1999年版のため「看護師」ではなく「看護婦」「看護士」が使われている。

```
JST 科学技術用語シソーラス          基本件名標目表

  看護師(カンゴシ)                 看護婦
  NT 専門看護師                    UF:看護士
     認定看護師                    TT:医学
  BT 医療従事者                    BT:看護学
   ・職種別従事者                   NT:従軍看護婦
    ・・労働者
  RT 助産師                       看護士 → 看護婦
```

BT (Border Term)　上位語

　見出しの統制語の上位概念である。「JST 科学技術用語シソーラス」では「医療従事者」が看護師の上位概念であり、さらにその上位概念は「・」で表現され「職種別従事者」となり、点が2つの「労働者」はさらに上位の概念となる。「基本件名標目表」では「看護学」が上位概念となる。

TT (Top Term)　最上位語

　該当する見出し語の最上位概念であり「基本件名標目表」のみで使用され、「医学」が該当する。

NT (Narrow Term)　下位語

　見出し語の下位概念を表す。「JST 科学技術用語シソーラス」では「専門看護師」と「認定看護師」が看護師の下位概念とされている。専門看護師や認定看護師の下位概念がないが、さらに下位概念があった場合には BT と同様に「・」で表現される。「基本件名標目表」では「従軍看護婦」となっている。

RT (Related Term)　関連語

　見出し語とは直接的な階層関係にはないが関連する概念である。索引語や件名は複数に付与することができるので、多少概念が異なっていても網羅的に検

索したい場合に使用するとよい。「JST科学技術用語シソーラス」では「助産師」が関連語となっている。

UF（Use For） 直接参照

見出し語における非統制語である。「基本件名標目表」でいえば「看護士」の代わりに「看護婦」を使えという指示になる。また非ディスクリプタである看護士の項目には「看護士→看護婦」となっており、これは統制語を参照する指示である。「JST科学技術用語シソーラス」では同義語として「看護婦」「看護人」「ナース」が挙げられており、異表記語として「看護士」が挙げられている。

他にも「基本件名標目表」ではSA（See Also）参照注記やSN（Scope Note）限定注記などの記号も使用される。

4 検索結果の評価

データベースの検索は、通常は1回では終わらず、得られた結果を評価し、検索語や演算子やトランケーションを少しずつ替えながら検索を繰り返していく。データベースの検索結果の評価指標に「精度」と「再現率」がある。「精度（precision ratio）」は、検索結果の中で欲しい情報がどれくらい検索できたか正確性を示す指標である。この際に検索したが不要な情報のことを「ノイズ」という。「再現率（recall ratio）」は、データベースの中の欲しい情報のうち、どれくらい検索できたか網羅性を示す指標である。欲しい情報であったにも関わらず検索できなかった情報を「検索モレ」または単に「モレ」という。これを図で示すと図4.10のようになる。

Aは欲しい情報にもかかわらず検索できなかった情報であり「モレ」になる。Cは検索されてしまった不要な情報であり「ノイズ」となる。Bは検索できた欲しい情報である。

第4章　情報検索の理論と方法

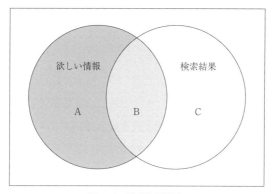

図4.10　精度と再現率

精度を計算式で表すと、精度 = $\dfrac{B}{B+C} \times 100$（％）となり、

再現率を計算式で表すと、再現率 = $\dfrac{B}{A+B} \times 100$（％）となる。

例えば、赤ちゃんの発育に関する事柄を調べるため、データベースで「月齢」と検索して40件の検索結果が得られたが、月の満ち欠けについての月齢の情報が15件あった時には、検索結果はB＋C＝40、検索できたが不要な情報C＝15となる。つまり欲しい情報B＝25となるので、精度を計算すると、

$\dfrac{25}{25+15} \times 100$（％）＝62.5％　となり、ノイズは37.5％となる。

また、データベースの中に赤ちゃんの「月齢」に関する情報が50件収録されていたとするならば、50件中25件しか検索できなかったことになる。

欲しい情報はA＋B＝50、実際に検索できた欲しい情報B＝25となるので、再現率を計算すると、

$\dfrac{25}{25+25} \times 100$（％）＝50％　となり、モレも50％となる。

検索モレが少なく精度も高い検索結果の評価が高い。図4.10でいえば、AとCの部分の面積が小さく、Bの部分の面積が大きい方が良い検索ができたことになる。しかし実際には精度と再現率はトレードオフの関係にあり、AとCの両方の面積を同時に小さくすることは難しい。検索範囲を広げるために論理和を使用したり、検索語を上位概念にするとモレは減るがノイズが増えてしまう。逆に論理積や論理差を使用して検索範囲を絞ると、ノイズは減るがモレが増えてしまう。実際の情報検索では利用者の情報ニーズに基づいて精度と再現率のバランスを考慮しながら検索していくことになる。

　また、実際のデータベースではモレの大きさは実際に測ることができない。そもそも、欲しい情報の数がわかっていれば検索は不要である。再現率を計算するのは現実的に不可能であり、あくまで理論的・実験的な値であることに留意しなければならない。

■□コラム□■

情報サービスのスキルを社会で活かす

「情報サービス論」という科目では、情報社会の現状の他、図書館でのレファレンス・サービスの理論と実際や情報検索等についての内容が扱われています。実際に図書館で行われる重要なサービスの一つであるのですが、図書館だけでなく、様々な組織内での情報行動や日常での情報収集にも役立つ内容になっています。

情報を取り扱うスキルは、図書館では勿論のこと、法律、医療、ジャーナリズムをはじめ、あらゆる分野の生産活動で需要が高くなっています。このコラムでは、情報検索や活用に纏わる「検索技術者検定試験」の受験への取り組みと、情報を取り扱う際に生かせるスキルについて述べてみたいと思います。

① 検定試験の対策

専門的な情報検索や活用の能力を測る検定試験として、情報科学技術協会（INFOSTA）が実施する「検索技術者検定」というものがあります。3級は、入門的な位置づけになっていますので、テキストの内容を把握したり、情報サービスや検索演習で学んだ事を確認したりするとよいでしょう。情報サービスや検索の基礎的な事柄について、どれくらい理解しているかを確認することができます。司書課程で情報サービス論や検索の授業を履修した学生にも丁度良い内容となっています。

2級と1級は、内容も3級に比べて難易度が高く、検索システムやコマンド、データベース、英文マニュアルの読解等が含まれています。やや高度な内容になっていますが、合格すれば、情報の専門家としての自信につながり、専門的かつ幅広い知識の習得が確立されるでしょう。1級は、情報検索やデータベース、関連分野に関する広い知識と高い専門性が要求されます。実際に現場で業務をして、ある程度のスキルを身に付けてからの受講がおすすめですが、実務経験に関係なく受験することが可能となっています。

2級からは、受験対策のためのテキストや過去問、セミナーも充実していますが、各種専門のデータベースを実際に操作してみる機会があると、さらに内容が身に付くはずです。英文の読解も含まれますので、データベースを使用する際に、外国のデータベースや英語表示画面から検索したり、使用方法を確認したりすると、専門用語にも慣れることができます。

また、日々の情報に関する時事問題に目を向け、自分自身が置かれた情報環境についても学んだ知識と合わせて検討してみると、スキルを活かす幅も広がっていきます。

特に1級では、面接による口頭試験もありますので、情報に対する考え方や情報戦略について、効果的にプレゼンテーションができることも大切です。

② 情報化社会に生かせるスキル

　「情報サービス論」で得られるレファレンスや検索の知識は、主に図書館、研究機関、企業の情報部門などで、情報要求を持った人に対して、要求に合致した情報が得られるよう支援する際に活用されます。特に、情報を求めているエンドユーザーに代わって、データベースなどの情報源を検索し、情報収集や検索結果の分析等の業務を行う情報検索の専門家を「サーチャー」と呼びます。①で取り上げた検定試験も、このような人々を受講の対象としています。

　しかし、現代社会では膨大な情報が身の回りに溢れています。ですから、ユーザーのニーズに合った的確な情報を提供する知識やスキルは、レファレンスやサーチャーの業務以外でも、あらゆる場で活用することができます。例えば、レファレンスプロセスの中では、利用者にインタビューをし、求めている情報が何なのかを具体的に把握します。相手の要求を「聞く」ことが重要になり、そのためにインタビューを行うわけですが、正確な要求を話しやすくするためには、質問者のマナーや接遇、戦略的な質問のスキルが必要になります。このスキルは情報サービスだけでなく、あらゆるサービス業等で必要とされる能力でしょう。サービスは、「顧客のニーズを知る」ことから始まります。ここがうまくいかなければ、当然顧客満足は得られません。良い商品やサービスが存在していても、ニーズに合致していないと不満を呼んでしまいます。「聞く」「質問する」ことによって、ニーズを引き出すスキルは、いわば、サービスの成否を決定する大事な能力になります。

　また、日常やビジネスの場で情報を収集する際に、信頼できる情報源の区別ができるかどうかも重要です。データベースの種類や使用方法が分かっていれば、さらに詳しい情報を探し出すことも可能でしょう。目的に合った専門図書館や情報機関に明るければ、蓄積された膨大な資料から情報を取捨選択することもできます。

　情報サービスや検索の技能は、これからの社会でサービス提供者として働く立場であっても、情報の消費者として利用する立場であっても、とても重要なものになります。本書を読んだ皆さんが、幅広い分野で情報の専門家として活躍されること、情報化社会をより豊かに生きていくことを願っています。

（長谷川幸代）

第5章　各種情報源の特質と利用法・解説と評価
―― 利用者からの質問事例を手がかりに

1　情報サービスに活用できる各種情報源

1.1 「一次資料」と「二次資料」――二次資料の優位性

　図書館における情報サービス、特にレファレンスサービスにおいては、利用者からの要望にこたえるために、日々、様々な情報源を用いて調査活動が行われている。調査に活用する情報源の範囲は図書館内の参考図書（辞書事典類）に止まらず、有料契約するデータベースや信頼できるWebサイト上の情報、そして専門機関・専門家との連携によって得られる情報など、ケースバイケースで多種多様な情報源を有機的に組み合わせた探索が行われている。その仕組みを単純化して伝えることは難しいが、本節では情報サービスを進める上での原則的な考え方を、「情報源の選択」という観点からいくつか紹介してみたい。

　情報源の選択方法として第一に取り上げたいことは、「高次情報源から低次情報源へ」という流れである。図書館が情報サービスにおいて扱う情報源は、大きく「一次資料」と「二次資料」に区分できる。一次資料とは、Primary Sourceとも呼ばれ、一般の図書、逐次刊行物（新聞・雑誌など）、テクニカルレポート、会議資料といったオリジナルな情報源を指す。二次資料とは、一次資料をベースとして作られたSecondary Sourceであり、①目録・書誌といった一次資料へのナビゲーション型の情報源と、②言語辞典（辞書）、百科事典、専門事典といった一次資料のコンテンツを編集・加工して作成される、事実解説型の情報源に区分できる。この区分法では、その媒体が「紙」であるか、「デジタル」であるかは問われないため、一次資料にはいわゆる「電子書籍」やWebサイト上で日々発信される情報なども、二次資料には従来の参考図書

を電子化した有料契約データベースなどもそれぞれ含まれることになる。利用者が独自に調べものを行う場合には、図書やWeb上の情報をいきなり参照しようとすることが多いが、図書館員が利用者サービスとして調査を行う際には、(特に、利用者が事実調査〔事項調査〕を求めている場合には) 高次情報源＝二次資料から低次情報源＝一次資料へと調べを進めていく方がはるかに効率的である。

　一次資料よりも二次資料の方が適している理由としては、第一に、検索性が高いということが挙げられる。複合条件を指定できる検索機能を持つデータベースはもちろん、紙媒体の参考図書であっても、もともと調査用につくられたツールであるため、調べたい用語・事柄（出来事）などが五十音順やテーマごとに配列されたり、複数の種類の索引が準備されていたりする。これに対して、一次資料はもともと調査することを前提に作られた資料ではないため、特に紙媒体の資料については、目次や索引といった検索手段が十分に整備されていなかったりすることも多い。

　二次資料のもう1つの利点は、情報が簡潔に（わかりやすく・コンパクトに）まとめられている、という性質にある。これに対して一次資料は、何かを調べようとした際に、「通読」することを前提としてまとめられていることから、情報入手に時間がかかる場合もある。さらに言えば、一次資料は、その概念について事実そのものの説明をしているように見えて、そこに作者の見解が混じっているケースがあることにも注意しなければならない。つまり、「〇〇である」と「〇〇であるべき」が混在した表現になっており、事実調査にとって不向きな面も存在する。多数の利用者から多様な質問を受ける図書館にとっては、調査における「効率性」の観点は経営資源の面からみても重要なファクターである。調査の手順としては、まず二次資料を調べ、十分な調査ができない場合に一次資料（一般図書）に当たる、という順序が望ましいだろう。

1.2　二次資料の種類と特性

　「二次資料」と一口に言っても様々な種類がある。1.1では、その種類を①事実解説型の情報源と、②ナビゲーション型の情報源とに大きく区分したが、そ

第5章　各種情報源の特質と利用法・解説と評価

れぞれの区分の中にも多様な情報源が存在している。

　ナビゲーション型情報源については、「Aというタイトルの本を読みたい」「Bがテーマになっている雑誌記事を集めたい」というような、主に利用者が文献情報を求めている場合に、効率的なアクセスを実現するために活用されるツールである。代表的なレファレンスツールとしては「目録」「書誌」「索引（誌）」の3つが挙げられるが、それぞれ用語の境界線がやや曖昧であるため、ここで整理しておきたい。

　「目録」については、各図書館の蔵書検索に用いられるOPAC（＝ Online Public Access Catalogの略）が利用者にとって最も身近な存在だろう。ネットワーク環境が普及する前は、冊子体やカード体の蔵書目録が作られていたが、現在は多くの図書館でインターネットを通して、その図書館がどのような資料を所蔵しているかという文献情報や、現在利用可能なのか、貸出中の場合はいつ返却されるのか、といった入手可能性に関する情報を利用者に提供している。これに対して、「書誌」とは、文献情報を集めて一定の規則で（タイトル順・著者順などで）排列、もしくは検索できるようにしたリストであり、目録のような所在情報、入手可能性に関する情報は備えていない点に違いがある。ただし、こうした区分法は、図書館情報学の世界では定着しているが、一般にはあまり理解されていないため、例えば、図書館向けに発売される参考図書であっても、『翻訳図書目録』『全集・叢書総目録』のように、書名に「目録」という用語がついているのに、所在情報等が掲載されないものもある。なお、目録と書誌に共通して掲載される情報としては、タイトルや著者名、出版社、出版年等があるが、他に、簡単な内容（＝抄録）が含まれる場合もある。

　「索引」とは、もともとの意味としては、図書などの本文に記載されている主な用語を抽出し、読み手がその用語にアクセスしやすいように、五十音順などの一定の規則に沿って用語を排列して本文内の掲載ページを示すインデックス機能を指す。この機能そのものは図書などの資料の一部を構成し（単独の資料ではなく）、巻末や巻頭に掲載されることから、厳密には二次資料のカテゴリに含めるにはやや整合性がないのだが、叢書や全集、百科事典などでは「総索

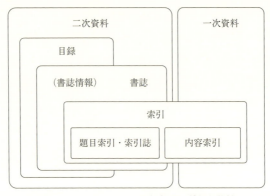
図5.1　ナビゲーション型情報源の種類と特性

引」として別巻が編成されることもあるため、二次資料の一種ととらえられることもある。索引にはこのほかにも、雑誌・新聞などに掲載された各記事のタイトルや著者名、テーマ（件名）をキーワードとしてその記事を探し出すことができるようにしたツールも存在する。これは「題目索引」、あるいは「索引誌」と呼ばれ、それぞれを区別するため、百科事典などの総索引は「内容索引」と呼ばれることもある。題目索引（索引誌）は、文献情報を紹介しているという点では「書誌」と同等のものという説明もできるが、記事情報を紹介するだけでなく、その記事がどの雑誌の何号に掲載されているか、という重層的な情報を備えている、という点で一般の書誌とは区別して「索引」と呼ぶ慣例もある。「題目索引（索引誌）」の代表例としては、国立国会図書館による「雑誌記事索引」、国立研究開発法人科学技術振興機構（JST）による「科学技術文献速報」などが挙げられるが、インターネット上でサービスが提供される場合には、その記事を収録している雑誌各号の、各図書館での所蔵情報を調べる機能がリンクされていることも多く、索引と目録の境界線もまた曖昧になってきている。図5.1は、3つのナビゲーション型情報源の関係性を概念図として整理したものである。

　事実解説型情報源については、ナビゲーション型情報源とは異なり、さらに多種多様なツールが存在する。ナビゲーション型情報源とは異なり、こちらは、

第5章　各種情報源の特質と利用法・解説と評価

表5.1　事実解説型情報源の種類と特性

情報ニーズ	ツール	ツールの特徴
調査対象について簡単に知りたい	百科事典	・知識の全分野から、編集方針によって選択、収集した事柄を見出しとして、簡潔に解説をした事典。 ・全知識分野を扱うため、情報量が膨大になることから、有料データベースによるサービスに移行している。 ・Web上のサービスとしては「ウィキペディア（Wikipedia）」が有名だが、レファレンス情報源としての信頼性、安定性、オリジナリティに欠けるため（利用者もすでに参照していると思われるため）、回答の情報源としては直接的には使用せず、調査上のヒントを得る程度の利用に止めた方がよい。 ・事柄や概念の概要、初歩的な知識を得ることができるが、専門的な情報は得られない。よりわかりやすい情報が必要な場合は、子ども向けの百科事典を活用することもできる。 ・調べたい事柄が見出し語になっていない場合でも、索引語から調べることができる。
調査対象について詳しく知りたい	専門事典・用語辞典	・各専門分野の事柄・概念を最も詳しく解説したツール。一部の分野で有料データベースが整備されている。一般的な用語の調査は辞書類（国語辞典や漢和辞典（字典）等）を用いる。 ・百科事典では知ることができない詳しい情報を得ることができる。 ・人物の面に注目して、事柄を説明する専門事典は「人名辞典」、または「名鑑」とも呼ばれる。これらのツールでは、人名の見出しの下、別名、生没年、略歴、業績などの履歴事項を解説している。
調査対象について実用的な知識や技術を知りたい	便覧・ハンドブック	・特定分野の知識を、実務的な利用を目的として解説した参考図書。専門事典よりも解説している用語数・項目数は少ないが、統計的数値、実例、表、図、挿絵などを豊富に用いて事柄を解説しており、実用性に富むという特徴がある。「べんらん」と読む。 ・「データブック」「要覧」「必携」「ガイドブック」「マニュアル」など様々な呼称が用いられる。 ・用語五十音順などの辞書形式になっていないものが大半だが、巻末の索引を使えば、辞書的にも利用できる。 ・「ハンドブック」という名称の通り、ハンディでコンパクトなものが多い。
調査対象について視覚的な情報が欲しい	図鑑	・特定分野の知識について、事物の形態、構造、色彩などの情報が視覚的に理解できるよう、絵や写真、図表などを主体に編集した情報源。 ・文字による解説だけではわかりづらい場合に用いられる。特に自然科学・芸術の分野でよく利用される。 ・図版が豊富な分、解説は少ないため、専門事典と併用するとよい。
調査対象に関する出来事（事柄）を年代順に追いかけたい	年表	・年代順に関係事項を取り上げて解説を加えたものであり、厳密には一次資料の巻末等に付される「年表」とは区別される。年代をキーワードとして、各種の事柄・データを編集している。 ・原則として、編年体（出来事を年代順に記す方法）で編集されている。 ・例えば『理科年表』のように、タイトルに「年表」と入っていても、年表ではない資料もある（『理科年表』は年鑑の一種）。
調査対象について統計的なデータが欲しい・変化を知りたい	年鑑	・「年表」が数年から数千年の期間を対象にするのに対して、「年鑑」は主に1年を対象にして、年に1回ずつ継続発行される逐次刊行物。 ・その分野の当該年のトピック、統計、名簿、文献、規程などを幅広く収録したもの。 ・毎年刊行されるため、各号の記載内容を遡ることで、出来事の変化、推移を見ることが出来る。
調査対象について地理的な情報が欲しい	地図帳・地名事典	・一般地図帳の他に、歴史地図帳、産業地図帳、経済地図帳、交通地図帳など、各種の専門地図帳も発行されている。 ・地名の場所や、その他の関係情報（産業分布など）を探し出すために、地図の他に、索引を備えている。 ・地図は掲載されないが、地名の読み方、地理上の位置、特徴などを解説し、見出し語を地名として、事典形式に編集したものとして、「地名事典」もある。

主に「Xについて知りたい」というような、事実調査を求める情報ニーズに対応する情報源であるが、調査に使用するツールは必ずしもXの意味・定義を掲載している「国語辞典」や「専門事典」だけではない。その概念を理解する上で、文字情報よりも視覚的な情報がふさわしい場合は、専門事典に加えて「図鑑」を調べた方がよいケースもある。あるいは、利用者は専門的な概念を専門的に知りたいとは限らないから、専門事典レベルの記述よりは「百科事典」レベルの記述の方がふさわしい場合もあるし、同じ百科事典でも、学校（子ども）向けに作られた百科事典の方がより簡潔にその定義を理解できる場合もある。このように、レファレンス調査においては、利用者の情報ニーズにきめ細かく対応できるような情報源の選択がなされなければならない。表5.1を参考に、ナビゲーション型情報源の種類と特性を十分に理解してほしい。

1.3 　二次資料を知るための情報源「三次資料」

　以上のように、二次資料は、①事実解説型情報源と、②ナビゲーション型情報源に区分され、多くの情報源が日々新たに出版・公開されている。その一方で、昨日まで利用できたWeb上の検索サービスがある日から更新を停止したり、閉鎖されることもある。参考図書も同様であり、ある年から発行されなくなったり、Web上のサービスに移行したりすることも少なくない。

　レファレンス調査に用いることができる様々な情報源について、その動向を知り、特徴を理解するために活用したいツールが、二次資料のガイドである。これらは「書誌の書誌」と呼ばれたり、二次資料をさらに編集したという意味で「三次資料」と呼ばれることもある。本書でも次節においてたくさんの二次資料を紹介しているが、紙面に限りがあり、詳細な解説は加えられていない。二次資料を知るためのガイドツールとして、ここでは次の4点を紹介しておきたい。

　　・伊藤民雄著『インターネットで文献検索』日本図書館協会　（※2023年現在、最新版は2022年5月に刊行された「2022年版」）
　　・長澤雅男・石黒祐子著『レファレンスブック　選びかた・使いかた』日本図書館協

会　（※2023年現在、最新版は2020年6月に刊行された「四訂版」）
・毛利和弘著『文献調査法：調査・レポート・論文作成必携（情報リテラシー読本）DBジャパン　（※2023年現在、最新版は2021年7月に刊行された「第9版」）
・「国立国会図書館リサーチナビ」https://rnavi.ndl.go.jp/jp/index.html　（※国立国会図書館に納本された資料の中から参考図書を選択して簡単な概要を紹介。各種参考図書を探し出すためのキーワード検索機能も備えている）

1.4　一次資料（図書）の活用方法

　1.1では、「一次資料はレファレンス調査には向かない」と書いたが、それはあくまでも原則的な説明であって、実際のサービスの中では、二次資料だけでは十分な調査ができない場合に、一次資料へと調査範囲を広げていくことはもちろんある。例えば、新しく起こった出来事の経過は参考図書類ではまだ調べられないことが多く、新聞記事や雑誌記事を活用することは多々ある。また、各種の統計的なデータについても、年鑑や白書としてまとめられるよりも早く、Webサイトや新聞、雑誌に掲載されることも多い。新聞や雑誌については、有料データベースを利用できる環境にあれば、記事全文を対象とした検索ができるものもあるため、参考図書よりも検索性は高いとも言えるだろう。視覚的な情報を利用者が求めている場合には、作家ごと、テーマごとにまとめられた写真集、画集などを利用者に紹介する場合もある。

　では、一般の図書についてはどうだろう。目次や索引からある程度の調査は可能だが、新聞記事や雑誌記事ほどには検索性は高くないため、同じ一次資料であっても、レファレンス調査に適したものとは言い難い。最近では、いわゆる「電子書籍」も流通を始めており、新聞記事や雑誌記事のように全文を対象とした検索機能を搭載するサービスも存在するものの、日本においては図書館向けに販売されている電子書籍は現時点ではまだまだタイトル数が少なく、大学図書館や専門図書館などの一部の図書館が試行的に導入を進めている段階である。さらに言えば、1.1で述べた通り、図書の記述内容は情報が詳しすぎたり、作者の意見が混ざっていたりする、という性質もある。こうした点を考え

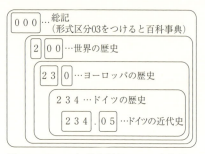

図5.2 NDCの知識を活用した一次資料の調査法

ると、各種の二次資料や雑誌・新聞記事ほどには、レファレンス情報源として図書を活用することは難しいように思える。しかし、一般図書にも様々な種類があり、図書館における資料整理法をうまく活用すれば、図書をレファレンス調査に活用することもできないわけではない。

具体的な例を挙げて考えてみよう。例えば、利用者が「魔女裁判」について調べたい、というニーズを持っている場合、その図書館のOPACで調べると、書名に「魔女裁判」または「魔女」が含まれる資料がまず数冊ヒットする。それらは、書名に「魔女」と含まれるくらいだから、いわゆる「専門書」ということになるが、専門書の解説は詳しすぎて、利用者が求めるレベルには合っていないこともあるし、作者の見解が事実と混ざり合って書かれていることもあり、事実関係を理解するにはやや不向きな場合もある。簡潔な記述が必要な場合は、OPACでヒットした資料の分類記号の下位の数字を切り捨てて、階層を繰り上がっていけばよい。日本の多くの図書館が採用している整理法はNDC（日本十進分類法）をもとにしているため、魔女裁判の専門書が収められる234.05（ドイツの近代史）の図書の記述が専門的すぎる場合には、時代の区分を表す記号「05」を外して、234（ドイツの歴史）の図書へ繰り上がり、さらに、230（ヨーロッパの歴史）の図書→200（歴史）の図書、というように1つ上の階層に繰り上がっていくことで、より簡潔な・コンパクトな記述を調べることができるのである（図5.2）。ちなみに、「魔女裁判」について調べるために、分類番号をどんどん上の階層へと繰り上がっていくと、最終的には000（総記の本）となる。ただし、000では番号の範囲が広範になりすぎるため、通常、図書館ではこの番号に「形式区分」を加えて資料を管理している。例えば、形式区分03（参考図書）を加えると、030という番号になり、「百科事典」がここに収められる。

こうした上位の分類へと繰り上がっていく過程は、言い換えれば、専門書から概説書、入門書へと遡る過程でもあり、調べものに適した一次資料を発見するための1つのテクニックとして理解しておきたい。さらに言えば、こうした分類番号の展開法は辞書事典等の二次資料（参考図書）にも共通する。たまたま見つけた参考図書の記述内容よりも簡潔なものを見つけたい場合には、上位の階層の分類番号の参考図書を調べればよい。反対にもっと専門的な記述内容が必要な場合は、下位の階層の参考図書を調べることも可能である。

このように、現実の情報サービスにおいては、図書館に関するあらゆる専門知識が総動員されてそのサービスが営まれている。情報サービスというものが、図書館員の専門性が発露するサービスの1つであることを改めてここで理解してほしい。

2 文献調査に役立つ情報源の特性と利用法

2.1 図書情報（書誌情報・所在情報）の探し方

レファレンス質問のなかでももっとも日常的に利用者から寄せられるものが「図書」に関する情報の調査依頼である。今日、図書情報の探索はオンライン書店のデータベースを使ってもある程度は可能である。ただし、「図書情報」と一口に言っても利用者のニーズは幅広く、インターネット上の情報ではカバーできないことも多い。むしろ、インターネットの時代だからこそ、より高度・複雑な情報ニーズが図書館に寄せられると考えなければならない。また、図書情報についてはレファレンスカウンターではなく、フロアや貸出カウンターで、「○○という本はありますか？」と気軽に問いかけられることも多い。多くの利用者にとって、図書情報の調査依頼は「人生初のレファレンス体験」になる可能性が高く、それだけに利用者に満足してもらえるような調査を行う必要がある。

利用者から寄せられる図書情報に関する質問の分析法とそれに応じて使用できるツール（参考図書・データベース類）を紹介すると表5.2のようになる。

表5.2　図書情報を調べるための情報源

利用者が求める情報の種類				質問例	情報源
利用者の情報ニーズが書誌情報の調査に関わる場合	一般的な書誌情報に関する調査	出版年が新しい図書情報	市販図書	「東野圭吾が去年書いた本は？」「書店で見かけた本のタイトルを知りたい」	『出版年鑑』（出版ニュース社, 1951～2018）、『これから出る本』（日本書籍出版協会, 1977頃～隔週）（取次会社・オンライン書店のWeb新刊案内）
			非売品図書	「○○会社の歴史を書いた本を読みたい」	『国立国会図書館蔵書目録』（国立国会図書館, ～1993）、「NDL ONLINE」「神奈川県川崎図書館OPAC」
			電子書籍	「『火花』は電子書籍でも出版されているか？」	「Books 出版書誌データベース」（電子書籍検索）
		出版年が古い図書情報	明治時代～昭和初期の図書	「大正期に出版された岩波書店の本にはどんなものがあったのか？」	『明治書籍総目録』『大正書籍総目録』『昭和書籍総目録』（ゆまに書房, 1985～1986)、『日本書籍分類総目録』（日本図書センター, 1986～1988)、『国立国会図書館蔵書目録』（～1993)
			江戸時代以前の本	「『梅津政景日記』の自筆本は存在するのか？」「"いっさいきょうおんぎ"という漢籍の作者は誰？」	『書誌總目録』（岩波書店, 1963～1989)、『古典籍総合目録』（岩波書店, 1999)、『國書解題』『漢籍解題』『朝鮮図書解題』（東出版, 1997)、『国書読み方辞典』（おうふう, 1996)、「古典籍総合目録」「全國漢籍データベース」「新日本古典籍総合データベース」（各図書館デジタルアーカイブ）
		地域資料の情報	郷土資料	「親戚のおばさんが数年前に出版した本を探している」	『自費出版年鑑』（サンライズ出版, 1999～年刊)、『あなたはこの本を知っていますか？』（地方・小出版流通センター, 1985～2014)、『本と出版流通』
			地方行政資料	「沖縄県の普天間基地の周辺の戦前の地図を見たい」	その地区の公共図書館OPAC、行政情報センターの目録類、「NDL ONLINE」
	詳細な書誌情報に関する調査	簡単な内容・目次情報		「『野茂とホモの見分け方』という本が問題になったらしいので、簡単な内容を知りたい」	『ブックページ 本の年鑑』（日外アソシエーツ, 1991～年刊)、「Webcat PLUS」
		評価（口コミ）情報		「村上春樹の『1Q84』はおもしろいですか？」「芥川龍之介の「鼻」の文学的評価・他の作家への影響を知りたい」	『出版年鑑』の「新聞・雑誌書評リスト」（出版社ホームページ、オンライン書店のレビュー、書評サイト、古典的名著であれば各分野の専門事典にも概要や評価情報が掲載される）
		特定の刊行形態の図書情報	全集・シリーズ	「『日本文学全集』の各巻のタイトルを教えて？」	『全集・叢書総目録』（日外アソシエーツ, 1945～2016)、『全集・叢書細目総覧』（日外アソシエーツ, 1989)
			翻訳書	「戦後に出版された赤毛のアンの翻訳書を比較したいのでリストを作って欲しい」	『翻訳図書目録』（日外アソシエーツ, 1868～2019)、『明治・大正・昭和翻訳文学目録』（風間書房, 1959, 文学以外も収録)
			伝記	「ジャイアント馬場について、詳しく書かれた本はないか？」	『伝記・評伝全情報』（日外アソシエーツ, 1945～2018)

↓（移行する）↓

利用者の情報ニーズが所在情報に関わる場合	所蔵情報の調査	「その本はどの棚にありますか？」「近くの図書館にありますか？」「どこの図書館が持っていますか？」「ネットで読めませんか？」	「カーリル」「CiNii Books」（自館のOPAC・蔵書目録)「NDL ONLINE」、『國書總目録』『古典籍総合目録』（1990)、「青空文庫」（都道府県立図書館が提供する横断検索)
	購入情報（入手可能性）の調査	「自分で買うつもりですが、いくらですか？」「リクエストを希望します」	「Books 出版書誌データベース」「本の枝折」『古書販売目録』「日本の古本屋」「BOOK TOWN じんぼう 古書データベース」

（注） 書籍名は『　』、サイト名は「　」で示している。表5.2以降も同。

第5章　各種情報源の特質と利用法・解説と評価

　図書情報に関するレファレンス質問と、情報源の用途をより具体的に理解するために、この表から3つの事例をピックアップし、利用者からの質問を受けてのインタビューの手順、ツールの調べ方などを紹介してみたい。

質問事例1　「クララ・ホワイティーの伝記を探してほしいと母に頼まれましたが、見つかりません。私が中学校の頃に出版されたようです」
（舞台：公共図書館、利用者：一般成人）

（レファレンス・インタビュー）

- クララ・ホワイティーの表記は？→「母親からもらったメモには、"Clara Whitney"と書いてある」（※「ホワイティー」ではなく、「ホイットニー」という読み方が一般的。海外の人名は利用者が綴りを読み間違えていることも多いので、表記を聞くか、利用者に書いてもらうとよい）
- どんな人？→「アメリカの女性、明治時代に日本にやってきたらしい。勝海舟のお嫁さんだったのかな？」（※同名異人もいるため必ず確認）
- いつ出版された本を探しているの？→「2008年か2009年頃だと思う。母は卒論で大学時代にこの人物の研究をしていたそうで、たまたま私が中学校のころこの人の伝記を書店かどこで見かけたそうですが、当時は仕事と子育てで忙しかったので、いつか読もうと思っているうちにタイトルも忘れてしまったそうです」（※図書情報を調べるツールは年代ごとに細かく分かれている。出版年はできるだけ具体的に確認すること）
- すでに調べたことは？→「ネットで調べたら、『勝海舟の嫁 クララの明治日記』（上下巻，中央公論社）という、クララの自伝らしき本が1冊出てきたけど、出版年が「1996年」とかなり古いので、母が探しているのはこの本でないそうです」（※「Google」を使って「Clara Whitney」をキーワードに検索すると、上記の図書情報がヒットする）

153

(調べる手順・調べるコツ)
① 海外の人物名をキーワードとして図書情報を調べる場合、カタカナ表記に揺らぎがある場合があるため、原綴りもキーワードに追加するとよい。
② オンライン書店のデータベースでは、キーワード・件名での検索は可能だが、ヒットするのは『勝海舟の嫁』のみであり、2009年頃に出版された本は見つからない。
③ 伝記情報を調べるためには、『伝記・評伝全情報』(日外アソシエーツ) が基本ツールとなる。ただし、このツールでは外国人名も日本人名と同様に「姓→名」の順番で調べなければならない。「2005～2009　西洋編」の人名索引にて、「Whitney Clara」を調べると、次の2冊を発見できる。
福田須美子『つながりあう知―クララと明治の女性たち』(春風社, 2009)
内藤誠・内藤研『日本を愛した外国人たち』(講談社, 2009)
④ 利用者の母親は「読みたい」と言っているので、所蔵調査が必要。自館のOPACを調査し、未所蔵の場合は、リクエスト (購入希望) として受け付けるか、近隣図書館からの借り受けで対応する。数年前の出版物については、絶版・品切れになっている恐れもあるため、リクエストを受け付ける場合は「Books 出版書誌データベース」で在庫状況を確認する。

質問事例2　「"キリストとトラさん"だったかなぁ……、そんなタイトルの本があると友人から聞いて探しているのですが、なかなか見つかりません。面白い本だったら読んでみようと思うのですが……」
(舞台：公共図書館、利用者：一般成人)

(レファレンス・インタビュー)
・著者名は知っているか？→「米田なんとかさん」
・出版社は？→「わからない」
・分野、内容は？→「映画の『男はつらいよ』に出てくるトラさんというキャ

第5章　各種情報源の特質と利用法・解説と評価

ラクターと、キリストには共通点があるという評論らしいです」
・いつ出た本ですか？→「そんなに前じゃないと思います」→具体的に何年？
　→「はっきりわかりませんが、○年くらい前にもその友人から同じ本を勧められたのを覚えています。私が映画好きなので、勧めてくれたのだと思います」
・すでに調べたことは？→「この図書館の検索機では見つからなかった。映画の棚（コーナー）にも行ったけど、見当たらなかった」

（調べる手順・調べるコツ）
① 利用者が言う通り、「NDL ONLINE」や「CiNii Books」「Webcat Plus」を調べてみても、「キリストと寅さん」というキーワードではヒットしない。
② 「○○と○○」というタイトルは、語を入れ替えて覚えている利用者も多い。「寅さんとキリスト」をキーワードに改めて調べ直すと、OPAC等ではヒットしないものの、『出版年鑑』2013年版の「書名索引」を調べると『寅さんとイエス』（米田彰男著，新潮社，2012）という図書が発見できる。著者名も利用者のヒントと合致しており、この図書で間違いないと思われる。
③ 「面白いか？」という問い合わせに対しては、現物を探して利用者自身で読んでもらうしかないが、評価情報（書評）を紹介することもできる。『出版年鑑』2013年版にて「新聞・雑誌書評リスト」を調査すると、「毎日新聞」と「朝日新聞」に書評が掲載されていることが分かる。所蔵されている新聞、縮刷版、データベースから、当該記事を探して、利用者に提供する。

質問事例3　（利用者はメモを持参、"訐部西美選"と書かれている）「こんな古い本があるらしいのですが、タイトルの読みと作者名を知りたいです」
（舞台：大学図書館、利用者：大学2年生）

（レファレンス・インタビュー）
・どこでこの本を知ったのか？・なぜこの本のタイトルを知りたいと思ったのか？→「大学の授業で知った」→どんな授業？→「文学の授業」
・読みを調べること自体が大学の授業の課題ではないか？→「当日、居眠りをしていて、板書されたこの本のタイトルの読みを聞いていなかった。テストに出るかもしれないので、読みを知りたいと思った。先生に聞きに行くと、授業を聞いてなかったと思われるのでこっそり調べている」（※授業に関連する質問については図書館による支援が可能な範囲がどこまでか、念のため確認する）
・古いとはいつぐらい？→「当日の授業は江戸時代をテーマにしていたので、この本も江戸時代の本だと思う」
・タイトルだけでよいのか？・所蔵調査は必要か？→「とりあえずタイトルの読みと著者名がわかればよい」
・すでに調べたことは？→「インターネットで検索したが、それらしい情報は1件もヒットしなかった。先生の黒板の文字が汚い上に、慌ててメモをしたので、漢字が間違っているかもしれない」

（調べる手順・調べるコツ）
① 古い図書の情報は国文学研究資料館の「日本古典籍総合目録データベース」で調べられるが、漢字が不正確な場合は検索が難しい。
② 古い図書のタイトルの読みがわからない場合は、『国書読み方事典』を使って、タイトル先頭の文字の画数から調べることができる。「㵱」の画数から調査すると、「㵱部酉美選」に似た「㵱都酒美選」が見つかり、「ことしゃみせん」という読みが掲載されている。
③ このタイトルを第一候補として、『國書總目録』で刊行年・著者名などの詳細を確認する（『国書読み方事典』は『國書總目録』と併用するツールであるため、『國書總目録』の掲載巻・ページ・段も記載されている）。
④ 『國書總目録』第3巻によると、本書は「天明三刊」とあり、利用者が言う通り、江戸時代の図書であることがわかる。作者は「志水燕十」という人

物であることもわかる。
⑤ 作者の読みは『國書總目録』では調査できないため（掲載されていないため）、続編にあたる『古典籍総合目録』の著者名索引から調査する。こちらには「シミズ、エンジュウ」という読みが出てくる（正確な書名が特定できれば、「日本古典籍総合目録データベース」を使って調べてもよい）。

◆練習問題　利用者から以下のような質問が寄せられました。インタビューで確認するべき事柄を考え、利用者が求める図書情報を探しましょう。

（初級・中級編）
1．"勢田講式"というタイトルの本があるらしい。簡単な内容を教えてほしい（漢字は間違っているかもしれない）。
2．マキャベリの本は戦前に出版されていたのか？
3．東日本大震災が起こった年に出版された本にはどんなものがあるか？　リストのようなものがあれば見せてほしい。
4．戦前に、「赤毛のアン」は日本で翻訳されていたのか？　もしされていたなら翻訳者は、有名な村岡花子以外にいたのか？

（上級編）
1．「わが沖縄」という本を探している。この図書館にある？
2．"ちゅうけん"の本を探している。この学校にある？

2.2　新聞・雑誌情報の探し方

　図書と並んで、利用者のレファレンス質問の情報源として多く活用されるものが「新聞」や「雑誌」といった定期刊行物である。一般的に見て、調べもののために来館した利用者は一般書のコーナーに直行して図書を調べようとすることが多いのだが、図書にはまだ収められていない最新の情報であったり、事実関係（客観的なデータ）や、図書では取り上げられにくいマニアックなテーマ

表5.3　新聞・雑誌情報を調べるための情報源

利用者が求める情報の種類		質問例	情報源
利用者の情報ニーズが出版情報の調査に関わる場合	現在または最近の出版状況を知りたい	「司法試験受験者向けの新聞にはどのようなものがあるか？」	『雑誌新聞総かたろぐ』（メディアリサーチセンター，1978～2019），『出版年鑑』（雑誌目録），「NDL ONLINE」，「CiNii Books」
	内容・特徴・読者対象・発行部数・広告費などを知りたい	「子どもが読んでも分かるパソコン雑誌にはどのようなものがあるか？」	『雑誌新聞総かたろぐ』，『日本新聞年鑑』（日本新聞協会，1947～年刊）
	出版経緯を知りたい	「戦前に沖縄県にはどんな新聞があった？」「○○という雑誌のもとのタイトルは？」	『新聞総覧』（大空社，1991），『雑誌名変遷総覧』（日外アソシエーツ，2016），『学術雑誌総合目録』（丸善，1986～2000），「CiNii Books」
利用者の情報ニーズが記事情報の調査に関わる場合	ある出来事の事実関係を確認したい（戦後）	「森友学園問題を調べたい」「豊洲移転の問題点を整理したい」「奈良市の財政赤字がどのくらいか調べたい」	「Yahoo! Japan」「Google」等のニュース検索（無料公開されている各新聞・雑誌の最新記事を検索できる），全国紙の縮刷版，「聞蔵IIビジュアル・フォーライブラリー」「ヨミダス歴史館」「日経テレコン21」「G-Search」などの有料記事データベース
	ある出来事の事実関係を確認したい（戦前）	「明治時代に富士山が噴火したことはあるの？」	『明治ニュース事典』『大正ニュース事典』『昭和ニュース事典』（毎日コミュニケーションズ，1983～1990），『新聞集成　明治編年史』（財政経済学会，1958～1959）（一部は国立国会図書館デジタルコレクションで閲覧できる）
	ある出来事をビジュアルでとらえたい	「若い頃の昭和天皇の写真を見たい」	「毎日フォトバンク」「よみうり報知写真館」「共同通信社」などの新聞社の写真検索サイト
	あるテーマに関する専門的な文献（論文等）を集めたい（戦後）	「卒論に必要な資料を集めたい。特定秘密保護法に関する論文のリストがほしい」	「国立国会図書館サーチ（記事・論文検索）」，「CiNii Research」，『科学技術文献速報』（科学技術振興機構，または「JDream III」），「医学文献検索メディカルオンライン」，「Google scholar」（ネット上に公開されている国内の学術論文や講演会での講演記録の論稿等を一括で検索できる）
	あるテーマに関する専門的な文献（論文等）を集めたい（戦前）	「戦前に発表された共産主義思想に関する論文を読みたい」	『明治・大正・昭和前期雑誌記事索引集成』（皓星社，1994～），『社会科学論文総覧』（日本図書センター，1984）
	あるテーマに関する一般的な文献（雑誌記事等）を集めたい	「リンゴダイエットが最初に流行したのはいつ頃？」	『大宅壮一文庫雑誌記事索引総目録』（大宅壮一文庫，1888～1997，有料記事データベース「Web OYA-bunko」），「雑誌サーチ」（直近3週間の見出し検索が可能）
	地域に関する専門的な文献、または一般的な文献を集めたい	「沖縄の米軍基地問題に関する記事を幅広く集めたい」	「東京都立図書館・東京関係雑誌記事採録誌」「琉球大学附属図書館・沖縄文献情報データベース」（都道府県立図書館や大学図書館などがその地区をテーマとする雑誌論文、記事などを集めたデータベースを公開している場合もある・非売品の雑誌・新聞の情報を多く集められる）

↓（移行する）↓

| 利用者の情報ニーズが所在情報に関わる場合 | 所蔵情報の調査 | 「その雑誌はどの棚にありますか？」「近くの図書館にありますか？」「ネットで読めませんか？」 | 自館のOPAC・蔵書目録⇒都道府県立図書館が提供する域内横断検索，「カーリル」「CiNii Books」⇒「NDL ONLINE」「CiNii Research」（一部の論文は本文閲覧が可能）（図書館ごとに契約する新聞記事・雑誌記事の有料データベースでも本文閲覧が可能） |

に関する事柄については、図書よりは新聞・雑誌の方が調査に適している場合も少なくない。表面化しないものの、潜在的なレファレンスニーズは非常に大きく、レファレンス担当者によるサポートが必要となる。

　雑誌・新聞に関する情報ニーズは大きく、利用者が出版情報を求めている場合と、記事情報を求めている場合に区別できる。この区分に基づいて、利用者から寄せられる質問の分析法とそれに応じて使用できるツール（参考図書・データベース類）を紹介すると表5.3のようになる。

　雑誌・新聞情報に関するレファレンス質問と、情報源の用途をより具体的に理解するために、表5.3から2つの事例をピックアップし、利用者からの質問を受けてのインタビューの手順、ツールの調べ方などを紹介してみたい。

質問事例4　「歌手のNさんの大ファンなのでいろいろ調べているのですが、昔、彼が不倫をしていてバッシングを受けたことがあったらしいので、当時の週刊誌の報道がどんな感じだったのか調べています。記事のタイトルのリストみたいなものは見られませんか？」
（舞台：公共図書館、利用者：一般成人）

（レファレンス・インタビュー）
・"昔"とはいつ頃の出来事か？→「1990年代の初め頃だと思う」
・すでに調べたことは？→「ネットで検索すると、女優のAさんが不倫相手として出てくるけど、1人じゃなかったみたい。でもはっきりと名前は書いていなかった」
・Nさんの当時の奥様の名前はわかりますか？→「Sさんという女優さん」
　（※この出来事の当事者は、本人と不倫相手以外にもいる。その人物が著名人の場合、その人名をキーワードに調査するとより多くの記事が集まる可能性もある）
・記事の所蔵調査は必要ですか？→「当時、どんなふうに報道されていたかを知りたいだけなので、記事のタイトルがわかれば良い」

(調べる手順・調べるコツ)

① 著名人に関する一般雑誌記事は、『大宅壮一文庫雑誌記事索引総目録』（1988～1995，人名編）にて調査可能。有料データベース「Web k OYA-bunko」でも調べられるが、「リストを見せてほしい」という利用者の要望には、紙版の誌面を提供した方が詳細情報を一覧することができる。

② まず、当事者である「N」「A」「S」の記事リストの中から関連する記事をピックアップする。

③ 各記事をていねいに見ていくと、「B」という別の人名も出てくるため、この人名で再度調査し、関連する記事をピックアップ。

④ 『大宅壮一文庫雑誌記事索引』には「人名編」の他に「件名編」もある。人名編では見つからなかった記事を発見できることもある。この質問の場合は「スキャンダル、不倫」を調べるとよい。

質問事例5 「インターネットで卒業論文に使えそうな新聞記事を見つけたのですが、出典として書く際には、ネットの記事ではなく、紙の新聞から引用しなさい、と大学のゼミの先生からいつも言われています。この記事はどの新聞の何月何日号の何面に載ったのでしょうか？」
（舞台：大学図書館、利用者：大学4年生）

(レファレンス・インタビュー)

・そのネットの記事を見せてほしい→「どうぞ」（※利用者はサイトから印刷したコピーを持参している。そのコピーには「『ゲン』閲覧制限に抗議続々」という見出しの下で、新聞記事からの引用らしき情報が一部掲載されている）

・すでに調べたことは？→「このコピーのサイトそのものは、いくつかの記事を紹介しただけのまとめサイトで、新聞社のサイトではないので、元のリンクをたどってみたが、すでに記事は削除されていた」

・記事が掲載されている新聞名はわかる？→「リンク先の記事は表示されない

が、自動的に中国新聞社のトップページに移動したので、たぶん『中国新聞』の記事だと思う」
・同内容の新聞記事は他に必要ないか？（※新聞報道には新聞社ごとに特色があり、同じ出来事であっても、異なる立場から報じていることもある）→「自分ですでに集めているので、この記事だけ見つかればよい」

（調べる手順・調べるコツ）
① 利用者が持参しているコピーのリンクとして掲載されていた記事のURLには「chugoku-np.co.jp」「Tn201308180009.html」とあり、記事を公開した新聞社と公開された日付が推測できる。ただし、サイトに記事が掲載されるタイミングは、新聞社によって異なるため、念のため、確認が必要。
② 図書館に『中国新聞』の現物があれば、2013年8月18日前後の記事を確認。または、有料記事検索サービスを契約していれば、検索期間を指定した上で「ゲン」等のキーワード検索を行う。
③ どちらの手段もない場合は、中国地方の公共図書館、大学図書館等について、『中国新聞』の所蔵館を調査し、レフェラルサービスを依頼。
④ 『中国新聞』の2013年8月18日号に掲載されている記事は、ネット上の情報とはやや異なり、「はだしのゲン閲覧制限　松江市教委に反響281件　電話やメール大半が抗議・苦情」というタイトルの記事。掲載面は25面。内容はほぼ同じだが、一部、記事内容に表現の違いがみられる。
⑤ ネットに公開される新聞記事は、公開に当たって、見出し、内容が一部変更になることもある。出典とともにこの点も回答として伝えるとよい。

◆練習問題　利用者から以下のような質問が寄せられました。インタビューで確認するべき事柄を考え、利用者が求める新聞・雑誌情報を探しましょう。

（初級・中級編）
1．『沖縄タイムス』と『琉球新報』はどちらが売れているのか？

2．繊維産業の業界新聞にはどんなものがあるか？
3．ずっと前のことだが、「サッコバンゼッティ事件」というのがあったらしい。当時日本国内でどんなふうに報道されたのか知りたい。
4．わが社の広告を載せたいので、現在販売されている競馬雑誌で昔からあるものを2誌教えてほしい。

（上級問題）
1．今日の新聞（朝刊）の読者投稿記事をコピーしたい。投稿者がたぶん親戚のおじさんなので、コピーして母に見せたい（学校図書館、教師からの質問）。

第5章　各種情報源の特質と利用法・解説と評価

■□コラム1□■

レファレンス問題をつくってみよう

　レファレンスサービスのスキルを高めるためには、調査に活用できる情報源の種類と活用方法を知ることが大切です。スキルアップの方法は様々ですが、ここで紹介したいものが、「利用者になったつもりで・レファレンス質問を考え・学習者同士で出題し合う」という方法です。次のワークシートをもとに、読者のみなさんもレファレンス問題作りにチャレンジしてみましょう。

①基本編1　はじめに、身近な図書館の参考図書コーナーで、調べてもらいたい事柄＝「回答」を決める。

　たいていの図書館には、辞書・事典などを集めた本棚が並ぶ「参考図書」コーナーがあります。その中から気になった参考図書を何冊か手に取ってながめてみましょう。
　そこで解説されている項目や索引の中にある語で気になるものを、とりあえず「回答」として設定します。

ワーク①	〈作成例〉
回答：	回答：「仔牛の脚のゼリー」（R. E. ハリス著『丘の上のセーラ』に登場するアイテム）
書名：	書名：「もの」から読み解く世界児童文学事典
編著者名：	編著者名：　川端有子ほか
出版社名：	出版社名：　原書房
出版年：	出版年：　2009年
掲載頁：	掲載頁：　pp.30-31（「食べ物」のカテゴリに「仔牛の脚のゼリー」という項目あり）
請求記号：	請求記号：　909.3/Mo35

②基本編2　なぜ利用者がその回答を求めているのか、カウンターにやってくるまでの「ストーリー」を考えてみる。

　調べてほしい事項＝回答が決まったら、その利用者がレファレンスカウンターにやってくるまでの状況を考えてみましょう。利用者はいったいどのような人物で、なぜその回答を調べたいと思ったのでしょうか。また、多くの利用者は何か調べたいことあってもすぐにレファレンスカウンターにやってくることはありません。利用者は自力でどこまで調べたのか、といったことを想像してみましょう。この部分は、レファレンス問題の中で、インタビューで確認すべき事項＝調査を進める上でのヒントになります。

163

ワーク②	〈作成例〉
利用者：	利用者： 20代後半（男女は問わない） 　⇒作品は少なくとも現在から20年ほど前には存在していた。
調査目的・背景：	調査目的・背景： 小学生のころに読んだ小説を探している。タイトルは覚えていないのだが、小学校の図書館で読んだ記憶がある。女の子が主人公で、戦争でけがをした病人をお見舞いに行く、という話。印象に残っているのは、主人公の女の子が友人のお見舞いのたびに仔牛の脚でゼリーを作る、というシーン。このお菓子は病気にはきくけど、ケガにはきかない、というエピソードがあって、すごく印象に残っている。途中まで読んで、転校してしまった。次の学校の図書館にはその本がなくて、それ以来、ずっと続きが気になっている。 　⇒利用者は「仔牛の脚のゼリー」が登場する「小説」を探している。
すでに調べたこと（既知情報）：	すでに調べたこと（既知情報）： ❶本の大きさと表紙は何となく覚えているので、本棚に行けば思い出すかな、と思って、英米文学の棚に行ってみたけど、数が多すぎて探せなかった。 　⇒表紙には白い家と少女、背の高い男性が描かれていた。 　⇒利用者が探しているのは英米文学作品。 ❷「仔牛の脚__ゼリー__小説」でネットを検索したが、うまく調べられなかった。

※　現実の図書館利用者の多くは、インターネット（Googleなどの検索エンジン）で調査のヒントを得ることがほとんどでしょう。逆に言えば、インターネットで簡単に調べられる事柄についてわざわざ図書館に来て調べることはありません。調査目的・背景として考えた内容をもとに検索しても簡単には調べられないことが「回答」として設定されているか、このステップで改めて考えてみましょう。

③応用編　「よくある間違い」を利用者の質問に取り入れてみる。

　基本編の問題に慣れてきたら、もう少し難しい問題をつくってみるもの面白いでしょう。例えば、利用者から発せられる質問の中に、次のようなよくある間違い（覚え間違い・勘違い・曖昧な言い方）をいくつか取り入れると応用問題になります。

・　探している資料のタイトルの語の順番の入れ替え：「イエスと寅さん」⇒「寅さんとイエス」
・　探しているタイトル・調べている用語の覚え間違い（うろ覚え）：「イエスと寅さ

ん」⇒「キリストと寅さん」
- 重要なキーワードの表記間違い：「はまみつを」⇒「はまみつお」
- 曖昧な言い方（上位概念の言葉や省略語の使用）：「カメラの本を探している」（静止画カメラ、動画カメラ？／デジタルカメラ、フィルムカメラ？）、「村上春樹についての研究本を読みたい」⇒「村上春樹の本はどこですか？」

ワーク③	〈作成例〉
利用者の質問に含まれる重要キーワード：	利用者の質問に含まれる重要キーワード：「仔牛の脚のゼリー」「小説」
「よくある間違い」を取り入れた重要キーワードのアレンジ形：	「よくある間違い」を取り入れた重要キーワードのアレンジ形：「牛の足のお菓子」「本」

④発展編　回答にたどり着くための調査過程を「複数のステップ」にしてみる。

　実際のレファレンス調査では、何かの言葉や事柄を調べようとする際に1つの情報源（参考図書やデータベース）を調べて終わりということはあまりありません。例えば、ある歴史上の人物の略歴を調べようとする場合、ある人名事典には「年」までしか掲載されていないため、そこで得られた情報（正式な人名表記など）をもとに別の人名辞典や歴史事典を調べてようやく「月日」までわかることもありますし、人物によっては生没年月日が若干ずれていることもあり、複数の情報源を回答として提示しなければならないこともあります。

　さらに、情報源をもとに回答内容を利用者に提示する場面では、"この利用者ならばこうした回答も必要なのでは？"、と先回りして別の調査結果を準備することもあります。例えば、ある古い映画の公開年や概要を調べてみたところ、原作書名の情報欄に「続・○○○」というタイトルがついていたため、「続編があるなら正編の小説が原作になった映画もあるのでは？（利用者も知りたいと思うのでは？）」と考えて、正編を原作とする別の映画の情報も調べておく、ということも実際のサービスの中ではよく行われています。つまり、

　□複数の情報源の説明内容に過不足がある
　□複数の情報源の説明内容に差異がある
　□1つ情報源から別の情報源への広がりが生じる

といった要素を取り入れ、複数の調査ステップが必要となるようにすると、より発展的なレファレンス問題になるでしょう。

ワーク④	〈作成例〉
□複数の情報源の説明内容に過不足 □複数の情報源の説明内容に差異 □別の情報源への広がり	□複数の情報源の説明内容に過不足 □複数の情報源の説明内容に差異 ■別の情報源への広がり -------------------------------- 『「もの」から読み解く世界児童文学事典』によると、利用者が探している小説は『丘の家のセーラ』と思われる。回答が掲載されたページには「ヒルクレストの娘たち1」という情報が付加されている。サブタイトルのように見えるが、「1」とあることから、シリーズとも考えられる。NDL ONLINE などを使って調べると、同名のシリーズとして3作品『フランセスの青春』『海を渡るジュリア』『グウェンの旅だち』が出版されていることがわかるため、これらの書誌情報・所在情報も合わせて利用者に提供する。

⑤基本編3　最後に、「開始質問」を考える。

　以上の準備が終わったら、利用者がレファレンスカウンターにて最初に発する質問(開始質問)を考えてみましょう。

　本書第3章 (p.82) でも説明したように、利用者は、最初から知っていることをすべて理路整然と担当者に語ってくれるわけではありません。レファレンス問題を出題し合うトレーニングは、情報源を調べるスキルを高めるために行うだけではなく、利用者からヒントを引き出す＝レファレンスインタビューの練習でもあります。②で考えた基本設定をもとに、③で加えた応用設定をふまえて、できるだけシンプルな表現で開始質問を設定してみましょう。

ワーク⑤	〈作成例〉
開始質問：	開始質問： 「牛の足のお菓子が出てくる本を探しているのですが、見つからなくて困っています」

(山口真也)

3 事実調査に役立つ情報源の特性と利用法

3.1 言葉・概念に関する情報の探し方

日常生活をおくる上で、社会には様々な文字情報が溢れており、未知の言葉を目にすることは少なくないし、既知の言葉であっても意味や用法の確認を行う機会は非常に多い。

このような言葉・概念を調べるための情報源として、「辞典類」と呼ばれるレファレンスツールがある。これら「ジテン」と発音されるレファレンスツールは、辞典（コトバテン）、字典（モジテン）、事典（コトテン）の3種類に区別され、主に国語辞典など言葉自体が指し示す意味を調査するための辞書的ツールと百科事典など、対象とする言葉が内包する概念や範疇を調査するための事典的ツールに分けることができる。

さらに言葉や文字を対象とする辞書的ツールは、一般辞書と特殊辞書に、事象・概念を対象とする事典的ツールは、百科事典と専門事典に分けられる。また特定分野に属する情報をまとめ、豊富な解説がなされている便覧・ハンドブックといったツールもあり、調査事項・範囲によって使い分けることが必要となる。

これらの情報探索の際に、特に留意すべき点として近年、外国語由来の言葉となる外来語や現代語となる新語などでカタカナ表記が多用される傾向にあり、一般的な国語辞典では意味を知ることができない言葉が増えてきていることがある。したがって、これらの言葉を調べるためには外来語、新語、カタカナ辞典などの特殊辞典を用いることや、外来語、新語への対応が早いという特徴を持つインターネットサービスのGoogle、Yahoo!などWeb検索・データベースを利用することが有効となる。

また百科事典は一般的な事項から専門的な事項まで様々な事象を取りあげているため、情報を簡潔に把握したいといった要求がある場合には有効なツールとなる。これらは有料データベースとして提供されていることが多いが、

「Wikipedia」や「コトバンク」など無料で利用できる百科事典的なWebサービスもある。

　主に有料データベースとして提供されるWebサービスは印刷された参考図書と比べて情報の更新が容易で、複数の資料間での横断検索が可能であるなど利便性が高いという特徴がある。このため、著名な参考図書の多くが刊行を止めWebサービスへと移行している。しかし、特定の事柄について詳細な情報を確認しようとすると、記述内容が不足している場合や印刷された参考図書では掲載されていた図表や写真等が省略されている場合も散見される。このため、言葉・概念に関する情報を探索する場合には、同じツールであってもWebサービスとあわせて、刊行されている参考図書の記載の確認を行うと良い。

　言葉・概念に関するレファレンス質問と、情報源の用途をより具体的に理解するために、表5.4から2つの事例をピックアップし、利用者からの質問を受けてのインタビュー手順、ツールの調べ方などを紹介してみたい。

質問事例6　「「ハチマンサン」というものがあるそうだが、どのようなものか知りたい」
（舞台：学校図書館、利用者：小学校6年生）

（レファレンス・インタビュー）
・「ハチマンサン」について、ということだが、具体的には何を知りたいのか？→「その言葉が何を指しているのかを知りたい」
・「ハチマンサン」という言葉はどのようにして知ったのか？→「今度、修学旅行で京都に行くのだが、電話で祖母にその話をしたらハチマンサンでお守りを買ってきて欲しいと頼まれた。たぶん京都にある神社かお寺の名前だと思う」
・すでに何か自分で調べたことは？→「修学旅行の事前学習の時間に図書館の入口にあった旅行ガイドブックを見てみたのだが、「ハチマンサン」という

場所は見つけられなかった。ただ、「石清水八幡宮」という神社が近くにあるので、これではないかと思う…」

(調べる手順・調べるコツ)
① 「石清水八幡宮」という表記が「ハチマンサン」という言葉に関係があるのではないかと推定されるため、判明している「八幡」、「八幡宮」を『大漢和辞典』で調べてみると「ヤハタ」、「ハチマン」、「ハチマングウ」など複数の読み方があることが判明する。
② 「八幡」の読み方の一つに「ハチマン」があると判明したため、『広辞苑』、『日本国語大辞典　第2版』で意味の確認を行うと、「はちまん―さま」として、「八幡神、八幡大菩薩、八幡神をまつった八幡宮などを尊敬と親しみをこめていう語」とある。
③ また同資料で「さん【様】」の項目には、「《接尾》(「さま(様)」の変化した語)」とあり、例示として「浪花聞書(1819頃)「様(サン)」男女ともに常言さまといわず観音さん薬師さん抔といふ」との説明がある。このため古来より神様や仏様、さらにはそれらが奉られている神社・仏閣の敬称としての「〜様」は「〜さん」へと変化することがわかる。
④ 石清水八幡宮は神社・神宮であるため、神社本庁のWebサイトを確認すると、「「八幡さま」と呼ばれる神社では、応神天皇(第15代)や神功皇后などの神さまをおまつりし、その数は、全国で約8,800社にものぼります」とある。
⑤ 石清水八幡宮のWebサイトを確認すると「昔からやわたのはちまんさん」と親しまれてきたとあり、実際に呼称として、「はちまんさま」が「はちまんさん」へと変化したものであると考えられる。

質問事例7　「授業のレポート課題のためにいくつか文献を読んでいたら「彦星」の別表記して「河鼓」、「河皷」という2つがあったのですが、どちらが正しい表記

表5.4 言葉・概念を

利用者が求める情報の種類			質問例
利用者の情報ニーズが言葉や文字そのものに関わる場合	辞書的ツールを用いた調査	日本語の意味・用例の調査	
		日常語を調べる	「協働の意味を知りたい」
		新語を調べる	「スマートフォンのLTE対応とはどのような意味か」
		外来語を調べる	「発表レジュメを作れと言われたがレジュメとは何か」
		漢字・熟語の調査	
		読み方・熟語を調べる	「女郎花とはどのような読み方が正しいのか」
		難読の読み方・用例を調べる	「小説の一節にでてきた和気靄然はどのように読み、どのような意味なのか」
		語源を調べる	「字引の語源は何からきたものか知りたい」
		特殊な言葉（概念）・外国語に関する調査	
		古語を調べる	「もののあはれとはどのような感情をさす言葉なのか」
		類語・反対語・対義語を調べる	「領土の境界などの意味で使用される言葉を知りたい」「真筆の反対の意味で贋作を表す言葉を知りたい」
		方言を調べる	「たいぎいという方言はどのような状態をさすのか」
		俗語・隠語を調べる	「カラオケで曲をハモると言ったりするが、ハモるとは何かの省略語なのか」
		ことわざ・格言を調べる	「人間万事塞翁が馬とはどのような意か」
		専門用語を調べる	「四隅番号化検字法とはどのようなものか知りたい」
		外国語を調べる	「デンマーク語でægteskabsløftenとはどのような意味か」
利用者の情報ニーズが事象・概念に関わる場合	事典的ツールを用いた調査	一般的事象・事柄の調査	
		知識の全分野に関する事項を調べる	「教養小説とはどのような作品か知りたい」
		事物の起源に関する事項を調べる	「明治期に始められた日本の鞄製造はどの国の製品をモデルとしていたのか知りたい」
		専門的事象・事柄の調査	
		専門分野・特定主題に関する事項を調べる	「断層の種類について正断層と逆断層の違いについて知りたい」
		専門分野に関連する多様な情報を調べる	「メタデータの種類・特性について知りたい」

※2017年10月現在は「JapanKnowledge」の収録コンテンツとしてオンライン版が提供されている。
※※2017年10月現在は「コトバンク」の収録コンテンツとしてオンライン版が提供されている。

調べるための情報源

情報源
『広辞苑 第6版』（岩波書店，2008）、『日本国語大辞典 第2版』（小学館，2000〜2002，※）、『大辞林 第3版』（三省堂，2006，※※，最新のデータは「Dual大辞林［Web版］」として提供している）、『講談社カラー版日本語大辞典 第2版』（講談社，1995）、「Yahoo!辞書」（Yahoo! Japan）
『見やすいカタカナ新語辞典』（三省堂，2017）、『用例でわかるカタカナ新語辞典 改訂第4版，2016』（学習研究社）、『現代用語の基礎知識，年刊，※』（自由国民社）、『イミダス』（集英社，1987〜2006，※，2007年より有料DB「imidas」として提供）、『知恵蔵 朝日現代用語事典』（朝日新聞社，1989〜2007，※※）
『基本外来語辞典』（東京堂出版，1990）、『角川外来語辞典 第2版』（角川書店，1980）、『コンサイスカタカナ語辞典 第4版』（三省堂，2010）、『現代用語の基礎知識カタカナ外来語略語辞典 第5版』（自由国民社，2013）
『大漢和辞典 修訂第2版』（大修館書店，1989〜1990）、『大漢語林』（大修館書店，1992）、『字通』（平凡社，1996，※）、『角川大字源』（角川書店，1992）、『学研新漢和大字典』（学習研究社，2005）、『講談社新大字典』（講談社，1993）、『全訳漢辞海 第4版』（三省堂，2017）
『難訓辞典』（東京堂出版，1956）、『日本難訓難語大辞典』（遊子館，2007）、『三省堂難読漢字辞典』（三省堂，2009）、『当て字・当て読み漢字表現辞典』（三省堂，2010）、『宛字外来語辞典 新装版』（柏書房，1997）
『日本語源広辞典 増補版』（ミネルヴァ書房，2012）、『日本語源大辞典』（小学館，2005）、『新明解語源辞典』（三省堂，2011）、『語源海』（東京書籍，2005）、『暮らしのことば新語源辞典』（講談社，2008）
『角川古語大辞典』（KADOKAWA，1982〜1999）、『岩波古語辞典 補訂版』（岩波書店，1990）、『古語大鑑』（東京大学出版会，2011〜）
『類語大辞典』（講談社，2002）、『三省堂類語新辞典』（三省堂，2005）、『日本語大シソーラス』（大修館書店，2003）、『類語国語辞典』（角川書店，1985）、『反対語大辞典』（東京堂出版，1965）、『反対語対照語辞典 新装版』（東京堂出版，2015）
『日本方言大辞典』（小学館，1989，※）、『現代日本語方言大辞典』（明治書院，1992〜1994）、『全国方言辞典』（東京堂出版，1975）、『日本語方言辞書』（東京堂出版，1996〜2002）、『瀬戸内海方言辞典』（東京堂出版，1988）、『琉球語辞典』（大学書林，1999）
『日本俗語大辞典』（東京堂出版，2003）、『江戸語辞典 新装普及版』（東京堂出版，2014）、『若者ことば辞典』（東京堂出版，1997）、『隠語辞典』（東京堂出版，1979）、『新修隠語大辞典』（皓星社，2017）
『成語林』（旺文社，1993）、『故事俗信ことわざ大辞典 第2版』（小学館，2012）、『世界の故事名言ことわざ総解説 改訂12版』（自由国民社，2017）、『故事成語名言大辞典』（大修館書店，1988）、『漢文名言辞典』（大修館書店，1995）、『三省堂中国故事成語辞典』（三省堂，1991）
『図書館情報学用語辞典 第4版』（丸善，2013，※，※※）、『最新図書館用語大辞典』（柏書房，2004）、『図書館用語集 四訂版』（日本図書館協会，2013）
『デンマーク語日本語辞典』（大学書林，1995）、『現代デンマーク語辞典』（大学書林，2011）、『日本語デンマーク語辞典』（大学書林，2001）、『Dansk-Engelsk ordbog 12. udgave.』（Gyldendal，2007）
『ブリタニカ国際大百科事典 第3版』（TBSブリタニカ1995〜1996，※※，2006年より「ブリタニカオンラインジャパン」にてオンライン版を提供）、『日本大百科全書 第2版』（小学館，1994〜1998，※，※※）、『世界大百科事典 改訂新版』（平凡社，2007，※，※※）、『ポプラディア 新訂版』（ポプラ社，2011）、「コトバンク」（朝日新聞社）、「Wikipeddia」（ウィキメディア財団）、「JapanKnowledge」（ネットアドバンス）
『舶来事物起源事典』（名著普及会，1987）、『図説 明治事物起源事典』（柏書房，1996）、『近代事物起源事典』（東京堂出版，1992）、『事物起源事典 衣食住編 新装版』（東京堂出版，2001）
『環境事典』（旬報社，2008）、『自然地理学事典』（朝倉書店，2017）、『地学事典 新版』（平凡社，1996）
『図書館ハンドブック 第6版補訂2版』（日本図書館協会，2016）、『図書館情報学ハンドブック 第2版』（丸善，1999）

> なのでしょうか？」
> （舞台：大学図書館、利用者：大学1年生）

（レファレンス・インタビュー）
・調べたいことは「河鼓」と「河皷」との表記の違いについてでよいのか？
　→「はい。あと、これら読み方についてもヒコボシでよいのか確認したい」
・すでに何か自分で調べたことはあるか？→「「ヒコボシ」でWebサイトを検索してみたが、彦星のみヒットして、うまく検索できなかった」

（調べる手順・調べるコツ）
① 調査事項が「彦星」の別表記らしいということから、まず朝日新聞社が提供する複数の辞書・事典から用語を一括で検索できるWebサービスである「コトバンク」を利用して、「彦星」を検索するが、「彦星」の項目には、牽牛、犬飼い星などの別名が載せられているが、「河鼓」と「河皷」については説明がない。
② 次に彦星の項目からリンクが張られている「アルタイル」を確認すると、『日本大百科全書』にて、中国において「河鼓（かこ）三星」と呼ばれているという記述があり、「カコ」という読み方が確認できる。
③ 彦星の別名として「河鼓」（カコ）があることが確認されたが、「河皷」との関係性を確認すべく、「河皷」（カコ）」、「河鼓 and 河皷」でWebサイトを検索するが「河皷」の情報はうまく検索されない。
④ 「河皷」については、漢字表記が判明しているため、『大漢語林』を用いて、偏と旁に分け、皮の項目で引くと皷の項目として鼓の俗字との説明がでてくる。このようにWebサイト内での表記に用いられている漢字は常用漢字であることが多く、異体字など旧字体はうまく検索されない可能性がある。このため旧字体などを調べる際には漢和辞典等の参考図書を活用することも必要となる。

⑤　また同資料で河の項目にも、「河鼓（カコ）：星の名前。牽牛星の北にある三つの星」との記述がある。このため皷は鼓の異体字であり、「河皷」と「河鼓」は同じものを指していることが判明する。
⑥　さらに『難訓辞典』では「河鼓」の項目に「カコ」とともに和名として「ヒコボシ」、「イヌカイボシ」という読み方がふられている。このため、「河皷」と「河鼓」の読みは「カコ、ヒコボシ、イヌカイボシ」ということが判明する。

◆練習問題　利用者から以下のような質問が寄せられました。インタビューで確認するべき事柄を考え、利用者が求める言葉・概念を探しましょう。

（初級・中級編）
1．ミツバチが作るという分封蜂球とはどのような形をしているのか見たい。
2．明治・大正期に活躍した添田啞蟬坊について知りたい。
3．旧暦の朔風払葉はどのように読むのか、また季節としていつの時期をさすのか知りたい。

（上級編）
1．実家の床の間に「讀書萬卷始通神」と書かれた掛け軸があったのだが、どのような意味なのか知りたい。
2．中世ヨーロッパにおいて「peregrinatio academica」という風習があったらしいが、どのようなものであるか知りたい。

3.2　歴史情報・出来事に関する情報の探し方

歴史的事象を扱う情報探索としては、「いつ、どこで、だれが、何をしたのか」といった、①時代・日時、②場所、③人物・団体、④事件・出来事などの各要素を組み合わせた形で質問が構成されるため、要求される回答も多岐にわたっている。

歴史的事象の探索において、歴史上著名な事件や人物などは一般的な百科事典にも項目として取りあげられていることが多く、概要を把握する上で参考になるため、最初に百科事典の見出し、索引を確認することが有効である。
　また探索事項が、「茶人の歴史」、「学校教育の歴史」など、特定主題・分野に関するものである場合には、対象となる主題を扱った専門主題事典をあたることで、歴史情報を得られる場合もある。
　ただし、これらのツールで得ることができる情報は各主題に特化しているため、簡略化された情報であったり、限定的な情報の記述となっていたりすることが多く、より詳細な歴史情報を必要とする場合や百科事典等には掲載されていない専門的な歴史情報の探索に関しては、歴史事典、歴史便覧、年表、年鑑などの歴史情報専門のツールにあたることが必要となる。
　特に日本史に全般に関する歴史情報の探索には、『國史大辞典』を確認することで、詳細な情報を確認することができ、探索事項の日時、年代がある程度まで絞れている場合は、『日本史総合年表』などの年表を利用することですばやい探索が可能となる。また、歴上の人物を探索する場合には、『講談社日本人名大辞典』や『岩波人名大辞典』など人名事典を用いることで歴的上の人物情報を確認することができ、ある事象・事物の起源や由来を探索する場合は、『事物起源辞典』などで確認することができる。
　これらの歴史情報専門ツールは、日本史、東洋史、西洋史、世界史の区別や時代、年代別に編纂されているものも多いため探索対象となる事項の範囲を考えて、適宜選択することが重要となる。
　歴史情報専門ツールを利用する際には、記述内容がどのような史料を典拠としているかに留意する必要がある。歴史情報専門ツールはこれまで各出版社から多数刊行されており、図書館にも参考図書として複数のツールが所蔵されている場合が多い。ただし、これらは刊行されてから相当の年月が経過しているものもあり、記述内容の根拠としていた史料の情報そのものが、その後の研究・発見で訂正されてしまっていることもある。
　また起源や由来に諸説ある場合にも典拠とされる史料によって説明が異なる

場合がでてくる。

　このためレファレンスサービスとして歴史情報を回答する際に同一項目に対して複数の記述が発見された場合には、ツールによって複数の記述があるということを利用者に提示し、さらに典拠として示されている史料に立ち戻って、妥当性を判断してもらえるような情報提供をすることも必要となる（表5.5）。

　歴史情報・出来事に関するレファレンス質問と、情報源の用途をより具体的に理解するために、表5.5から2つの事例をピックアップし、利用者からの質問を受けてのインタビュー手順、ツールの調べ方などを紹介してみたい。

> **質問事例8**　「空薫物とはどのようなものか、概要を知りたい」
> （舞台：公共図書館、利用者：一般成人）

（レファレンス・インタビュー）
・この空薫物とはどのような形で知ったか？→「雑誌で特集されていたアロマセラピーに興味を持ったため、アロマについて調べていたら、昔のお香としてこの名称がでてきた」
・昔とはいつごろか？→「調べた範囲では平安時代となっていた」
・調べる事項は、空薫物の概要でよいか？→「お香のようなものであれば、どのような成分だったか知りたい」
・すでに調べたことは？→「一応、自分でもネットや百科事典を探してみたが、同じような情報ばかりで、私が知りたい情報はうまく見つけられなかった」

（調べる手順・調べるコツ）
①　ある程度著名な項目であれば百科事典類でも調べることができるがそれには限界がある。このため歴史情報専門のツールにあたってみる。
②　今回は日本史に関する事項であるため、『國史大辞典』を用いて空薫物の項目を調べてみると、植物・動物・鉱物など40種類以上の香料を練り合わせ

表5.5 歴史情報・出来事を調べるための情報源

利用者が求める情報の種類			質問例	情報源
利用者の情報ニーズが歴史情報に関わる場合	歴史情報全般に関する調査	国や地域に関する調査		
		日本史に関する情報を調べる	「惣領制とはどのような仕組みを指すものなのか知りたい」	『國史大辞典』（吉川弘文館, 1979～1997, ※）、『日本史年表・地図』（吉川弘文館, 年刊）、『日本史広辞典』（山川出版社, 1997）、『日本史大事典』（平凡社, 1992～1994）、『日本史総覧』（新人物往来社, 1983～1986）
		世界史に関する情報を調べる	「チャーティスト運動とはどの国でおこされた活動か知りたい」	『世界歴史大事典』（教育出版センター, 1995）、『世界歴史事典』（平凡社, 1951～1955）、『角川世界史辞典』（角川書店, 2001）、『ビジュアル大世界史』（日経ナショナルジオグラフィック社, 2007）、『新編東洋史辞典』（東京創元社, 1980）、『新編西洋史辞典 改訂増補』（東京創元社, 1993）、『世界史年表・地図』（吉川弘文館, 年刊）
		地域・郷土に関する情報を調べる	「十州塩田と呼ばれていた地域はどのあたりか知りたい」	『郷土史大辞典』（朝倉書店, 2005）、『郷土史家人名事典』（日外アソシエーツ, 2007）、『人物レファレンス事典 郷土人物編』（日外アソシエーツ, 2008）
		日時・人物に関する調査		
		特定の事件・事象に関する日時を調べる	「足利義政が将軍として朝鮮回礼使と会見した日時を知りたい」	『日本史総合年表 第2版』（吉川弘文館, 2005）、『日本史年表 第4版』（岩波書店, 2001）、『近代日本総合年表 第4版』（岩波書店, 2001）、『世界史年表 第2版』（岩波書店, 2001）、『世界史大年表』（山川出版社, 1992）
		時代に関する情報を調べる	「平安時代に月蝕に関して行われた祈祷の概要を知りたい」	『日本古代史大辞典』（大和書房, 2006）、『平安時代史事典』（角川書店, 1994）、『明治時代史大辞典』（吉川弘文館, 2011～2013）、『日本近現代史辞典』（東洋経済新報社, 1978）
		事件・事象に関与した人物を調べる	「安国寺恵瓊について詳細な情報を知りたい」	『歴史人物辞典』（ぎょうせい, 1975）、『日本史人物辞典』（山川出版社, 2000）、『講談社日本人名大辞典』（講談社, 2001, ※, ※※）、『コンサイス日本人名事典 第5版』（三省堂, 2009）、『コンサイス外国人名事典 第3版』（三省堂, 1999）、『岩波世界人名大辞典』（岩波書店, 2013）、『戦国人名辞典』（吉川弘文館, 2006）、『世界女性人名辞典』（日外アソシエーツ, 2004）、『新訂増補人物レファレンス事典』（日外アソシエーツ, 1996～2013）、『日本人物レファレンス事典』（日外アソシエーツ, 2014～2017）、『西洋人物レファレンス事典』（日外アソシエーツ, 1983～2013）、『東洋人物レファレンス事典』（日外アソシエーツ, 1984～2015）、『外国人物レファレンス事典』（日外アソシエーツ, 1999～2013）

※2017年10月現在は「JapanKnowledge」の収録コンテンツとしてオンライン版が提供されている。
※※2017年10月現在は「コトバンク」の収録コンテンツとしてオンライン版が提供されている。

た物で、平安時代かの初めから20種類以上の薫物が知られているが、梅花、荷葉、侍従、菊花、落葉、黒方の6種が代表的な優品とされるという記載がある。また薫物、練香、合香という別名があることも確認できる。

③ 時代が平安時代と限定されていることから『平安時代史事典』で空薫物の項目を調べてみると、奈良時代後期以降、貴族の間で供香と区別して用いられたもので、6種類の薫物と呼ばれており、梅花、荷葉、侍従、菊花、落葉、黒方等の練香が用いられたとあり、『國史大辞典』と同じ情報を確認することができる。

質問事例9 「「シュウギイン」について、知りたいことがあるのですが、何か詳しい情報が得られる資料はありませんか？」
(舞台：学校図書館、利用者：高校生2年生)

(レファレンス・インタビュー)

・「シュウギイン」について詳しい情報を知りたいとのことだが、これは「衆議院」のことで良いのか？→「はい。選挙権が18歳に引き下げられ、国会が身近になった気がするので、政治にもう少し関心を持ちたいと思って」
・具体的に何を知りたいのか？→「最初に開かれた衆議院の議席数と議会の会期日数について知りたい」
・すでに調べたことは？→「ネットで検索してみたところ、衆議院が最初に開かれたのが1890年とされていたが、それ以外はわからなかった。あと社会の授業で帝国議会の話が出たときに同じ読み方で「集議院」と呼ばれていた組織があったと説明されたのですが、その関係性も知りたい」

(調べる手順・調べるコツ)
① まず『日本大百科全書』で「衆議院」の項目を調べると、1890年11月29日に明治憲法の規定により開院されたとの記載を確認できる。百科事典での記

述では、利用者がすでに調査していた開院年が1890年であることが確認されたが、議席数、会期の情報は得られなかった。
② 日本史全般に関する項目であるため『國史大辞典』を用いて衆議院の項目を確認すると、開院時の定員は300人との記載があった。『日本史広辞典』、『日本史大事典』でも同様の情報の記載を確認できた。『國史大辞典』に掲載されていた「衆議院議長・副議長一覧」において第1回、2回の衆議院議員議長として中島信行の在任期間は確認できたが、会期日数の確認はできなかった。
③ 日時が判明しているため『日本史総合年表』で該当箇所を確認するが、詳細な情報は出てこない。しかし、資料として付されている「帝国議会一覧」において、開院が1890年11月29日、会期終了日が1891年3月7日となり、会期は90日間（延長9日間）ということが判明した。
④ また、「集議院」については『日本大百科全書』の「集議院」の項目において1869年に設置された明治初年の議政機関ないし行政諮問機関であり、藩制改革案の審議等を中心に審議したが、廃藩置県以後には存立意義を失い1873年に廃止されるという記載があり、衆議院と集議院は別の機関であることがわかる。

◆練習問題　利用者から以下のような質問が寄せられました。インタビューで確認するべき事柄を考え、利用者が求める歴史情報・出来事に関する情報を探しましょう。

（初級・中級編）
1．リンカーン大統領が残した「人民の人民による人民のための政治」という文言の由来は何か？
2．「鴻臚館」という外国からの使者が宿泊した施設が京都にあったらしいが、どのあたりにあったのか？
3．「James Cook」と「Francis Drake」、それぞれの航海がどのような航路を

とったのか具体的な航路図があれば見たい。
4．江戸時代の大奥にも役職制度があり、将軍に目通りするためには御目見以上の役職とされていたらしいが、その構成と俸給が知りたい。

（上級編）
1．戦前に現在の100円均一ショップのような形態の商売がすでに営まれていたらしいが、いつ頃からあるのか詳細を知りたい。
2．江戸末期に北陸地方で「三国騒動」と呼ばれ、打ち壊しなどが連鎖した大規模騒動がおこったらしいが、その原因を知りたい。
3．「Front populaire」とはどのような歴史的事象をさし、どのように終息したものであるのか知りたい。

3.3 統計情報の探し方

各国政府や自治体によって様々な統計情報がまとめられ「白書」など各種統計資料が作成されている。さらに政治・経済・環境など一国のみならず、複数の国々に影響をおよぼす主題に関しては、国際連合のような世界規模の機関において定期的に調査され、各国の状況を比較できる統計資料が作成されている。

また民間企業や学術機関においても主題や分野にあわせて様々な統計情報が調査・分析されており、テーマ別の統計書として刊行されている資料も多数存在する。

これら統計資料はレポート作成やプレゼン発表の際には、統計情報をグラフや表にとりまとめ、うまく活用することで、主観的な内容ではなく、客観的な事実に基づく内容であることを示し、説得力を増すことができるが、その一方で情報源とした統計資料の性質を充分に理解しないままに統計情報を利用してしまうと誤ったデータを論拠として提示しまう危険性もある。このため、統計情報を利用する際には、①調査項目の定義と範囲、②調査対象と調査方法、③調査時期と調査期間、④情報源と出典について確認する必要がある。

統計情報の探索では、まず『統計情報インデックス』や『白書統計索引』な

表5.6 統計情報を調べるための情報源

利用者が求める情報の種類		質問例	情報源
利用者の情報ニーズが統計情報に関わる場合	主題分野ごとに存在する統計書の種類を調べる	「生活エネルギーの変化に関する情報が得られる統計書はないか知りたい」	『統計情報インデックス』(日本統計協会, 1992〜2008)、『ビジネスデータ検索事典データ& date.2012』(日本能率協会総合研究所, 2012)、『統計調査総覧』(全国統計協会連合会, 1976〜2008)、『国際比較統計索引』(日外アソシエーツ, 2010)、『白書統計索引2016』(日外アソシエーツ, 2017)、「総務省統計局Webサイト」
	特定の主題分野に関する統計情報を調べる	「レポート課題に関係する統計情報がまとめられた資料が見たい」「2016年度の雑誌の総発行部数を知りたい」	『白書の白書』(木本書店, 年刊)、「教育白書」(文部科学省)、「厚生労働白書」(厚生労働省)、「情報通信白書」(総務省)、『女性白書』(ほるぷ出版, 年刊)、『出版年鑑』(出版ニュース社, 年刊)、『図書館年鑑』(日本図書館協会, 年刊)、『日本の図書館』(日本図書館協会, 年刊)、「e-Stat 政府統計の総合窓口」(独立行政法人統計センター)
	日本国内の統計情報を調べる	「工学分野で大学院の修士課程に進学している学生数が知りたい」	『日本の統計』(総務省統計局, 年刊)、『日本統計年鑑』(総務省統計局, 年刊)、『日本国勢図会』(矢野恒太記念会, 年刊)、『統計でみる日本』(日本統計協会, 年刊)
	都道府県別の統計情報を調べる	「東北地方各県における米の生産量について知りたい」	『統計でみる市区町村のすがた』(総務省統計局, 年刊)、『民力』(朝日新聞社, 1986〜2015)、『データでみる県勢』(矢野恒太記念会, 年刊)、『大都市比較統計年表』(大都市統計協議会, 年刊)
	世界各国の統計情報を調べる	「アメリカ合衆国の初等教育における女性教員の割合が知りたい」	『世界の統計』(総務省統計局, 年刊)、『世界統計年鑑』(原書房, 年刊)、『世界国勢図会』(矢野恒太記念会, 年刊)、『世界統計白書』(木本書店, 年刊)、『図表でみる世界の主要統計』(明石書店, 2007〜)、『ヨーロッパ統計年鑑』(柊風舎, 1997〜)
	特定の年代・時期および長期間にわたる統計情報を調べる	「19世紀から20世紀にかけての男女別の人口比率の変化が知りたい」	『日本長期統計総覧 新版』(日本統計協会, 2006)、『明治大正國勢総覧』(東洋経済新報社, 1975)、『マクミラン新編世界歴史統計』(東洋書林, 2001〜2002)、『アメリカ歴史統計 新装版』(東洋書林, 1999)、『イギリス歴史統計』(原書房, 1995)

どの統計索引を利用し、参照すべき統計資料を絞り込むことが有効となる。

　代表的な統計資料として『日本の統計』、『世界の統計』など複数の情報をとりまとめ、編集を通して一覧性、検索性の向上などの付加価値を加えた冊子体で刊行されている総合統計書もあるが、現在は最新の統計情報は各機関のWebサイトにおいて暫時、公開されていることが多いため、こちらを確認す

第5章　各種情報源の特質と利用法・解説と評価

ると良い。これらの各種統計情報へのアクセスには総務省統計局 Web サイトや、「e-Stat 政府統計の総合窓口」などの統計情報のポータルサイトを利用することで容易に検索し、統計情報を入手することができる。

　学力調査や市場調査、各種アンケート調査の結果などは新聞・雑誌記事として掲載されることも多いため、調べる対象や時期が限定されている場合には、各新聞社が提供している新聞データベースを用いることや、専門主題の年鑑を利用することで該当する情報を入手できる場合も多い。

　また、年代や世代間における変遷など長期間の統計情報を必要とする場合には『日本長期統計総覧』など調査期間が長い歴史統計を確認すると良い。

　なお日本の各省庁は白書という名称で各種統計情報を整理・分析した報告書を各 Web サイトにて公表しており、ある程度まで調査主題・分野が絞られている場合には、これらの具体的な統計情報を確認すると良い。

　ただし統計資料にて統計情報を探索する際には冊子体で入手できる統計情報は掲載情報が古い場合や同じ統計を利用していても、冊子体では誌面の都合上、掲載情報が割愛されており、Web サイトでしか提供されていない情報もあることに留意する必要がある。

　統計情報に関するレファレンス質問と、情報源の用途をより具体的に理解するために、この表5.6から2つの事例をピックアップし、利用者からの質問を受けてのインタビュー手順、ツールの調べ方などを紹介してみたい。

質問事例10　「日本人はよく働き過ぎだと言われているが、本当かどうか知りたい」
（舞台：大学図書館、利用者：大学2年生）

（レファレンス・インタビュー）

・どのような情報が欲しいのか？　なぜ知りたいのか？→「この前、女性のライフワークバランスをテーマにした講演に参加した時に、日本人は働き過ぎだと講師の人が話していたのだが、その根拠が知りたい」

・具体的に調べたい事柄は？→「日本人の労働時間がわかるような資料が見たい。あと、将来プログラマーになりたいのだが、女性の職場としてプログラマーは特に過酷だと言われているみたいなので、労働時間はどれくらいなのかも知りたい」
・すでに調べたことは？→「『統計情報インデックス』という資料を見て大学図書館内にある資料を探したが、うまく該当するものが見つけられなかった」

(調べる手順・調べるコツ)
① 特定の主題・分野に関する統計情報が掲載されている統計資料を探す方法として、まずは『統計情報インデックス』を用いるという方法がある。『統計情報インデックス』で労働時間の項目を確認すると、「労働統計要覧」、「労働統計年報」などの統計資料に該当する情報が記載されていることがわかる。ただし、現在『統計情報インデックス』は2008年版を最後に休刊してしまっており、2009年以降に刊行・発表されている統計資料はうまく検索されないことがあるので注意する。
② 「労働統計要覧」は厚生労働省のWebサイトにて最新の情報が公開されているため、このWebサイトを確認すると平成28年度「実労働時間数（調査産業計）」という統計データがあり、1ヶ月あたりの実労働時間は事業所規模が5人以上で143.7時間、30人以上の規模では148.6時間というデータが得られる。このWebサイトにてExcel形式で提供されている統計データにより、平成24年度から28年度までの統計情報を知ることができるが、今回の利用者の要求は、できれば根拠となる資料が見たいというものであるため、Web情報のみではなく、図書館に所蔵されている資料も候補として考える必要がある。このため複数の統計データが統計資料としてまとめられている『日本の統計』の最新版を確認してみる。
③ 『日本の統計2017』において、労働・賃金の項目を確認すると、産業別常用労働者の平均月間総実労働時間数が統計表としてまとめられており、30人

第5章　各種情報源の特質と利用法・解説と評価

以上の事業規模では149時間というデータが得られる。ただし、この統計表の出典を確認すると厚生労働省のWebサイト内の「毎月勤労統計調査年報（全国調査）」の平成26年度のデータを使用しているため、先ほど平成28年度の「実労働時間数（調査産業計）」として得られた情報より古い情報でまとめられていることがわかる。

④　また回答として月単位の最新情報を確認したい場合には、厚生労働省のWebサイト内の「毎月勤労統計調査（全国調査・地方調査）」を参照することで、Web情報ではあるが最新のデータを確認することもできる。

⑤　次に、職業別の労働時間は『日本の統計2017』に主要職業別に実労働時間数をまとめている統計表が掲載されているため、プログラマーの項目を確認すると、平成27年度の平均月間所定内実労働時間数が男性163時間、女性262.7時間とあり、男女とも全体平均より長く、女性は特に長時間労働となっていることがわかる。

質問事例11　「ここ最近、テレビで芸能人の離婚のニュースを多く目にするようになったのだが、日本の離婚は多いのか？」
（舞台：公共図書館、利用者：一般成人）

（レファレンス・インタビュー）
・どのような情報が欲しいのか？→「日本人の離婚が増えているか調べたいので何かよい資料はないか？」
・具体的に調べたい事柄は？→「国内で年間にどれくらいの人数が離婚しているのか確認したい。あと、外国と簡単に比較できる資料があれば見てみたい」
・具体的にはいつ頃からのデータを知りたいのか？→「2010年以降のデータが良いが、できるだけ最新のデータが載っている資料が見たい」
・すでに調べたことは？→「ネットで検索してみたところ、個人のWebサイ

トいくつか離婚についてまとめているものを見つけたが、情報ソースが書かれていなかったので、その情報を信用してよいのか不安。できれば冊子体で情報を確認したい」

(調べる手順・調べるコツ)
① 探索する対象が日本人の離婚についての統計情報が掲載されている資料ということであるため、まず各省庁がまとめている白書類が考えられる。『白書統計索引』にて離婚の項目を調べると、「厚生労働白書」『女性白書』『世界統計白書』などに離婚率に関する統計情報が掲載されていることがわかる。
② これらの記載内容を確認するため、厚生労働省のWebサイトにて「厚生労働白書」を確認すると平成25年版に離婚数及び離婚率（図表2-2-9）があり、1947年から2011年までの情報を確認することができる。
③ 今回の利用者の要求として、「2010年以降のデータを知りたい」というものであり、このWebサイトでは平成13年版以降の白書が公開されているが、離婚率は毎年掲載されているわけではないため、より多くの情報を必要とする場合には、白書に掲載された情報の情報源とされる「人口動態統計」まで遡って確認する必要がある。
④ 次に、『女性白書』の該当項目を調べると、最新版である『女性白書2017』に婚姻・離婚件数の推移（図表付-9）があり、2010年以降では2014年から2016年までの離婚率が掲載されている。掲載されている統計表の出典を確認すると、「厚生労働白書」平成25年度版と同じ「人口動態統計」から統計情報がまとめられていることが確認でき、「厚生労働白書」平成25年度版に掲載がない新しい情報を得ることができる。
⑤ さらに、『世界統計白書』を調べることで諸外国との離婚状況を比較できるが、掲載されている国数が少ないため、出典とされている『世界の統計』を確認することでより多くの国々との比較ができる。
⑥ 現在、「厚生労働白書」はWebサイトでの提供となっているため、利用者が冊子体の資料を求めている場合には、『女性白書』、『世界統計白書』な

どを提供する。また毎年刊行され、様々な統計情報がコンパクトにまとめられており一覧性の高い『日本の統計』、『世界の統計』にも離婚率に関するデータが掲載されているため、これらもあわせて提供すると良い。

◆練習問題　利用者から以下のような質問が寄せられました。インタビューで確認するべき事柄を考え、利用者が求める統計情報を探しましょう。

（初級・中級編）
1．日本人の男女別平均睡眠時間の変化を知りたい。
2．直近3年の日本と中国の漁業生産量を比較したい。
3．出版不況と長年言われているが、その根拠となるデータはないか？

（上級編）
1．最初期の公共図書館として有名なボストン市立図書館が開館した当時のボストンの人口が知りたい。
2．九州地方の各県において教育費にあてる割合が最も多い県と少ない県ではどの程度の差があるのか？　また日本全体の数値を国際比較した場合に日本より多い国はどれくらいあるのか？

3.4　法令情報の探し方

ここでは法令に関する情報を対象にその探索方法やレファレンスと具体的な質問例を扱う。

法令とは国会が定めた法律や、各行政機関が定めた成文法の命令（政令、府省令、条例、規則など）を指す。日本では概ね、表5.7で左上に位置するほど優先順位が高い（憲法と条約の上下関係には諸説あり）。

法令については現行法・制定時・ある時点という3つの要求が考えられる。法令以外の法令に関する情報としては、「法令の解説資料」「判例」「判例評釈」が存在する。また、国際法に該当する「条約」については通常の法令とは別の

表5.7 法令の種類と制定機関

法令名	制定機関
憲法	国会及び国民
条約	主権国家同士、国際機関
法律	国会
政令	内閣
府省令	各省庁の大臣
条例	地方議会
規則	地方公共団体の長

表5.8 法令情報を調べるための情報源

利用者が求める情報ニーズ		質問例	調べるツール
法令を探す	制定時の条文を知りたい	「労働三法の制定時の条文を知りたい」	『官報』（国立印刷局、日刊）、『法令全書』（国立印刷局、月刊）、『六法全書』（有斐閣、年刊）
	現行の条文を知りたい	「著作権法の現行の条文を知りたい」	「e-Gov 法令検索」「日本法令索引」『現行法規総覧』（第一法規出版、改定部分が加算式に改訂）
	ある時点の条文を知りたい	「民法が現代語化する前の民法総則の各条文を知りたい」	「日本法令検索」『六法全書』（有斐閣、年刊）、『現行日本法規』（ぎょうせい、逐次改訂）
法令の解説資料を探す		「労働者派遣法の改正についてどこが変わったのか内容的に知りたい」	「e-Gov 法令検索」、所管官庁のサイト、『(新)基本法コンメンタール』（日本評論社、各分野ごとに逐次改訂）、『現代法律百科大辞典』（ぎょうせい、2000）
判例を探す		「いわゆる「長沼ナイキJ判決」について探したい」	『岩波判例基本六法』（岩波書店、年刊）、『判例時報』（判例時報社、旬刊）、『判例タイムズ』（判例タイムズ社、月刊）
判例評釈を探す		「猿払事件の最高裁判例に関する評釈を集めたい」	『最高裁判所判例解説』（法曹会、年刊）、『法曹時報』（法曹会、月刊）、『別冊ジュリスト　判例百選』シリーズ（有斐閣、逐次改訂、1960～）
条約を探す		「ラムサール条約の条文がどうなっているか知りたい」	『条約集』（外務省国際法局、年刊、二国間・多国間条約に分冊）、『条約便覧』（日本図書センター、1997）、『国際条約集』（有斐閣、年刊）

情報資源を用いる。法令に関する情報について調べる場合は表5.8に書かれているように調べると良い。

　表5.8にあるような事例を3つ紹介し、利用者からの質問に対するインタビューの手順、ツールを用いた調べ方についても以下で紹介する。

第5章　各種情報源の特質と利用法・解説と評価

> **質問事例12**　「教育基本法について知りたい」
> （舞台：大学図書館、利用者：法学部ではない学生）

（レファレンス・インタビュー）
・教育基本法のうち、どの時点のものを知りたいのか？→「制定時、現行法、さらには各改定時の差異を知りたい」
・調べる目的は？　具体的に何を知りたいのか？→「大学の教育学概論の授業で、教育基本法の改定について触れて様々な意見があって鋭い意見対立もあることを知り、興味を持った。そのため条文のどこが変わって、実際の解釈はどうなっているのかを知りたい」
・今までにどれだけ調べたのか？→「現行法を確認した。しかし、それ以前の条文や改定によって何が変わったかについては調べ方がわかっていない」

（調べる手順・調べるコツ）
① 　ある法律の条文と一口に言っても、制定当時・現行・各改定時と様々な形態が存在する場合がある。質問者が欲しい情報はどれなのかを把握できるように応答することが必要になる。
② 　現行の法令は「e-Gov法令検索」の「法令索引検索」や「日本法令索引」の「現行令検索」を使うと良い。冊子媒体では『現行法規総覧』や『現行日本法規』、『六法全書』などがあるが、発行日によっては現行法令とずれが生じる可能性もあるので注意が必要。制定・改訂時については制定・改訂直後の『官報』や『法令全書』『六法全書』、制定日を確認した上で「日本法令検索」を使うのが良い。また、廃止された法令は『現行日本法規』の「主要旧法令」を確認するか「日本法令索引　廃止法令」を使用する。
③ 　法令の解説資料は、コンメンタールや所管官庁のサイトなどに載っている。今回の場合は、『逐条解説 改正教育基本法』（第一法規株式会社, 2007）や、文

187

部科学省のホームページ内にある「教育基本法資料室へようこそ！」(http://www.mext.go.jp/b_menu/kihon/houan.htm) に載っている改正前後の比較や法改正の経緯について書かれた資料などの情報を紹介すれば良い。

> **質問事例13**「公務員試験を受けるにあたって試験対策のために過去の問題を集めているが、本屋などで売られている分以外を入手する方法が公共団体を相手に手続きする形であるという。その手続きは何法にのっとったものであり、どのような手続きをすればいいのか？」
> (舞台：大学図書館、利用者：法学部の学生)

（レファレンス・インタビュー）
・その法は六法の中でも何に該当するのか？→「六法というよりも行政法のような気がしてきた」(※六法は憲法・民法・刑法・商法・民事訴訟法・刑事訴訟法を指すが、行政法はこの6つのどれにも当てはまらない)
・すでに調べたことは？→「今手元にある行政法の本を調べてみます」→どうでしたか？→「存在について簡単に載っているだけなので、逐条解説のようなものがあれば、探してほしい」

（調べる手順・調べるコツ）
① 聞いているのは現行法とその運用法である。今回の事例のように、利用者が法律についてある程度知識があるならば、まず六法などの法領域に該当するかを確定させるとやりやすい。※で書いたように、必ずしも六法に分類されない場合も存在し、今回の質問はそれに該当するので注意が必要である。
② 何の法に該当することがわかった後は、該当分野の本や分野別の六法の索引を見ながら、その用語で「e-Gov法令検索」などのデータベースと、サーチエンジンを用いたキーワード検索することを平行するといった形でどの法令が該当するのかを調べると良い。

③　法令が具体的にわかった後は法令の解説記事の探索に進むことができる。質問者が途中で気付いたように、逐条解説を行っている文献（コンメンタール）が存在することがある。『(新)基本法コンメンタール』（日本評論社）などがあるが、情報公開法については宇賀克也『新・情報公開法の逐条解説 第7版 行政機関情報公開法・独立行政法人等情報公開法』（有斐閣，2016）が見つかる。さらに、管轄官庁である総務省のページ内に「情報公開制度」(http://www.soumu.go.jp/main_sosiki/gyoukan/kanri/jyohokokai/index.html)があり、様々な情報を提供している。

質問事例14　「宇奈月温泉事件の概要と審議、判決及び法解釈へのその後の影響について知りたい」
(舞台：大学図書館、利用者：法学部ではない学部の学生)

（レファレンス・インタビュー）
・この訴訟について現在どれほど知っているのか？→「事件の名前を『民法概論』の授業で聞いた」→それ以上の情報は？→「知らない」→例えば、いつ頃の事件なのか、温泉は何処にあるかなどは知っているか？→「まだ調べていない」
・こちらはどこまで情報を提供できばいいか？→「レポート課題用なので、大まかで良い」→レポート課題では何を要求されているのか？→「何か一つ、判例を取り上げた上で、概要・最高裁での審議・判決・後世への法解釈の影響についてまとめろというもの」
・場所や出来事の年代以外で調べようとしたものはあるか？→「場所や出来事の年代以外についても調べていない。法学を全く学んだことがないので、調べ方をそもそもわかっていない」

（調べる手順・調べるコツ）
① 質問者が持っている知識の範囲を聞いておけば、最終的に必要そうな情報の量を絞るのに役立ってくる。今回の場合は表層的な知識を知っている程度であることがわかり、まず何よりも大まかな全体像を把握することが先決になる。
② 大学の「民法概論」の授業で聞いた事件で、判決だけでなく事件の概要や審議なども知りたいようなので、判例についてリサーチする方針が立つ。民法の学習者向けの判例評釈『民法判例百選Ⅰ 総則・物権 第7版』（有斐閣，2015）に「宇奈月温泉事件」の判例が紹介されており、事件の概要と審議・判決、権利濫用についての明確化といった情報が書かれており、質問者が要求する情報はほぼこれで事足りる。
③ 宇奈月温泉事件は昭和9年（オ）第2644号妨害排除請求事件、大審院昭和10年10月5日判決とある通り、戦前・大審院時代の判例である。現在の民法第1条3項は「権利の濫用は、これを許さない」と規定されており、影響が見られることも指摘できると良い。

◆練習問題　利用者から以下のような質問が寄せられました。インタビューで確認すべき事柄を考え、利用者が求める法令情報を探しましょう。

（初級・中級編）
1．勤務している図書館でカフェを出店することになり、関連する法令の中で食品の安全を巡るものについて現行法ではどうなっているかを知りたい。
2．著作権を巡る訴訟である「ときめきメモリアルメモリーカード事件」についての第一審からの顛末、最終的な判決と評釈についての情報を集めている。
3．パルマス島事件の顛末と判例、及びその後の国際法への影響や日中領土問題などへの応用がどのように国際法学で行われているかを知りたい。
4．会社法施行前に会社法に該当する法律は、商法の中でどのように機能していたか。

(上級編)
1．日本国憲法九条を巡る裁判、判例、評釈、憲法解釈に関する情報をまとめて一つの全体像を作りたい。
2．公共施設の民営化について調べており、指定管理者制度と PFI の根拠になった法律がいつどのように制定されてどのように機能しているか、そして両者の関係はどうなっているのかを知りたい。

■□コラム 2 □■

法令と判例
―― その探索と学習 ――

　法令は立法府（国会・地方議会）や行政機関（内閣・府省庁・地方公共団体）が定めたものですが、判例は司法府である裁判所が過去に下した判決が元になっています。その中でも一般性が認められて先例たりうるものを判例としています。判例は後に似た民事・刑事・行政訴訟があった際に、公平性の観点から裁判に影響を及ぼします。こうしたことから、法律学を学ぶ学生や実務家は法令だけでなく、先例となる重要な判例についての知識も持つ必要があります。法律の未修者は六法の条文を覚えることが学習であると思いがちですが、各法の理論体系と重要判例との関係や法解釈のやり方について学ぶことの方が重要です。

　そのため、法令情報の探索の際に法令の条文だけでなく法令の解説情報、判例とその評釈といった情報を調べ統合させる必要があります。各種冊子媒体やデータベースによる情報資源の種類はかなり豊富であり、どれも上手に使いこなす必要があります。

　但し、法令や判例といった法令関連の情報は既に法律学についての知識がある程度ないと、その中身を理解しにくいことがあります。用語一つとっても「信義則」「瑕疵」「パンデクテン方式」など分野に慣れていないと難しく感じるものは多くあります。また、重要な条文については学者の間で法解釈が分かれている場合もあり、「通説」「有力説」「少数説」などと分かれている他、最高裁判所の判例や政府見解による法解釈がまた別にある場合もあります。当然、重要な条文を巡って争った裁判の判例も学者が見解を出し合い論戦となっていることもあります。刑法の行為無価値論と結果無価値論のように違法性という基本的な概念を巡る対立から法体系自体が二分される場合もあるなど、探索する前に必要となる知識がそれなりに多い場合もあります。

　初学者が憲法や民法などの各法についての法体系と重要な判例の結びつきについて

学習したい場合は、有斐閣が出している『ジュリスト』の別冊判例百選シリーズや各種教科書（基本書）を読むと良いですが、即興的に学習する場合は弘文堂の「プレップ」シリーズや信山社の「ブリッジブック」シリーズ、有斐閣の「有斐閣アルマ」シリーズなどの入門書、行政書士・司法書士などの資格試験対策書が有効です。法律学は体系的であり、最初に大掴みに全体像を把握することによってその後の学習能率が変わるからです。資格試験参考書は主に判例と通説をベースに構成されており、最初に学ぶ際に法解釈の主流にコミットしやすいというメリットがあります。一方学者が書く入門書や基本書は、少数説を採用する場合があるものの理論的な一貫性が高いです。

　ある程度慣れてきたら、資格試験の問題や演習書を解いて解説を読み込み、基本書や判例集・参考図書を逐次チェックするという段階に入ることができます。この段階では重要な条文・判例とその解釈についての知識を体系的理論に則って学習することが大切であり、具体的には大まかな全体像に一つ一つ知識を肉付けしていくことになります。ここまで乗り越えていけば、法令情報を探す際にすらすらと目的の情報へとたどり着けるようになっているはずです。

（松井勇起）

3.5　人物・団体情報の探し方

(1) 人物に関する情報の探し方

　レファレンスサービスにおいて人物に関することを問われた場合、質問者の知りたい領域をしっかりと把握し、より範囲を絞った資料を提示することが出来れば大成功と言えよう。

　この手のツールは、広い範囲の人物情報を網羅的に掲載したものから、専門的な分野に特化したものまで、様々なレファレンスブックが存在する。それらを有効に活用するための例として、「広から狭へ」と回答パターンを展開してゆくことにする。

　人物や団体に関する質問への対応の仕方としては、「その人物の何について調べたいのか」を導き出すことから始めるのがよい。利用者（特に児童・生徒）はテーマについて自分ではうまく絞り切れていないケースが見受けられる。実際に案内を行う場合は2段階のステップに分けると上手くいく。

　最初のステップでは、人物事典を用いて調べたい人物について概略を明らか

表5.9 人物情報(経歴や著書等)を調べるための情報源

利用者が求める情報ニーズ			質問例	調べるツール
現代の人物情報		日本人	「松下幸之助の経歴を知りたい」「ノーベル賞を受賞した山中伸弥教授はどのような研究を行っているのか知りたい」	『日本人名大辞典』(講談社, 1979)、「現代人物情報」「読売人物データベース」「朝日新聞人物データベース」「日経 Who's who」
		外国人	「F1レーサー、ルイス・ハミルトンの生涯成績を知りたい」	『現代外国人名録』(日外アソシエーツ、4年に1回刊 最新刊は2016年)
歴史上の人物情報		日本人	「織田信長の経歴を知りたい」	『戦国人名事典』(戦国人名事典編集委員会, 2006)
		外国人	「明治〜大正期に日本にやってきた外国人にはどのような人がいるか?」	『来日西洋人名辞典』(日外アソシエーツ, 1983)
難読人名		日本人	「『一』と書いて珍しい読み方をする名字があるそうだが、それは何か」	『人名よみかた辞典 姓の部』(日外アソシエーツ, 2004)、『全国名字大辞典』(東京堂出版, 2011)
		外国人	「『スティーブン』の英綴りを知りたい」	『カタカナから引く外国人名綴り方字典』(日外アソシエーツ, 2002)、『新・カタカナから引く外国人名綴り方字典』(日外アソシエーツ, 2014)、『新アルファベットから引く外国人名よみ方字典』(日外アソシエーツ, 2013)
架空の人物情報		日本人	「『日本武尊』とはどのような人物か知りたい」	『新版 日本架空伝承人名事典』(平凡社, 2012)
		外国人	「フー・マンチュー博士とはどんな人物か?」	『じてん・英米のキャラクター』(研究社, 1998)

※『人物レファレンス事典』シリーズ(日外アソシエーツ)を用いると、人物情報を掲載した各事典の掲載箇所を調べることができる。日本人以外の人物についても『外国人物レファレンス事典』(1999〜2013)、『人物レファレンス事典 架空・伝承編』(2013)などで調べることができる。

にする。次のステップとして、文学、法学、医学等、その人物が活躍した分野のより詳しいツールへと案内してゆけば、より多くの情報が得られるのである。

まず、スタート地点として調査対象の人物についての経歴や著書等を知りたいという場合は、表5.9の資料が有効である。

では、より範囲を絞った質問に対応しなければならない場合はどうだろうか。表5.10に、特定の肩書のある人物についてまとめたレファレンスブックをいくつか挙げてみる。

表5.10 肩書のある人物情報を調べるための情報源

利用者が求める情報ニーズ	質問例	調べるツール
政治家	「タレントDAIGOの祖父、竹下登元首相の経歴を知りたい」	『現代政治家人名事典－中央・地方の政治家4000人』(日外アソシエーツ、2005)
医療関係者	「日本の医師、北里柴三郎の業績について知りたい」	『日本近現代医学人名事典1868-2011』(医学書院、2012)
プロ野球選手	「星野仙一の現役時代の通算成績を知りたい」	『プロ野球人名事典』(日外アソシエーツ、2003)
TVタレント	「劇団『TEAM NACS』のメンバー全員の名前を知りたい」	『日本タレント名鑑』(VIPタイムズ社、1970～年刊)
研究者	「昔のTV番組に『篠沢秀夫』という大学教授が出演していたが、どこの大学で、どのような研究していたのか知りたい」	『研究者・研究課題総覧1996年版』(紀伊国屋書店、1979～1998)
音楽家	「久石譲の作曲した曲を知りたい」	『音楽家人名事典 新訂第3版』(日外アソシエーツ、2001)

表5.11 団体情報を調べるための情報源

利用者が求める情報ニーズ	質問例	調べるツール
企業	「日産自動車㈱の2016年度の売上はいくらか」	『会社四季報』(東洋経済新報社、季刊)
NPO団体	「『かわさき創造プロジェクト』はどのような活動をしている団体か」	「公益法人等の検索」(内閣府HP「公共法人information」内)
研究機関	「『高エネルギー加速器研究機構』では何を研究しているか」	「J-GLOBAL 科学技術総合リンクセンター」(科学技術振興機構) 「学会名鑑」(日本学術協力財団)
宗教団体	「日本にあるキリスト教系の宗教法人にはどのようなものがあるか」	『宗教年鑑』(文化庁、年刊)

(2)団体に関する情報の探し方

　団体に関する情報を提供する場合、様々な分野について広く網羅的にまとめたツールは存在しない。調査対象の団体名がはっきりしているのであれば、その団体のWebページを案内するのがよい。複数の企業を調べたい場合は『会社四季報』(東洋経済新報社)もよいだろう。

　その他、専門的な分野の団体を検索するツールには表5.11のようなものがある。

第5章　各種情報源の特質と利用法・解説と評価

> **質問事例15**　「野口英世に関する本が読みたい」
> （舞台：大学図書館、利用者：大学3年生）

（レファレンス・インタビュー）

・あなたが読みたいのは野口英世の伝記本ですか？　それとも、野口英世が発表した研究論文ですか？→「業績になりますかね」

（※インタビューが始まったばかりだが、早くもここでレファレンスサービスにおけるひとつの分岐点を迎えている。利用者がある程度範囲を絞り込んだ状態で質問をしてきたならば、比較的楽に解決へと導くことができる。レファレンス担当者は情報源を特定するべきだが、ここで重要なのは勝手な判断をしないことである。場当たり的な対応では利用者の心を掴むことはできない。まずは利用者の緊張をときほぐし、会話のキャッチボールをしながら、ゴールに導くことが、レファレンスサービスの努めである）。

・利用者様は医療関係の方ですか？　そうでしたら、野口英世の医学分野での業績が書かれた資料を調べてみますが……→「いえ、たしかに私は白衣を着ていますけどこれはただのコスプレで、私が知りたいのは新しい千円札のデザインが野口英世になった経緯なんです。そういうのは何に載っていますか？」→そうですね……当時の新聞記事を当たってみるのが早いと思います。全国紙各新聞社のデータベースがありますので、そこから捜してみましょうか？→「それは自分でできるので大丈夫です」

・他に知りたいことはありませんか？→「あと……お札の肖像になるくらいだからすごい人なんだろうな……どんな人物だったのか詳しくわかるものはありますか？」

（調べる手順・調べるコツ）

① 利用者との会話を通して、「どのような情報を求めているのか」を把握する。

② 今回は野口英世の業績が知りたいという方向に落ち着いた。この時、「広から狭へ」という考えでいけば、『人物レファレンス事典』を使用して、そ

こに紹介されている人物事典にあたると詳しい業績を知ることができる。
③ 利用者がもし医学分野での業績を調べたい場合は、『日本近現代医学人名事典1868-2011』を調べるとよい。

◆練習問題　利用者から以下のような質問が寄せられました。インタビューで確認すべき事柄を考え、利用者が求める人物・団体情報を探しましょう。

（初級・中級編）
1．元サッカー日本代表、三浦知良選手のJリーグでの通算成績を知りたい。
2．作曲家すぎやまこういち氏が作った曲にはどのようなものがあるか。
3．昔とあるラジオ番組に「城達也」という人が出演していたのだが、どんな人物か知りたい。
4．人名「Michael」は英語、フランス語、ドイツ語でそれぞれ何と読むか。
5．俳優・松嶋菜々子さんのデビュー作品は何か。
6．ホンダの創業者、本田宗一郎氏は生前に多くの名言を残しているが、その一部が知りたい。
7．日本で「十」と書いて珍しい読み方をする名字があるそうだが、それは何か。
8．2014年にノーベル平和賞を受賞した、マララ・ユスフザイさんとはどのような人物か知りたい。
9．日本マクドナルド㈱の従業員数は何人か知りたい。
10．「ポリテクセンター」を運営しているのは何という団体か。

3.6　地理・地名情報の探し方

　ここでは、地理・地名情報について探索方法やレファレンスと具体的な質問例を扱う。表5.12の通り、地理・地名情報については大きく分けて「地理・地理学」「地図」「地名」というようにカテゴリー分けが可能であり、地域的には世界地図・地名と日本地図・地名、さらには現行のものと歴史的なものとに分

第5章　各種情報源の特質と利用法・解説と評価

表5.12　地理・地名情報を調べるための情報源

情報ニーズ		質問	調べるツール
地理の用語・地理学の知識を知りたい		「人文地理学において、都市地理学と交通地理学の関係はどのようなものか」	『人文地理学事典』(朝倉書店, 2013)、『地理学事典』(二宮書店, 1989)、『オックスフォード地理学事典』(朝倉書店, 2003)
地図について調べたい	世界地図	「現在のニューヨーク市がどうなっているか知りたい」	『世界大地図帳 8訂版』(平凡社, 2020)、「Google map」
	日本地図	「さいたま市の区画がどうなっているかを知りたい」	『日本地図帳 新訂第4版』(平凡社, 2020)、『日本分県大地図 3訂版』(平凡社, 2021)、『ゼンリン住宅地図』(ゼンリン，各地域ごとに逐次改訂)、「地理空間情報ライブラリー」
地名について調べたい	世界の地名	「中華人民共和国には『哈爾浜』という街があるが、何と読むのか」	『世界地名大事典』(朝倉書店, 1973～1974, 2012～)
	日本の地名	「東京の地名「麴町」は何と読むのか」	『角川日本地名大辞典』(角川書店, 2009)、『コンサイス日本地名辞典』(三省堂, 2007)、『日本地名ルーツ事典』(創拓社, 1992)、『日本歴史地名大系』(平凡社, 1979)、『日本古代史地名事典』(雄山閣, 2018)
歴史地図について調べたい	世界の歴史地図	「ウェストファリア条約後の神聖ローマ帝国の領土の地図を見たい」	『世界史年表・地図』(吉川弘文館，年刊)、『三省堂世界歴史地図』(三省堂, 1995)、『世界史アトラス』(集英社, 2001)
	日本の歴史地図	「応仁の乱について当時の京都の地図を見たい」	『日本史年表・地図』(吉川弘文館，年刊)、『日本歴史地図』(全教図, 1977)

けることが可能である。

　表5.12にあるような事例を3つピックアップし、利用者からの質問に対するインタビューの手順、ツールを用いた調べ方についても以下で紹介してみたい。

質問事例16　「シベリア鉄道に乗ってみたいのだが、その上で必要な情報を集めたい」
（舞台：公共図書館、利用者：一般成人）

（レファレンス・インタビュー）
・目的は観光か？　それならば、観光関連の本を調べたか？→「目的としては観光であるが、ヨーロッパで行われる鉄道ファンの集いに参加することなど、

他の目的もある。旅行関連のものはツアー前提のものも多く、個人向けでも観光名所のものが大半であるが、駅を降りた際に周辺の散策も行いたいため、もっとマイナーな情報も集めたい」

・現在のところあなたが持っている情報はどのようなものがあるか？→「基礎的な資料としてはシベリア鉄道の時刻表、シベリア鉄道及び連結する線路を通過する国々の地図、平凡社の『新版 ロシアを知る事典』を持っている。また、鉄道ファンでもあるエッセイストの故宮脇俊三氏の『シベリア鉄道9400キロ』（角川書店．1985）などの紀行文をいくつか読んでいる」

・ロシア語の文献は扱えるか？→「ロシア語は最低限の旅行用会話ができる程度であるため、ロシア語の文献を読みこなすことは出来ない。モスクワなど様々な駅を降りてその周辺を散策したいのだが、私が使える英語・ドイツ語が通じる地域が少ないため、事前の準備をしっかりしていきたい」

（調べる手順・調べるコツ）
① 今回の質問の場合、必要な要素が複雑に絡み合っているので、それらをレファレンス・インタビューによって解きほぐすと良い。鉄道に乗りたいという場合は多くが観光目的であると予想されるため、最初に観光に関する質問をしておくと、それ以外の要素を見出す点でも楽である。今回の場合、質問者は事前に旅行関連の情報を集めているが、そうでない場合はまず『地球の歩き方』シリーズ（ダイヤモンド社）や『るるぶ』シリーズ（JTBパブリッシング）などを紹介すると良い。シベリア鉄道については『地球の歩き方　シベリア＆シベリア鉄道とサハリン』（ダイヤモンド社）が存在する。
② 海外の地理・地名についての参考図書は国内のものと比べて少ない。『世界大地図帳』などの冊子体情報資源を用いて限界がある場合は「Google map」や「Google Earth」、各種サーチエンジンで地図・地名を探索するのが手っ取り早いことも多い。そこでモスクワやウラジオストクといった停車駅がある街の名前で検索すれば、街並みも含めて詳細な情報を得られるため、事典や本などに書かれている情報をさらに詳しく調べるという使い方も可能

第5章　各種情報源の特質と利用法・解説と評価

である。例えば、質問者も挙げている宮脇俊三『シベリア鉄道9400キロ』他、和田博文『シベリア鉄道紀行史　アジアとヨーロッパを結ぶ旅』(筑摩書房, 2013) というシベリア鉄道の歴史をまとめた本の情報を使って検索しても良い。

③　海外の情報を探している場合、当該国の言語での情報も調べられると扱える範囲が飛躍的に増える。シベリア鉄道が運航される国は主にロシア語圏であるが、質問者は英語・ドイツ語を使えるとのことなので、両言語で探すことも可能である。ロシア語の単語で検索したページを自動翻訳で眺めて大まかな情報を掴む、といった方法もできる。

質問事例17　「中華街巡りをしたいので日本全国にあるチャイナタウンを調べたいのだが、全国のどこにあるのか、さらにその詳細を知りたい」
(舞台：公共図書館、利用者：一般成人)

(レファレンス・インタビュー)
・中華街巡りをする目的は？→「美味しい中華料理を食べたり、衣服やアンティークものなどを買い物するのが目的。そのために知っておいた方がいい雑学なども、できればおさえておきたいと思っている」
・日本国内の中華街が具体的にどこにあるのかはどれほど把握しているのか？→「横浜中華街、神戸の南京町、長崎の新地中華街という三大中華街の他、池袋にもチャイナタウンができたことを知っている。でも、それ以外にどこにあるのか、どんな規模なのかなどはよくわかっていない」
・横浜中華街については旅行雑誌などでも多く情報が充実しているが、それらの情報はどこまで知っているか？→「『るるぶ』の横浜中華街について扱っている雑誌は購入し手元に置いている。それ以外の情報はインターネットのブログなどでお勧めとされている各種店の情報を調べた。私としては、他の側面から見た横浜中華街についての情報ももっと知りたいと思っている」

（調べる手順・調べるコツ）

① 今回の質問者のように目的が食事・買い物である場合でも、国内の中華街全般の知識も含めて探している場合は、人文地理学の領域の情報も参照する方が良いこともある。例えば、『人文地理学事典』（朝倉書店，2013）の中でも「Ⅴ．地域にアプローチする地理学」の「１．都市を研究する地理学」の項目はそのまま全般的にチャイナタウンに関係する。さらに一般書籍でも、チャイナタウンを専門的に研究している人文地理学者山下清海による『新・中華街 世界各地で〈華人社会〉は変貌する』（講談社，2016）や『池袋チャイナタウン 都内最大の新華僑街の実像に迫る』（洋泉社，2010）などが見つかる。

② 複数の場所を調べている質問者なので、現段階でどの程度場所を把握しているかを聞くと、ある程度知っている場所とそうでない場所とがどうなっているのかを判定することができる。前者と後者では必要な情報の濃度が異なるので、前者は詳細に、後者はまず表層的な情報から提供するという戦略が有効である。

③ 詳細に知っているという部分はどの程度の情報にまで触れているかを聞いて、それに応じて質問者が欲しい情報の範囲を探ると良い。今回の場合、横浜中華街については参考図書に書いてないような突っ込んだ情報を求めていると思われるので、例えば横浜中華街を巡る政治抗争を扱った田中健之『横浜中華街 世界最強のチャイナタウン』（中央公論新社，2009）や町おこしとしての横浜中華街を扱った林兼正『なぜ、横浜中華街に人が集まるのか』（祥伝社，2010）などの一般書を紹介する。

質問事例18 「学校の夏休みの自由研究のために長野県の諏訪大社について調べることになったが、どこから調べれば良いか？」
（舞台：中学校の図書館、利用者：中学２年生）

第5章　各種情報源の特質と利用法・解説と評価

(レファレンス・インタビュー)
・最終的にはどこまで調べたいのか？→「調べものなので地理と歴史についてのだいたいの情報、祀られている神と祭りごと、神主などの働いている人と諏訪大社にまつわるそれぞれの神社の関係、地域文化との関わりについて大まかに調べることを予定している」
・諏訪大社の地理についてはどの程度把握しているのか？→「Googleで調べた程度であり、あくまで現在の諏訪大社に関する情報について多少知ったくらいである。神社の成り立ちについても調べているので、過去の諏訪の歴史についても調べたい」
・諏訪の歴史については、神社の成り立ち以外には他に何について調べたいか？→「地名の由来について知りたい」

(調べる手順・調べるコツ)
① 地理・地名情報だけでない様々な情報が関係してくるので、細かいところまで見ていくと膨大な量になってしまう。そのため、最初の段階でどれほどの情報が必要なのかを訊ねておくと便利である。
② 冊子媒体・ネットワークそれぞれの情報資源で見ることができる地理・地図データ、例えば、「Google map」などの他に、歴史的施設の場合施設自らが資料を編纂している場合がある。今回の場合もNDL ONLINEで検索すると諏訪大社は『諏訪大社』という冊子を発行していることがわかる。また、重要文化財であり観光の名所でもあるため、地元の商工会や市のホームページなどからも情報が得られる。
③ 現在のものではない地理・地名・地図についての情報が必要になる場合がある。歴史地図についての日本の情報は『日本史年表・地図』(吉川弘文館, 年刊)や『日本歴史地図』(全教図, 1977)、地名のルーツについては『日本地名ルーツ事典』(創拓社, 1992)『日本歴史地名大系』(平凡社, 1979)などがある。例えば、『日本歴史地名大系』では20巻目の長野県の地名に諏訪について書かれている。

201

◆練習問題　利用者から以下のような質問が寄せられました。インタビューで確認すべき事柄を考え、利用者が求める地理・地名情報を探しましょう。

（初級・中級編）
1．日本国内で行われた万国博覧会の会場はそれぞれどこか。現在の様子はどうなっているのか？
2．小倉百人一首に掲載されている、小式部内侍による歌「大江山　いく野の道　遠ければ　まだふみもみず　天の橋立」に出てくる地名がそれぞれどこを指しているか、どのような場所なのか？
3．第二次世界大戦当時の日本及びアメリカ海軍が保有していた戦艦の名前の由来になっているもののうち、旧国名・州名に関するものについて、具体的にどこなのかを地図と共に知りたい。
4．ヨーロッパの騎士道物語『アーサー王物語』で出てくる地名のうち、アーサー王が最期を迎えた地と言われているアヴァロンがどこにあるのか様々な説があるが、それぞれ地図上ではどの場所に位置するかを知りたい。

（上級編）
1．日本国内の新幹線の路線図が最初から現在までどのように拡張していったかを、それぞれの時代の地図と共に調べたい。
2．任天堂のゲーム「ポケットモンスター　オメガルビー・アルファサファイア」に出てくる各地方及び都市・施設の元ネタと、元ネタがゲーム中でどのように反映されているかを知りたい。

■□コラム３□■

調べた場所を実際に歩いてみよう

　地理・地名情報を冊子体情報資源や各種ネットワーク情報資源を用いて調べるだけでも、多くの情報を得ることが可能です。さらに最近は Google map や Google Earth、ストリートビューなどによりパソコンの画面の前に居ながらにして大まかな風景を見ることもできるようになりました。しかし、それでも実際に歩いてみた時にわかるような知識もたくさんあります。例えば、歩いた時に感じる傾斜の度合い、住んでいる住民、香りといったものがそれにあたります。こうしたものは文章や図表で表現できる形式知と異なる暗黙知の領域であることも多いです。本やネット上に載っている観光地の写真と実際の観光地がどう違うかは、行ってみることでやっと把握できるものです。

　もちろん、これらの知識は情報資源で得た知識と組み合わせて使うことが可能です。前提知識なしでやみくもに現場に来て適当に行動するよりも、事前に下調べしてから歩く方がより良いことは言うまでもありません。フィールドワークをするにあたって、調査時間は有限である上に、五感と会話力と体力とを総動員してあらゆる情報を処理することになるため、予めルートや見ておくものを策定しておくことで効率化を図ることが可能です。

　実際に歩いて観察し、現地の人と会話した経験を文章にまとめる際、情報資源に載っていた情報が如何に有機的に繋がっているかを感じるときがあります。これはフィールドワークの醍醐味の一つであり、さらにこれによって情報の下調べの大切さも再確認できるという意味で学習効果は高いです。こういったことを面白いと思えるならば、社会学者佐藤郁哉の『フィールドワーク　書を持って街へ出よう』(新曜社, 2006) のサブタイトルにもあるように、本とパソコンを持ってフィールドワークに出かけることで、情報資源で得た知識を元手に新しい発見をしていくのは難しいことではありません。

　ただし、フィールドワークをするにあたって様々な作法や注意点があります。生の経験を扱うため、自らの観察や言動によって対象が変化してしまったり、相手との信頼関係を構築するにあたって聞き方が重要になったり、状況次第でやるべきことが変わるなど、しっかりやるには大変です。上に挙げた佐藤の本など質的調査についての本を読みながら場数を増やしていくことで慣れていく必要があります。

（松井勇起）

第6章　発信型情報サービスと図書館利用教育

1　発信型情報サービス

1.1　発信型情報サービスとは？

　レファレンスサービスに代表される従来からの情報サービスは、個々の利用者からの個別の質問や相談をきっかけにして提供する情報サービスである。利用者が起点となることから、図書館側からみると受動的な特性を持っている。一方、発信型情報サービスは、利用者の潜在的な情報要求を予測して、図書館から率先して該当する情報を提供する情報サービスであり、能動的な特性を持っている。

　発信型情報サービスという語には、単に情報を発信するスタイルのサービスという意味でとらえると、多くのコンテンツやサイトを発信型情報サービスととらえることもできる。例えば、①利用案内（サービス・施設・資料）、②図書館の活動報告（館報、年報、要覧、統計）、③最新情報案内（イベント、お話し会、講演、講座など）のような、従来からある図書館のホームページを使った情報提供も含まれる。これらも、広い意味では利用者に対する情報の積極的な提供であるが、特定のテーマに関する情報ではなく、図書館の全般的な活動に関する情報の一般的な提示である。狭義には、利用者が特定のテーマに関して調査・探索するための情報を図書館からコンピュータネットワークを介して能動的に発信するサービスを指している。典型的なサービスとして次のようなものがあげられるであろう。

　　1）　カレントアウェアネスサービス（コンテンツサービス、新着資料、SDI）
　　2）　情報リスト（ブックリスト、FAQ、リンク集、レフェラル情報）

3） 調べ方案内（パスファインダー、ライブラリー・ナビ）
4） レファレンス事例（事例集、事例データベース）
5） Web展示（テーマ展示・解説）
6） 情報リテラシー系コンテンツ（eラーニング）

(1)発信型情報サービスの意義

　発信型情報サービスは、利用者自身で探索・調査を行う（いわゆるセルフレファレンス）場合に有効である。ただし、利用者は自らの情報要求を正確に把握できているとは限らない。利用者自身による探索の結果、うまく情報要求を満たせないような場合もあり得る。そのような場合には、図書館員による従来型のレファレンスサービスへとつなげていくような、運用上の工夫をしておくことも大切である。

　また、発信型情報サービスは、図書館に来館することができない利用者に対するアウトリーチサービスにもつながる。そして、情報格差の軽減に効果をもたらすサービスとして位置づけることもできる。

(2)利用者の情報要求と発信型情報サービス

　情報要求（information need）とは、ユーザーがある目的を達成するために現在持っている知識では不十分であると感じている状態である。R. S. テイラーは、情報要求には4つの状態があるとしている[1]。

　1） 直感的なニーズ・心底のニーズ（要求）(visceral need)：現状に満足していないことは感じているが、言語化してうまく説明できない状態
　2） 意識化されたニーズ（要求）(conscious need)：問題を意識することはできるが、あいまいでまとまりのない表現でしか言語化できない状態
　3） 形式化されたニーズ（要求）(formalized need)：具体的な用語を用い言語化し、問題を合理的に説明することができる状態

---

1) Robert S. Taylor, "Question-Negotiation and Information Seeking in Libraries," *Journal of College and Research Libraries*, vol.29, no.3, 1968.3, p.182.

4) 相手に合わせて調整されたニーズ（要求）(compromised need)：問題を解決するために必要な具体的な探索法や情報源まで特定できる状態

　従来のレファレンスサービスなどの受動型の情報サービスは、利用者が主に2) から4) の状態にあるときに、図書館に対して質問を行うものである。発信型情報サービスは、これらに加えて1) の状態やあるいは情報要求がまだ発生していない状態にある利用者に対しても働きかける。利用者の要求を予測し、要求を醸成する効果が期待できる。

1.2　カレントアウェアネス

(1)カレントアウェアネスサービスとは？

　「図書館その他の情報機関が利用者に対して最新情報を定期的に提供するサービス[2]」のことである。"カレント"(current) とは「最新の」、"アウェアネス"(awareness) は「気づいている」という意味で、利用者が事前に登録した条件（プロファイル）に基づき、図書館から利用者に対して最新の情報を通知するサービスのことである。速報サービスとも呼ばれる。

　定期に、もしくはデータ更新の都度、情報を提供する継続的なサービスである。従来は専門図書館を中心に人手によって行われてきたが、情報のデジタル化とネットワーク化により機械的に処理ができるようになり、大学図書館や公共図書館でも、比較的容易に提供できるようになっている。

(2)カレントアウェアネスサービスの具体的な方法

　1) コンテンツサービス

　　新着図書や雑誌の目次情報を速報するサービスで、「特定の主題分野の雑誌の目次をコピーして編集し、目次速報誌の形で提供する方法」、「必要なタイトルの新刊が到着するたびに目次をコピーして送付する方法[3]」がある。

---

[2] 日本図書館情報学会用語辞典編集委員会編『図書館情報学用語辞典』第4版、丸善出版、p.40.
[3] 前掲2)、p.81.

コンテンツシートサービスとも呼ばれる。

2）資料リスト作成

特定の主題について資料リストを作成し、発信する。

3）選択的情報提供（Selective Dissemination of Information：SDI）

「要求に応じて、特定主題に関するカレントな情報を検索して、定期的に提供する情報サービス[4]」である。あらかじめ利用者ごとに自身が関心を寄せる特定分野やキーワード（検索語）などの条件（プロファイル）を登録しておき、定期的にまたはデータ更新ごとに検索を実行し結果を提供する。

その他、分野を指定しないWebの新着資料案内なども広い意味でここに含めることがある。

提供形態としては、電子メールでの配信、RSS配信などが使われる。RSSとはWebページの更新情報を発信するための様式のことで、RSSリーダを使ってアクセスすることができる。また、利用者のマイライブラリーの機能と連携させ、SDIサービス向けのキーワードを登録できるようになっていることも多い。

1.3　パスファインダー

(1)パスファインダーとは？

パスファインダー（Library pathfinder）は「利用者に対して特定の主題に関する各種情報資源や探索方法を紹介・提供する初歩的なツール[5]」であり、日本においてパスファインダーを紹介した鹿島は「利用者が特定の主題に関する情報収集を行う際の、最初のとっかかりとなる図書館資料のガイドもしくは要チェックリスト」と説明している[6]。パスファインダーはもともとマサチューセッツ工科大学図書館で1969年に考案された。英語ではTopical guideという表現も一般的である。

---

4) 前掲2), p.17.
5) 前掲2), p.199.
6) 鹿島みづき, 山口純代「図書館パスファインダーに見る次世代図書館の可能性」『情報の科学と技術』第52巻10号, 2002, p.527.

日本においては、近年パスファインダーをWebページで公開する図書館が増えている。国立国会図書館が2017年8月に取りまとめたデータによると、50の都道府県立と政令指定都市の公共図書館が56のパスファインダーを公開している[7]。パスファインダーは、発信型情報サービスの最も典型的なコンテンツの一つといえるだろう。ただ、日本では必ずしもパスファインダーという用語が一般化しているわけではない。そのため、パスファインダーとはどういったものなのか補足説明を付けたり、わかりやすい呼称（例えば"調べ方案内""調べ方情報"など）を使うなど工夫している図書館も多い。

(2) パスファインダーの構成
　パスファインダーには特定の規格があるわけではないが、一般に必要とされる要件は次のとおりである。
　1) 特定のトピックを扱っている
　2) ナビゲーション機能がある
　3) 資料・情報源の一覧性がある
　4) アクセスの簡便性がある
　類似のコンテンツとして、FAQやリンク集がある。しかし、特定のトピックに限定して扱っている点でFAQや、解説をまじえて特定のトピックに関する調べ方を案内している点で単なるリンク集とは異なるものである。
　パスファインダーは図書館によって多少異なるがおよそ次のような要素で構成されている。

タイトル、テーマについての説明、キーワード・分類記号、二次資料（参考図書など）、図書（入門書や基本書など）、雑誌・新聞、視聴覚資料、関連Webサイト、関連機関など

---

7) 国立国会図書館「公共図書館パスファインダーリンク集」https://rnavi.ndl.go.jp/research_guide/pubpath.php（2017.10.14最終確認）.

(3) パスファインダーの提供形態

　提供される形態には、大きく紙による印刷版と電子版の2種類がある。特に図書館のWebページを通して配布される電子版のパスファインダー（Webパスファインダー）は、図書館外からいつでも利用することができ、ネットワーク情報資源にも簡単にリンクできるなどの点で利便性が高く、情報発信の効果が高いとされる。提供形式を大まかに整理すると図6.1のとおりである。

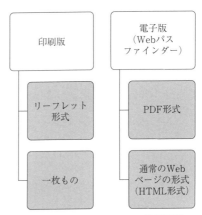

図6.1　パスファインダーの提供形態

　提供する仕組みについても、静的なコンテンツとしてWeb上に掲載される場合が多いが、中には、多くのコンテンツの管理や検索が容易にできて、動的に表示させることのできるデータベース形式を採用している図書館もある。また、PDF形式のWebパスファインダーを提供している図書館では、それらを印刷し印刷版のパスファインダーとして閲覧室などに配置しているところが多い。

(4) 館種別のパスファインダーの特徴

　公共図書館のパスファインダーのうち、都道府県立図書館と政令指定都市図書館のパスファインダーについては、国立国会図書館が「公共図書館パスファインダーリンク集」を公開しており便利である。一般の市町村立の図書館のパスファインダーについては、各図書館のホームページを確認する必要がある。
　公共図書館のパスファインダーでは、一般向けのものと児童・生徒向けのものとを分けている図書館も多い。内容面では、公共図書館においてレファレンスサービスなどでよく話題になるテーマを中心に、その地域に関連するテーマが選ばれることが多い（図6.2）。児童・生徒向けのパスファインダーでは、調べ学習や自由研究など学校教育と連携した内容も多い。

図6.2　パスファインダーの例

(出典) 岩手県立図書館「岩手県立図書館パスファインダー No.77」https://www.library.pref.iwate.jp/reference/pathfinder/pdf/pf_077.pdf（2017.10.14最終確認）.

　学校図書館では、授業の一環としてパスファインダーを利用するなど、調べ学習、総合的な学習の時間をはじめとする学校教育のカリキュラムと関連づけたものが多い。児童・生徒にとっては、主体的な資料情報の収集、メディア活用能力の向上、読書領域の広がりといった点が、学校図書館としては、潜在的利用者への働きかけ、多様な学校図書館メディアの紹介、均一レベルの情報提供、自館の蔵書や不足している資料の確認、図書館側のスキルアップ、教科学習の展開を効率的に支援するといった点が役立つ。

　大学図書館においても、教育機関であることから、授業のカリキュラムに関連づけたパスファインダーが多いと言える。大学図書館の場合、コンテンツの作成に関しては、幅広い学問分野の情報源に関する知識が必要なため、大学図書館員だけでなく、大学教員や大学院生などの協力を得て運営されているところも多い。

　国立国会図書館では、「リサーチ・ナビ　調べ方案内」というサイトが、専

門的な資料も含めて紹介しており、詳細なパスファインダーとなっている。また、全国の図書館でレファレンス協同データベースが構築されており、その中にある「調べ方マニュアル」は、全国の図書館がまとめたパスファインダーと言える。

(5)パスファインダーの作成・維持・管理

　パスファインダー作成のおおよその手順は次のとおりである。

　　1） テーマの企画・設定
　　2） キーワード・分類記号の設定
　　3） テーマに関する基礎的な解説の作成
　　4） 関連資料や情報の調査・掲載候補の選定
　　5） 掲載候補資料・情報の評価
　　6） 掲載する情報源の決定
　　7） 掲載する情報源の解題の作成
　　8） 編集作業
　　9） 印刷・公開

　パスファインダーは一度作ったらそれで終わりではない。作成されたパスファインダーの情報更新と版の管理が必要となる。内容が古くなっていないか、特にWebパスファインダーの場合、紹介した情報源へリンクをはっている場合、リンク切れがおきていないかを確認したりする必要がある。そのためパスファインダーには、必ず作成日とともに最新更新日も記載し、パスファインダーとしての版を管理しておく必要がある。したがってパスファインダーはやみくもに増やせばよいというものでなく、作成にあたっては維持していくことも考慮した上で、どんなテーマを設定するかということが大切になってくる。なるべく作成効果の高いパスファインダーの作成を心がけるべきである。

1.4　ライブラリー・ナビ（LibraryNAVI）

　ライブラリー・ナビ（LibraryNAVI）とは、パスファインダーと類似してい

るが、より手軽に利用者をナビゲートするためのツールである。パスファインダーの簡易版といったツールである。

作り方はA4サイズの紙を横長に2等分した台形状の紙を、6つにじゃばら折りにし、それぞれの面に、特定のトピックをナビゲートするための情報を記載する。内容は図書館の事情に応じて自由に作成することができる。例えばそのテーマの概要や調べ方、簡単な参考文献などの要点を記載することもできる。用紙の形状が斜めになっていることで折ったときに各見出しがうまく上下に表示されるようになる。最後に登録商標である「LibraryNAVI」の商標を入れると完成である（図6.3）。

図6.3　LibraryNAVI の例
（出典）LibraryNAVI 研究会「LibraryNAVI アーカイブ」http://librarynavi.seesaa.net/ （2017.10.14 最終確認）.

このように簡単に作成することができるライブラリー・ナビは、2002年に神奈川県学校図書館員研究会の研究活動から考案された。具体的な用途としては、新入生を対象とした図書館ガイダンスでの活用、授業とのコラボレーション、教員や児童・生徒を対象としたLibraryNAVIを作るワークショップ、学校における調べ学習や総合的な学習の時間をはじめ情報リテラシー教育の場面など、工夫次第で様々な場面で活用することができる。

また、「LibraryNAVI アーカイブサイト」に情報発信し掲載することで、LibraryNAVIの作品の共有と活用が可能となる。地域の学校図書館で考案されたユニークなコンテンツで、今後の広がりが注目されている。

1.5　よくある質問（FAQ）・リンク集

⑴よくある質問（FAQ）とは？

よくある質問（FAQ）とはFrequently Asked Questionsのことで、頻繁に尋ねられる質問やあらかじめ予想される質問に対して、その質問と答えをまとめたものであり、よくある質問に対するQ＆A集である[8]。

例えば、図書館では、開館日や開館時間、貸出冊数や貸出期間、資料の排架場所、施設・設備の場所など、図書館の利用に関する一般的な事項を尋ねられることが多い。このような質問は、回答に特に図書館員の専門性を要する質問ではない。頻度の高いこのような一般的な情報案内に関する質問への回答は、FAQとして図書館のWebサイトに掲載しておくと効果的である。なお、FAQという用語はわかりにくいため、一般には「よくある質問」「Q&A」などと表現を工夫している図書館も多い。

利用者の疑問は、FAQを見てもらうことによって解決することも多く、その場合いちいち個別に相談する必要がなくなり、利用者の時間を節約することにつながる。また、図書館からすれば、FAQを掲示したからといって、同種の質問が完全になくなることはないかもしれないが、一定程度の軽減効果がある。その分、より時間を要する専門的な質問に時間を割くことができるようになり、レファレンス回答の質が向上することが期待できる。

FAQは問答集をテキスト化して掲載すればよいため、作成や維持が簡単である。FAQは、図書館にとって有効な情報発信のコンテンツの一つと言える。

利用者への見せ方・誘導のしかたとしては、図書館Webサイトのメニューとして独立させ、どのページからもFAQを簡単に確認することができるようにリンクを配置したり、Webページからのレファレンス質問画面にFAQをリンクさせ、図書館に質問を送信する前に利用者自身でも確認してもらうようにしたり、といった形が考えられる。

(2) リンク集とは？

FAQと類似のコンテンツとしてリンク集がある。これは関連するWebサイトへのリンクをまとめたリストである。一覧の各リンクをクリックすることでリンク先へ移動できる。

うまく整備すれば関連情報への簡易なポータルサイトとしての効果が期待できる。また、その図書館の類縁機関などをまとめたリンク集とすることでレ

---

8) 小学館大辞泉編集部編『大辞泉』第2版, 小学館, 上, p.429.

フェラル資料としての効果もある。

(3) FAQ やリンク集の維持管理

　FAQ、リンク集いずれの場合も、作成したらメンテナンスフリーではなく、公開後は維持管理を行っていく必要がある。FAQ であれば掲載項目の点検や内容の追加更新、リンク集であればリンク切れへの対応やリンク先の追加更新といった作業がある。内容はレファレンスサービスの記録や図書館サービス全般の事例やミーティングでの検討などを参考に行うことが望ましい。FAQ、リンク集いずれも状態が古いままになっていると図書館の発信情報の品質が低下し、ひいては図書館の信頼低下につながるおそれがあるため、定期的な維持を心がけることが肝心である。

1.6　レファレンス事例とレファレンス協同データベース

(1) レファレンス事例とは？

　レファレンスサービスを実施すると、個々のレファレンスサービスの記録が蓄積される。レファレンス事例とは、個々のレファレンスサービスの記録情報を整理し、公開したものである。各図書館ではレファレンス事例を公開しているところも増えている。

　後述の「レファレンス協同データベース」ではレファレンス事例の公開には次のような用途があるととらえている。

　　1) 図書館にとっての調査情報源、研修素材、サービス改善、広報 PR
　　2) 一般利用者にとっての調査情報源
　　3) 研究者・教育者にとっての事例研究、演習教材

　各図書館がレファレンス事例を公開し共有することで得られる効果には概ね、研修や教育的な面での効果、一般利用者も含め調査の際の参考情報源としての効果、図書館の運営のために役立てていく効果といった面があると言える。

　各図書館がレファレンス事例を提供する形態には、図書館の Web サイトを通じて独自にレファレンス事例を情報発信する形態と、「レファレンス協同

データベース」を使ってレファレンスサービスの記録を管理し、公開が可能なレファレンス事例を公開する形態とに大きく区分できる。ただし、図書館の中でレファレンス事例を蓄積しつつ、一部の事例を「レファレンス協同データベース」に登録する形態もあり、その提供形態は一通りではない。

(2)レファレンス協同データベース

　国立国会図書館が提供している「レファレンス協同データベース」の事例データは、規模や収載範囲の面から、日本におけるレファレンス事例の中核的なデータベースとなっている。特徴は図書館の館種を問わず、公共、学校、大学、専門、国立、他745館（2017年5月末時点）の図書館が参加している点である。

　2002年度から実験事業が開始され、2005年度から正式事業となった。

　公共図書館、学校図書館、大学図書館、専門図書館、国立図書館等のレファレンス事例が2017年5月末時点で合わせて17万7,087件、登録されている。レファレンス業務における、過去の質問・回答のセット（自由記述文）と、レファレンス事例に付与された複数のメタデータから構成されている。このうち、一般公開されている件数は9万8,305件である。累積登録数は毎年増加している。

　登録された情報を構成する主な項目は以下の通りである。

質問、回答、キーワード／分類記号（NDC）、参考資料、回答プロセス、調査種別、内容種別、質問者区分、公開レベル、事例作成日、解決・未解決、事前調査事項
これらの他にレコード番号や登録・更新日時等の管理上の情報がある。

1.7 次世代OPAC

(1)次世代OPACとは？

　OPAC（Online Public Access Catalog）はコンピュータ化されたオンライン閲覧目録のことである。インターネットの普及にともないWWWによりOPACを提供するWebOPACが図書館の所蔵資料を確認できるデータベースとして多くの図書館で提供されている。

　しかし、従来型のOPACでは、①検索機能が完全一致検索で、表示順が限定的である、②インターフェースが使いにくい、③図書、雑誌以外の多様な情報メディア、特にネットワーク情報資源に対応できていない、④検索結果が書誌・所蔵情報だけで資料の本文までは見られない、などといった欠点と限界が指摘されていた。結果として、探索の起点となるポータルサイトとしての役割が十分に果たせなくなっていた。

　一方、一般のWebの世界でも2005年にWebの利用が新しい段階に入ったことを表す"Web2.0"という言葉が提唱された頃から、それまで一方向的だったWeb環境が、双方向、集合知、ユーザー参加型、リッチなインターフェースなどといった形態に変化していった。こういった状況を背景に、図書館のOPACについてもOPAC2.0という考え方が提唱され、やがて次世代OPAC（Next Generation OPAC）と呼ばれるようになった。

(2)次世代OPACの持つ機能

　実装にもよるが、次世代OPACには従来のOPACにはなかった次のような機能の拡張が見られる。

　　1）　情報メディアのタイプを選ばない検索
　　2）　二次情報としての検索結果から一次情報・資料へのシームレスな連携
　　3）　他図書館などのデータベースとの連携
　　4）　検索結果の適合度順表示
　　5）　検索画面の簡略化
　　6）　ファセット分類による検索結果の絞り込み機能

7） 表紙の書影などの表示

8） SNS サイトなどへのリンク

特徴を整理すると、まず検索対象情報源の統合が挙げられる。

図書、雑誌以外の多様な情報メディア、特にネットワーク情報資源に対応できていない、検索結果が書誌・所蔵情報だけで資料の本文までは見られない、といった問題に対しては、様々なコンテンツを組み合わせて新しいサービスとして提供する（マッシュアップする）ことで、それまで自館の所蔵資料に限定されていた OPAC の検索対象となる情報資源が、ネットワーク電子資料やさらに他の図書館や機関の情報資源にまで拡張され、二次情報としての検索から一次情報・資料へのシームレスな連携が可能となった。

具体的には、従来の図書、雑誌を中心とする図書館に所蔵する基本的な資料だけでなく、それまで別々に管理・提供されていた資料のメタデータも含め、さらに貴重資料、電子ブック、電子ジャーナル、機関リポジトリなどの電子化された一次情報へのリンク情報も統合することで、検索結果から直接、本文へアクセスできるようになった。

また、API と呼ばれる Web インターフェースを利用し、他機関のメタデータについても自館のシステムに取り込み、他機関の持つ文献のメタデータも統合した索引をつくり、自館の所蔵資料を越えた検索を可能にした。

次に検索支援機能の強化がある。これは一般の検索エンジンなどで使われている検索技術が応用されたものである。従来の AND OR など演算子に基づく完全一致検索だけでなく、適合度順表示を可能とした。また、検索窓に類義語などを表示するサジェスト機能や正しいキーワードを推測するつづり補正機能、検索結果以外に類似の資料・情報を提示する推薦機能なども取り入れられた。

さらにはユーザーに使いやすい検索インターフェースの改善が見られる。

検索エンジンで採用されているシンプルな検索画面を採用し、OPAC の検索のしくみを理解してからでないと使いにくかった従来と比べ、気軽に検索できるようになった。ファセット検索を採用し、検索結果集合を多様な角度から、柔軟に絞り込むことができるようにした。これにより、従来の OPAC が詳細

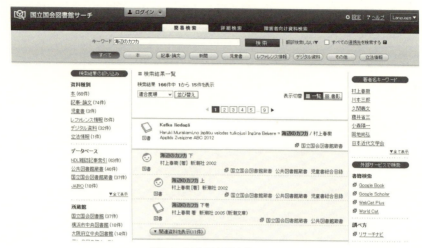

図6.4　国立国会図書館サーチ

検索画面から提供していた細かな検索機能を、直感的なインターフェースで簡単に利用できるようにした。検索結果に情報メディアのタイプをアイコンで識別できるようにしたり、表紙の書影の画像を表示したりするなど、ビジュアル化を行った。

その他、検索結果にソーシャルメディアや Amazon, Google, Wikipedia など外部関連サイトへのリンクを貼ったり、RSS フィード、文献管理ソフト対応などの機能を付加するなどユーザーへの利便性を高めた。

こういった OPAC2.0 タイプの OPAC は、図書館パッケージソフトとして提供されたり、オープンソースソフトウェアの開発が進んだりと普及が進んでいる。国立国会図書館の「国立国会図書館サーチ」は代表的な次世代 OPAC の機能を持つ事例である（図6.4）。

また、近年では OAPC という表現そのものが従来の図書、雑誌など図書館内に所蔵する資料のイメージが強いことから、図書館の外の情報資源も含めて検索する次世代 OPAC はディスカバリーサービスやディスカバリー・インターフェースといった名称で呼ばれることも多くなっている。これは、自館資

料の検索から世界中の文献の発見（ディスカバリー）へ、という発想が背景にあると考えられる。

②　利用者教育・情報リテラシー教育の展開

　これまで取り上げてきた情報サービスを振り返れば、直接サービスにせよ間接サービスにせよ、利用者が備えている潜在的あるいは顕在的な情報要求にいかに応えていくことができるかが問われている。そこでは、利用者が何らかの興味・関心から持つ課題や疑問に対して（またはその課題や疑問を発見するところから）、何らかの手段・方法を用いて解決したいという要求が根底にはある。このような要求は、何も図書館を利用することに限ったことではなく、私たちの日常生活の営みの中で日々生じる出来事でもある。
　現在の学校教育においては、意図的計画的に課題／問題発見解決学習として、学校の教育課程の中でそのような学習のプロセスが体系的系統的に組み込まれている。とはいえ、変化の著しい時代と称される中にあって、社会の変化に対応しながら生き抜くためには、学校での学びですべてが完結するわけではなく、学校卒業後も長期にわたって課題／問題発見解決学習を続けられる能力が求められる。いわゆる生涯学習の場としての図書館において、学習そのものは個々人の学習意欲に委ねるにしても、求める情報へのアクセスを援助する司書の姿を、より能動的な援助の姿へと変革していくことが求められる。
　ここでは、利用者教育と情報リテラシー教育の観点から、これまでの図書館の取り組みについて概観するとともに、これからの情報サービス担当者としての役割について一考を投じてみたい。

2.1　利用者教育と情報リテラシー教育
　はじめに、利用者教育と情報リテラシー教育のそれぞれの概念について整理しておくこととしたい。

(1) 利用者教育とは何か？

　利用者教育について、『図書館情報学用語辞典』(第4版)では、利用教育、利用指導、利用者教育の各用語は、「図書館利用教育」のもとで解説が加えられている。そこでは、「図書館の利用者および潜在利用者の集団を対象に計画、実施される、組織的な教育的活動」であることとされ、「図書館サービス、施設、設備、資料などの活用にかかわる知識や技能の修得を主な目的とするが、近年では、情報環境の変化などを背景に（中略）図書館を含むさまざまな情報(源)の効果的利用に必要な知識や技能（情報リテラシー）の修得を目指す種々の活動」を含めた概念として定義づけられている[9]。

　一方、『図書館ハンドブック』(第6版)では、利用者教育、図書館利用教育の用語については、「利用教育」のもとで解説が加えられている。そこでの定義としては、「利用者が『図書館の使い方』を理解、習得するために提供されるサービス」であるとしながらも、図書館の使い方に留まらず「すべての利用者が自立して図書館を含む情報環境を効果的・効率的に活用できるようにするため」の「体系的・組織的に行われる教育的なサービス」でもあると定義している[10]。

　いずれの定義からも、近年の高度情報通信社会における社会状況を反映し、利用者が主体的に求める情報へアプローチするための'教育的なサービス'も企図しながら、能動的に取り組む意味合いが含まれていることが確認できる。

　このような利用者教育にかかわり、日本図書館協会図書館利用教育委員会では、『図書館利用教育ガイドライン合冊版』を提供し、あとに述べる「情報リテラシー」獲得の支援も念頭に置いた「指導サービス」を業務として行うための手順、目標、方法の指針を示している。ここでは、公共図書館、大学図書館、学校図書館、専門図書館などの各館種別ガイドラインの共通基盤として位置づけられている「総合版」から、目標として示された5領域の一覧表を提示して

---

[9] 図書館情報学会用語辞典編集委員会編『図書館情報学用語辞典』第4版, 丸善, 2013, p.183.
[10] 日本図書館協会図書館ハンドブック編集委員会編『図書館ハンドブック』第6版補訂2版, 日本図書館協会, 2016, p.92.

第6章　発信型情報サービスと図書館利用教育

表6.1 「図書館利用教育ガイドライン——総合版」における目標

	領域1 印象づけ	領域2 サービス案内	領域3 情報探索指導	領域4 情報整理法指導	領域5 情報表現法指導
目標	以下の事項を認識する。 1. 図書館は生活・学習・研究上の基本的な資料・情報の収集・審積・提供機関 2. 図書館は資料・情報の受信・発信・交流の拠点 3. 図書館は各種のメディアを提供する機関 4. 図書館は物理的な空間という世界に開かれた「情報の窓」 5. 図書館は気軽・便利・快適で自由な休息と交流の場 6. 図書館は個人の知る権利を保障する社会的機関（知る権利） 7. 図書館は生涯学習を支援する開かれたサービス機関（学ぶ権利） 8. 情報活用技能の重要性 9. 図書館のサービスとその所在地 10. 図書館とそのサービスポイントの所在地	以下の事項を理解する。 1. 自館の特徴 2. 施設・設備の配置（分館、サービスポイントの所在地） 3. 検索ツールの所在地 4. 参考図書・ツールの配置と利用指導 5. 利用規定（開館時間等） 6. サービスの種類（貸出、予約、リクエスト、レファレンス、相互貸借、アウトリーチ、利用指導等） 7. 対象別サービスの存在（障害者、幼児、児童、ヤングアダルト、成人、高齢者、多文化サービス等） 8. 図書館員による専門的サービスの存在（調査・研究支援） 9. 図書館員による親切丁寧な案内・援助・協力を受けられること 10. 利用マナー 11. 行事の案内（講演会、展示会、上映会、お話し会、ワークショップ等）	以下の事項を理解する。 1. 情報探索法の意義 2. 情報の特性 3. 情報の評価のポイント 4. 資料の基本タイプと利用法（図書、雑誌、新聞、参考図書、AV資料、CD-ROM、オンラインデータベース等） 5. アクセスポイントと使い方（著者名、タイトル、キーワード、分類記号、件名標目、ディスクリプタ等） 6. 検索ツールの存在と利用法（書誌、索引、目録、OPAC、レファレンス・データベース等） 7. サーチエイドの存在と利用法（分類表、件名標目表、シソーラス、マニュアル等） 8. 情報検索の原理（AND/OR/NOT、トランケーション等） 9. 情報検索ストラテジーの立て方（一般的、専門的） 10. レファレンス・サービスの利用法 11. 他機関資料の調査と利用法（分類、請求記号等） 12. ブラウジングの効用	以下の事項を理解し習得する。 1. 情報内容の抽出と加工（要約、引用、言い換え、抄録、翻訳、解題等） 2. 情報内容のメディア別の記録（メモ、ノート法、カード記録法、クリッピング、データベースのダウンロード、録音録画等） 3. 情報内容のメディア別の整理（ファイリング、コンピュータによる加工法等） 4. 情報の分類とインデックスの作成法（キーワード、見出し語の付与等） 5. 書誌事項、アクセスストーリーの記載法 6. 発想法（ブレーンストーミング、KJ法） 7. 分野別・専門別の整理法 8. 情報整理法の意義	以下の事項を理解し習得する。 1. 情報倫理（著作権、プライバシー、公正利用等） 2. レポート、論文、報告書、資料の作成法（構成、書式、引用規則等） 3. 印刷資料の作成法（パンフレット、リーフレット、ミニコミ紙等） 4. AV資料の作成法（ビデオの撮影、編集等） 5. コンピュータによる表現法（グラフィック、作曲、アニメーション等） 6. コンピュータ・ネットワークによる情報発信（電子メール、インターネット等） 7. プレゼンテーション技法（話し方、OHP、板書法、AV、マルチメディア、学会発表等） 8. 分野別の専門的な表現法の意義 9. 情報表現法の意義

（出典）日本図書館協会図書館利用教育委員会編『図書館利用教育ガイドライン合冊版：図書館における情報リテラシー支援サービスのために』日本図書館協会、2001、p.16.

おくこととする（表6.1）。なお、本書で掲載した一覧表以外にも、上記の合冊版の中には、各館種別に目標と方法の一覧表が掲載されているので参照されると良いだろう。

⑵情報リテラシー教育とは何か？

　情報リテラシー教育については、前述した利用者教育の定義を確認する中でも明らかなように、利用者教育に包含した概念としてとらえられる向きがある。図書館における情報リテラシー教育は、図書館側からの能動的なアプローチとしての「指導サービス」という理念のもと、1990年代以降、情報リテラシーにかかわる文献数の急増とともに、図書館での情報リテラシー教育の実践研究の取り組みも増加してきたことが明らかとなっている[11]。

　ところで、情報リテラシー（information literacy）という用語の初出は、アメリカの情報産業協会会長であったツルコフスキー（Paul Zurkowski）が、1974年に示した「図書館および情報学に関する国家委員会への提言」においてだとされている[12]。その後、1989年のアメリカ図書館協会情報リテラシー特別委員会（Presidential Committee on Information Literacy）の最終報告により、情報リテラシーの概念がアメリカの高等教育界と大学図書館界に公式にもたらされた[13]。

　ここであらためて、「情報リテラシー」という用語そのものの定義について『図書館情報学用語辞典』（第4版）に拠りながら確認しておきたい。情報リテラシーとは、「さまざまな種類の情報源の中から必要な情報にアクセスし、アクセスした情報を正しく評価し、活用する能力」と定義づけられており、以下の3つの能力を含むことが指摘されている[14]。

　1）情報へのアクセス：さまざまな種類の情報源について熟知している。

---

11) 慈道佐代子「情報リテラシーと利用教育：大学図書館と公共図書館」『図書館界』Vol.61, No.5, p.496.
12) 図書館用語辞典編集委員会編『最新　図書館用語大辞典』柏書房, 2004, p.235.
13) 上岡真紀子「情報リテラシー教育を行う大学図書館員の能力開発：アリゾナ大学図書館の研修プログラム」『高等教育開発センターフォーラム』Vol.2, 2015, p.53.
14) 前掲9), p.110.

第6章　発信型情報サービスと図書館利用教育

表6.2 『図書館利用教育ガイドライン』にみる館種別の情報リテラシー教育にかかわる目的・目標

	領域1 印象づけ	領域2 サービス案内	領域3 情報探索法指導	領域4 情報整理法指導	領域5 情報表現法指導
学校図書館（高等学校）版	学習上、また日常生活の場で情報ニーズが生じた場合、そのニーズを満たす場として、まず学校図書館があることを認識させる。また知る権利を保障する場としてその他の各種図書館が存在することを知らせ、利用しようという意識を持たせる。	学校図書館の施設・設備、サービスおよび専門職員によるを支援を紹介し、図書館を容易に利用できるようにする。	情報の特性を理解させる。各種情報源の探し方と使い方を指導し、主体的な情報利用ができるようにする。	メディアの特性に応じた情報の抽出法、加工法、整理法、および保存法を理解させる。	情報表現に用いる各種メディアの特性と使用法を指導する。目的に合った情報の生産と伝達の方法と、守るべき情報倫理について理解させる。
大学図書館版	大学における図書館の位置づけ、図書館の社会的意義、情報リテラシーと図書館、という観点から図書館がどのようなところかということを周知する。	図書館の方針・目的・特色、図書館の施設、設備、図書館のサービス、利用規定・マナー、といった専ら当該図書館に固有の事柄が中心となるが、異なる図書館でも同様のサービスが提供されていることにも配慮し理解できるようにする。	情報探索法の意義と情報評価、資料とその利用、情報の検索、資料の探し方・人手、といった図書館をいかに探すか必要な情報をどう探すか理解したうえで、それぞれの技能を習得することができるようにする。	メディアを利用した情報の記録と整理、分類・索引の利用、情報の抽出・加工、分野別の整理法と情報整理法の意義、といった大手した情報をどのように整理していくか理解したうえで、それぞれの技能を習得することができるようにする。	資料別、メディア別の表現法、プレゼンテーションとコンピュータネットワークによる発信、分野別の意義、現法と情報表現手し、整理、再構成といった大手、した情報をどのように発信していくか理解し習得することができるようにする。
公共図書館版	図書館の存在と有用性を地域住民に広くアピールすることにより、来館し利用する動機づけを図り、来館するよう働きかける。	初めて利用する人が来館する際の誘導から、来館し利用者へ図書館の施設、サービス内容、また専門職員による支援の存在を紹介し、その図書館を容易に利用できるようにする。	情報資源の探し方と使い方を知り、情報の特性を理解して、主体的な情報活用ができるようにする。		

(出典) 表6.1と同じ．p.24, p.39, p.55, 及び, 日本図書館協会図書館利用教育委員会編『図書館利用教育ハンドブック大学図書館版』日本図書館協会，2003, pp.14-20. に基づき作成。

2） 情報の評価：精度や再現率などから、アクセスした情報の正しい評価を行うことができる。

3） 情報の活用：既存の知識体系の中に新しい情報を統合することができる。

　図書館においては、上記の3つの能力を培うことができる支援をサービスとして展開していくことが求められている。それでは、図書館が情報リテラシー教育にかかわっていくにあたり、各館種別に具体的にどのような目的・目標を持ちながらサービスを展開していけば良いのだろうか。利用者教育でも紹介した『図書館利用教育ガイドライン合冊版』から、各館種別に示された目的・目標の5領域を一覧にまとめたものが表6.2である。図書館における情報リテラシー教育を考える手掛かりとして参考になる。

2.2　情報サービスの提供による探究的な学習の支援

　情報サービスの提供において、利用者教育や情報リテラシー教育への関与が必要とされていることを確認してきたが、そのような'教育的'側面からの情報サービスを考えた場合、特に学校図書館における情報サービスと教育課程の展開とのかかわりについて把握しておく必要がある。学校図書館における情報サービスの意義等については、第2章において説明を加えているため、ここでは、より具体的に「探究的な学習」と学校図書館における情報サービスとのかかわりについて述べていくこととする。

(1)探究的な学習が求められる背景

　「小・中・高等学校時代を振り返り、楽しかった思い出はありますか？」と問われたら、あなたはどのように答えるだろうか。学校教育の中で思い出として想定される答えとしては、教室での授業（学校内）、社会科見学（学校外）、クラブ活動等（学校内・外）といった大きく3つに分かれるのではないだろうか。筆者も大学での講義において上記の質問を投げかけてみたことがあるが、多くの場合、修学旅行といった学校外での活動が楽しい思い出として挙げられるこ

第6章　発信型情報サービスと図書館利用教育

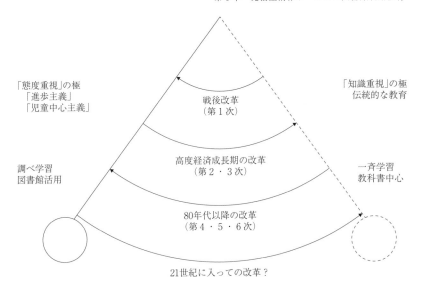

図6.5　カリキュラム改革の振り子
（出典）志水宏吉『学力を育てる』岩波書店，2005, p.30. に一部加筆。

とが多く、学校内であったとしても文化祭や体育祭などである。学校生活において、多くの時間を過ごすであろう教室での授業（多くの場合は教科学習）の思い出が楽しかったと挙げられることはまずない。

　学校教育における学習は多岐にわたるが、楽しい思い出として選択される分岐点としては、〈教える者（評価する者）─教わる者（評価される者）〉という関係性の中での学習よりも、自主的・主体的活動や学び合いかかわり合う活動の中での学習の方が「学びが楽しい」と感じられることが多い。もちろん、そこでの学びの楽しさには「楽しさ」の意味するところに幅があることを念頭に置かなければならないだろうが、少なくとも、現在の学校教育においては、「学び」を本来の知的探究活動の「楽しさ」として取り戻していくことが求められている。

　日本においては、第二次世界大戦後の教育改革の流れの中で、図6.5に示したように学校教育における学びのつくられ方が大きく揺れ動いてきた。戦後間もない時期には、アメリカの教育学者であるJ. デューイ（John Dewey）の「児

童中心主義[15]」の影響に基づいた教育改革がめざされ、1946年当時、文部省から示された『新教育指針』の中では、「教育においても、教師が教へるところに生徒が無ひはん的にしたがふのではなく、生徒が自ら考え自ら判断し、自由な意思をもって自ら真実と信ずる道を進むやうにしつけることが大切である[16]」として、自由に子どもたちが使用できる図書室の整備の必要性についても言及されているのである。昨今強調されてきたかのように思われる探究的な学習ではあるが、戦後教育改革の出発点においては、子どもたちの主体的な学びを保障する学習環境としての学校図書館の整備もめざされながら、現在に通じる探究的な学習の素地が築かれようとしていたのである。

　しかし残念ながら、戦後教育改革のベクトルは、戦後復興のための一定水準の知識を備えた大量の人材育成への要請とベビーブームの影響もあり、画一的な一斉授業のもと教科書を中心とした知識偏重の形態への移行を余儀なくされていったのである。学校図書館の整備もまた、教育改革の方向性が大きく転換したことと、学校図書館法制定（1953年）の遅れもあり『新教育指針』で示された整備充実には程遠いものであった。

　では、現在の教育改革の動向と探究的な学習とのかかわりはどのような関係にあるのだろうか。世界的には、1990年代半ば以降、社会経済の構造的変化や情報通信技術（ICT）の発展に伴い、新しい時代にふさわしい資質や能力のあり方が再定義されてきた。それら資質や能力を育成するためのカリキュラムやスタンダードの策定が進められてきた背景がある[17]。なかでも、日本における近年の教育政策の特徴については、次の3点にまとめられている[18]。

---

15)「教育のあり方を、子どもに対する外からの干渉や知識の注入主義から解放して、彼ら自身の興味や自発性に基づいて改革しようとする考え方や立場」（岩内亮一, 本吉修二ほか編『教育学用語辞典』第4版改訂版, 学文社, 2010, p.112.）.
16) 文部省『新教育指針』文部省, 1946.（第1分冊）p.1, pp.7-8, 及び（第2分冊）pp.120-127.
17) 国立教育政策研究所『資質や能力の包括的育成に向けた教育課程の基準の原理』国立教育政策研究所, 2014, pp.68-69, https://www.nier.go.jp/05_kenkyu_seika/pdf_seika/h25/2_1_allb.pdf（2017.9.6最終確認）.
18) 前掲17), p.v.

1）「自己教育力」(1983年) や「新しい学力観」(1989年)、「生きる力」(1998年及び2008年) など、世界的に見ても早くから資質・能力を教育目標として導入してきた点。
2）1）の目標に基づき、「生活科」(1989年) や「総合的な学習の時間」(1998年) 等の教科等を新設して、資質・能力育成のための場（教育内容）を創り出し、「言語活動の充実」や「問題解決型学習の重視」、「児童による学習課題の選択」(2008年) 等、実現のための方策をも提案してきた点。
3）2000年代以降に、中教審答申や教育振興基本計画において「知識基盤社会」や「グローバル社会」が言及され始め、「学士力」や「就業基礎能力」、「社会人基礎力」等、大学生や大学院生、社会人に求める資質・能力が提言されるなど、グローバル人材育成の観点から、初等中等教育の教育目標や内容、方法を見直す試みが急ピッチで始まっている点。

これらのなかで、2）に示されたような各種の方策は、探究型の学びに向けた「習得・活用・探究」の学習の流れを具現化する提案であったともいえる。この「習得・活用・探究」の学習の流れについて、文部科学省は「各教科では、基礎的・基本的な知識・技能を『習得』するとともに、観察・実験をしてその結果をもとにレポートを作成する、文章や資料を読んだ上で知識や経験に照らして自分の考えをまとめて論述するといったそれぞれの教科の知識・技能を『活用』する学習活動を行う。それを総合的な学習の時間等における教科等を横断した問題解決的な学習や『探究』活動へと発展させる[19]」としつつも、「探究」は決して一つの方向で進むだけではない（「習得→活用→探究」の一方通行ではない）ことにも言及している。なお、これらの学習の基盤となるのは言語に関する能力であり、そのために各教科等で言語活動を充実させること（当然そのための学校図書館における情報資源の充実も必要となろう）が、探究的な学習を充実させることにもつながっていく。

---

[19] 文部科学省「学習指導要領『生きる力』：(小・中学校) 問1-8」http://www.mext.go.jp/a_menu/shotou/new-cs/qa/01.htm (2017.9.6最終確認).

表6.3 探究の過程において学校図書館が支援できること

6プロセス	9アクション	学習目標	学校図書館ができること
決める	大テーマの下調べ	大テーマに関する知識を増やす	・テーマにそった関連本の収集 ・ブックトークの実行 ・パスファインダーやリストの作成 ・百科事典の使い方の指導 ・資料提供・レファレンスサービス
	小テーマの選択	小テーマに絞る	
問う	問いの生成	小テーマに関する問いをつくる	・問いの作成ワークシート、5W1Hシートなど、考えるためのツールの提供 ・見本（過去の作品など）の提供 ・資料提供・レファレンスサービス
集める	情報の収集	問いの答えになりそうな情報を探す	・学校図書館の利用指導のほか、OPAC、ネット検索などの指導 ・資料提供・レファレンスサービス
考える	情報の整理・分析	答えになりそうな情報を読み解く	・読解方法の指導 ・引用・要約についての基本の指導 ・論理的思考のワークシートの提供 ・資料提供・レファレンスサービス
	問いへの答え	問いの答えを明らかにする	
創る	情報の表現・伝達	問いの答えを他者に伝える	・レポート作成法の指導 ・ポスター・新聞の作成法の指導 ・資料提供・レファレンスサービス
振り返る	探究の評価	探究の道筋や成果物を評価する	・ルーブリック（評価表）の提供 ・まとめのブックトークの実行 ・発展的なブックリストの発行 ・資料提供・レファレンスサービス ・探究作品の展示・掲示・保管
	新しい問いの発見	残された課題を確認し、新しい問いに気づく	

（出所）桑田てるみ『思考を深める探究学習：アクティブ・ラーニングの視点で活用する学校図書館』全国学校図書館協議会，2016，p.21．

(2)情報サービスの提供による探究的な学習の支援のあり方

　学校図書館では、探究的な学習を支援するために、どのような情報サービスの提供を考えておくべきだろうか。そのためには、そもそも探究的な学習がどのようなプロセスを経て展開されていくものなのか把握しておく必要がある。
　第2章では、学習指導要領「総合的な学習の時間解説」における4段階のプロセスを確認したが、他にも、アイゼンバーグ（M.B.Eisenberg）らの「Big 6 Skills Model[20]」、カナダ、アルバータ州の「Focus On Inquiry[21]」、桑田てるみの「6プロセス9アクション」が探究的な学習のプロセスを把握するうえで大

いに参考になる。ここでは、桑田の「6プロセス9アクション」に沿いながらとりまとめられた「探究の過程において学校図書館が支援できること」を表6.3にて紹介しておきたい。

③ これからの情報サービス担当者としての役割

3.1 社会経済の構造的変化に伴う情報サービスのあり方

　社会経済の構造的変化が叫ばれて久しい。2012年に産業構造審議会新産業構造部会がまとめた報告書[22]では、その当時の経済の現状と課題として、競争に勝つために企業はコストを切り詰める努力をしたものの、労働所得は下がり、その結果消費意欲も低迷し、デフレから脱却できない状況であることが挙げられている。また、やりがいを持って仕事に就けないまま技能を身につけることもできない若者、子育てと両立できる仕事に就けない女性など、活き活きと暮らすことができない人も多いといった閉塞感のある社会状況の課題も示された。

　同報告書の中では、上記の現状や課題の要因として、企業戦略・産業構造や就業構造といった構造的な行き詰まりがあることが指摘されており、それらの行き詰まりを打開するための経済産業政策の大方針として、図6.6に示したような「経済成長のビジョン」と「人を活かす社会ビジョン」の2本柱を掲げている。

　これらの経済産業政策については、産業構造や就業構造とも示されているように多分野に影響を及ぼす政策と言えるものであり、人材育成とのかかわりか

---

20) Big6 Skills Overview, http://big6.com/pages/about/big6-skills-overview.php （2017.9.8最終確認）.
21) "Focus On Inquiry：A Teacher's Guide to Implementing Inquiry-based Learning" 2004, p.10, https://open.alberta.ca/dataset/032c67af-325c-4039-a0f3-100f44306910/resource/b7585634-fabe-4488-a836-af22f1cbab2/download/29065832004focusoninquiry.pdf （2017.9.7最終確認）.
22) 『産業構造審議会新作業構造部会報告書　経済社会ビジョン　「成熟」と「多様性」を力に：価格競争から価値創造経済へ』産業構造審議会新作業構造部会, 2012, p.1. http://www.meti.go.jp/committee/sankoushin/shinsangyou/report_002.html （PDF）, （2018.1.2最終確認）.

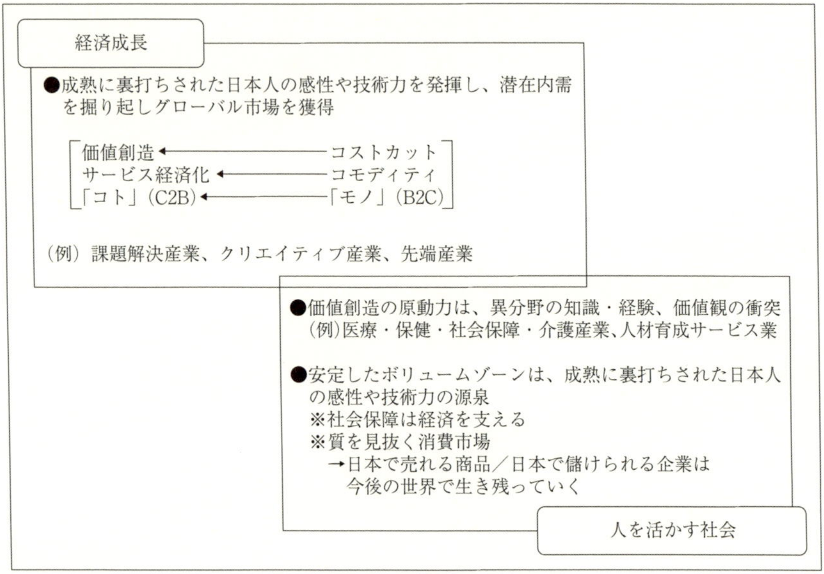

```
┌─────────────────────────────────────────────────────────────┐
│  ┌─経済成長──────────────────────────────────┐               │
│  │●成熟に裏打ちされた日本人の感性や技術力を発揮し、潜在内需│
│  │ を掘り起こしグローバル市場を獲得                 │               │
│  │   ┌価値創造    ←──── コストカット ┐       │               │
│  │   │サービス経済化 ←─── コモディティ│       │               │
│  │   └「コト」(C2B) ←── 「モノ」(B2C)┘       │               │
│  │  (例) 課題解決産業、クリエイティブ産業、先端産業│               │
│  └──────────┬─────────────────────────────┘               │
│       ┌────┴────────────────────────────────────┐         │
│       │●価値創造の原動力は、異分野の知識・経験、価値観の衝突│         │
│       │ (例)医療・保健・社会保障・介護産業、人材育成サービス業│         │
│       │                                        │         │
│       │●安定したボリュームゾーンは、成熟に裏打ちされた日本人│         │
│       │ の感性や技術力の源泉                        │         │
│       │ ※社会保障は経済を支える                      │         │
│       │ ※質を見抜く消費市場                          │         │
│       │   →日本で売れる商品／日本で儲けられる企業は     │         │
│       │    今後の世界で生き残っていく                  │         │
│       │                           人を活かす社会 │         │
│       └─────────────────────────────────────────┘         │
└─────────────────────────────────────────────────────────────┘
```

図6.6　社会経済の構造的変化

(出典) 前掲22) pp.1-3, p.111, pp.263-273より作成。

らも学校教育や社会教育のあり方にも大きく影響する。図書館も無縁とは言えないことから、上記の2本柱について概略を確認しておきたい。

　まず、「経済成長のビジョン」では、日本国内の需要が安さを売りにしたモノ（商品）としての「物質的豊かさ」から、付加価値が得られるコト（サービス）を追求する「成熟した豊かさ」へと転換していることから、課題解決産業やクリエイティブ産業、先端産業といった成熟を力にした価値創造経済を創出する必要性があることを掲げている。

　また、「人を活かす社会ビジョン」では、国民一人一人が、置かれた環境と能力に応じて、価値創造に参画し、成長を分配することで、活き活きと働く人々が増える経済を実現するため、「多様な人的資本」による「価値創造」実現に向けた環境整備を進めていくことを掲げている。なかでも、価値創造の原動力として、異分野の知識・経験、価値観の衝突が可能となる人材育成や環境を整備することが求められている。

このような、価格競争の時代から価値創造経済への移行がめざされてきたわけであるが、価値創造を保障する人材育成や環境整備を考えた場合に、課題解決やクリエイティブといった活動が可能となる場や異分野の知識が交差する場というのは、まさに図書館をおいて他にないのではないだろうか。

情報サービスを考えてみても、図書館が有する物理的資料を手渡すという直接サービスの形態もさることながら、間接サービスのなかから生み出される付加価値を伴った情報サービスの展開が、いかに価値創造を促進するサービスとして認識されていくことができるかが重要となる。そのような観点から考えてみれば、経済産業政策に図書館が貢献できる可能性は極めて大きいものであると同時に、積極的な関与を企図していくことが、今後の情報サービスのあるべき姿を考える手掛かりにもなるだろう。

すでに、第四次産業革命（特に人工知能の導入に伴う変革）の影響もあり、日本における教育や人材育成のあり方は抜本的な変革の渦中にある。産業構造審議会新産業構造部会が、2016年に中間整理としてまとめた報告書[23]においては、新たなニーズに対応した教育システムの構築を課題として掲げている。

なかでも、初等中等教育において「異なる多様な知を結びつけながら新たな付加価値を生み出す創造的な力などの育成を重視[24]」すべきことを求めており、そこでの教育内容として「創造的な問題発見・解決のために情報・データやITを使いこなす力や、多様な人々と協働する力、感性やリーダーシップ、チャレンジする意欲といった資質・能力を育成。アルゴリズムの意義の理解やプログラミング、データに基づく分析等に関する学習を充実[25]」させることを掲げるなど、産業界の意向が教育改革の動向に色濃く反映されていることもうかがえる。学校教育においては、これまでの画一的な一斉授業の学習スタイルから、主体的・対話的で深い学び（アクティブ・ラーニング）の視点に立った授業改善とともに、一人ひとりに最適化した学習コンテンツを提供するアダプ

---

23)『新産業構造ビジョン～第4次産業革命をリードする日本の戦略～中間整理』産業構造審議会新産業構造部会，2016，113p.
24) 前掲23），p.42.
25) 前掲23），p.43.

ティブ・ラーニング（適応学習）へ向けた取り組みが盛んとなっている。

 このような教育改革の動向を図書館における情報サービスという観点から眺めてみると、情報サービスは、利用者の主体性を念頭に置きながら、利用者との対話によって情報要求を把握し、利用者一人ひとりに最適化した情報提供をめざしていくことにあるはずであり、利用者のアダプティブ・ラーニングにも資するサービスを提供できる環境がそなわっていると考えることもできよう。

 次世代の育成のみならず、幅広い年齢層にわたって上に示したような学習の機会を提供できるところに、これからの情報サービスの強みを見出していくことができる。

3.2 情報サービス担当者に求められる資質・能力

 山﨑久道は、2009年当時、情報媒体や情報流通における変化にかかわり、図書館が実施する情報サービスに影響を及ぼす様々な事態が出現していることについて、概ね以下の4点から言及している[26]。

1) 誰もが手軽に使えるインターネットの普及により情報資源への直接アクセスが可能になったことで、図書館や図書館による情報サービスは形骸的な存在に陥る危機に直面する
2) 情報資源として電子ジャーナルなどのネットワーク系情報資源が重要な位置を占めるようになると、提供者とユーザーの間の情報利用や利用料金支払いについて、印刷物の流通以上に、情報資源の利用条件や契約内容の理解に関する専門的な知識が必要となる
3) 著作権法規についての理解と同時に、著作権制度そのものが社会で惹き起こすさまざまな事態についても把握することを求めることとなる
4) 組織が保有する情報を電子媒体に置き換える傾向を促進するかもしれないが、電子資料や電子文献の長期保存には、制度的、技術的ほかさまざまな問題が未解決で残されている

---

26) 山﨑久道「情報サービスを担う人材」日本図書館情報学会研究委員会編『情報アクセスの新たな展開』（シリーズ図書館情報学のフロンティア：9）勉誠出版, 2009, pp.176-179.

山﨑は、上記4点の中でも、図書館や情報サービスの存立にとって、最も深刻な影響をもたらすのは、1）に挙げた点にあることを指摘している。図書館では、図書館の経営資源としてのヒト・モノ・カネを基盤としながら、情報サービスを企画組織する人材が情報サービスを提供し、情報資源へのアクセスを容易にしてきた。しかし、1）のように利用者自身が直接情報資源へアクセスしやすい環境が生み出されたことにより、情報サービスを提供する人材（司書など）を経由することなく求める情報に辿り着くことができる。このことは、情報仲介者としての司書の立場を弱体化させることになるとも述べている。

一方、情報サービスの今後を考えるうえでは、「資料の提供」から「情報の提供」への再編を促し、ユーザーの手元に処理しやすい形で情報が提供されることが必要であるとともに、その情報には何らかの付加価値が付与されていることも求められることを指摘する。この指摘は、先に述べた社会経済の構造的変化に伴い、図書館が価値創造の側面からアプローチすることの意義と響き合うものである。

それでは、今後の情報サービス担当者に求められる資質・能力とは、いかなるものなのだろうか。以下に、The Reference and User Services Association Task Force on Professional Competencies が、2003年に作成したガイドラインを取り上げてみたい[27]。本ガイドラインの目的は、図書館員、図書館、および情報センターに、レファレンスや利用者サービスにかかわる図書館員の成功に不可欠なコンピテンシー（資質・能力）に関するモデルを提供することとされている。今後の情報サービス担当者に求められる資質・能力について考える一助としてもらいたい。

---

27) Professional Competencies for Reference and User Services Librarians, http://www.ala.org/rusa/resources/guidelines/professional（2017.9.7最終確認）.

レファレンスサービスと利用者サービスの担当者に求められるコンピテンシー

■情報へのアクセス領域
　□応答性にかかわるコンピテンシー
　　目標：利用者のニーズに対応したサービスを提供する。
　□サービスの企画とデザインにかかわるコンピテンシー
　　目標：地域のニーズに対応できるようレファレンスサービスと利用者サービスを効果的にデザインし整理する。
　□批判的思考と分析にかかわるコンピテンシー
　　目標：情報源とサービスの双方を慎重に分析し高品質なサービスを提供する。

■知識ベース領域
　□環境の精査にかかわるコンピテンシー
　　目標：関連性の高い情報源にアンテナをはり、レファレンスサービスと利用者サービスの動向に関する知識を定期的に更新する。
　□知識の応用にかかわるコンピテンシー
　　目標：新しい知識を効果的に利用し、レファレンスサービスと利用者サービスの実践を強化する。
　□知識の継承にかかわるコンピテンシー
　　目標：同僚と専門知識を共有し、新しい職員への教育を行う。
　□アクティブ・ラーニングにかかわるコンピテンシー
　　目標：同僚とのプロジェクトへの従事や主体的な学習を通じてスキルを高め、専門職として実践の向上に積極的に貢献する。

■マーケティング／案内／情報提供領域
　□調査にかかわるコンピテンシー
　　目標：どのタイプのレファレンスサービスを提供するか、どのようなタイプの利用者にそれらのサービスを提供するのかを決定するための調査を実施する。
　□コミュニケーションとアウトリーチにかかわるコンピテンシー

目標：利用者に提供されるレファレンスサービスと情報サービスの特徴を効果的に伝える。
  □評価にかかわるコンピテンシー
    目標：レファレンスサービスと情報サービスのマーケティングの有効性を体系的に評価する。

■協働領域
  □利用者との関係にかかわるコンピテンシー
    目標：情報探索プロセスにおいては、協力者・パートナーとして利用者とかかわりあう。
  □同僚との関係にかかわるコンピテンシー
    目標：同僚と緊密に連携し、質の高いサービスを利用者に提供する。
  □職場内の関係にかかわるコンピテンシー
    目標：職場内で協力関係を築き、利用者へのサービスを強化する。
  □図書館・専門職を超えた関係にかかわるコンピテンシー
    目標：図書館や専門職を超えて、利用者へのサービスを強化するためのパートナーシップを構築し、維持する。

■情報資源とサービスの評価領域
  □利用者のニーズにかかわるコンピテンシー
    目標：ツールと技術を効果的に使用し、利用者の情報ニーズを調査する。
  □情報サービスにかかわるコンピテンシー
    目標：利用者に提供する情報サービスの有効性を評価する。
  □情報資源にかかわるコンピテンシー
    目標：客観的な基準と図書館の利用者ニーズをどれだけ満たすかという観点から情報資源を評価する。
  □サービス提供にかかわるコンピテンシー
    目標：利用者の能力に提供しているサービスが見合うものとなっているか、新しいサービスまたは既存のサービスを評価する。
  □情報インターフェイスにかかわるコンピテンシー
    目標：ツールの価値の全体的な評価の一環として、情報資源のフォーマット、アクセス、および表示の観点から評価する。

□情報サービス提供者にかかわるコンピテンシー
　目標：担当職員のサービス実践にかかわる自己評価方法を効果的に採用する。

3.3　エンベディッド・ライブラリアンをめぐる動向から

　鎌田均らは、デイビッド・シューメイカー（David Shumaker）によってアメリカを中心に図書館界に広がったエンベディッド・ライブラリアン（embedded librarian）を取り上げている。エンベディッドには、「埋め込まれた」という意味があり、エンベディッド・ライブラリアンとは、「図書館サービスの利用者である人々が活動している場所、状況に埋め込まれた形で図書館サービスを提供するというサービス提供のモデル[28]」として位置づけられている。今日の高度情報通信社会においては、情報がどこでも容易に入手できるような環境下にあり、図書館が図書館内で利用者を待ってレファレンスするような従来型のサービスには限界があることを示し、能動的図書館サービスモデルの可能性として、エンベディッド・ライブラリアンについて言及している。

　シューメイカーが強調するエンベディッド・ライブラリアンの要素については、以下の3点が紹介されている[29]。

　1）　ライブラリアンが利用者グループとの継続的関係をもつこと
　2）　利用者グループが活動している目的を理解し、それに関わること
　3）　利用者グループに特化した、付加価値が高いサービスを提供すること

　これら3点の要素については、図書館として図書館外部のコミュニティーに図書館員が出向いて行き、長期にわたって関係性を築いていく必要があることが指摘されている。しかしながら、日本の公共図書館に重ねてみれば、図書館組織から離れて連携することの制度的困難さや、社会が情報要求に関して公共

---

28) 鎌田均，家禰淳一ほか「能動的図書館サービスモデル，エンベディッド・ライブラリアンをめぐって：アメリカにおける展開と日本における同様事項の追求」『図書館界』Vol.69, No.2, p.118.
29) 前掲28), p.118.

図書館を大いに活用する基礎がないという指摘から、日本においてエンベディッド・ライブラリアンについての議論が深まっていない状況であることも言及されている[30]。

このような海外の事例が、すぐに日本の図書館において適用可能なものとするには様々な制約があることは確かである。とはいえ、先にも述べた価値創造に寄与する図書館としての情報サービスを考えた場合に、図書館の外に出向きながら異分野との交流を促進していくことがサービス活性化の起点となることも考えられる。

それぞれの図書館が、図書館の外とのつながりをどのように生み出しながら、それぞれの図書館がかかわるコミュニティーがもとめる情報要求に応えていくことができるかが、これからの情報サービス担当者の役割として大いに期待されるところである。

---

30) 前掲28), p.122.

文献ガイド
情報サービスをもっともっと知るために（著者50音順）

[情報サービス・レファレンスサービス全般を知るための本]

池谷のぞみ［ほか］編著『図書館は市民と本・情報をむすぶ』勁草書房，2015
大串夏身『これからの図書館：21世紀・知恵創造の基盤組織』増補版，青弓社，2011
大串夏身『レファレンスと図書館　ある図書館司書の日記』皓星社，2019
木本幸子『図書館で使える情報源と情報サービス』日外アソシエーツ，2011（補訂版，日本図書館協会，2014）
斉藤文男，藤村せつ子『実践型レファレンス・サービス入門』（JLA図書館実践シリーズ1）補訂2版，日本図書館協会，2019
齋藤泰則『利用者志向のレファレンスサービス：その原理と方法』勉誠出版，2009
志智嘉九郎『レファレンス・ワーク』赤石出版，1962
長澤雅男『レファレンスサービス』丸善，1995
日本図書館協会図書館利用教育委員会編『情報リテラシー教育の実践：すべての図書館で利用教育を』（JLA図書館実践シリーズ14）日本図書館協会，2010
日本図書館学会研究委員会『レファレンス・サービスの創造と展開』日外アソシエーツ，1990
根本彰『理想の図書館とは何か：知の公共性をめぐって』ミネルヴァ書房，2011
埜納タオ『夜明けの図書館』全7巻，双葉社，2011-2021
三浦逸雄，朝比奈大作『現代レファレンス・サービスの諸相』日外アソシエーツ，1993

[情報検索スキルを高めるための本]

一般社団法人情報科学技術協会監修；原田智子編著；吉井隆明，森美由紀著『検索スキルをみがく　検索技術者検定3級公式テキスト』第2版，樹村房，2020
田窪直規編；岡紀子，田中邦英著『図書館と情報技術：情報検索能力の向上をめざして』改訂版，樹村房，2017
中島玲子［ほか］著『スキルアップ！　情報検索：基本と実践』新訂第2版，日外アソシエーツ，2021
日本図書館情報学会研究委員会編『情報アクセスの新たな展開：情報検索・利用の最新動向』勉誠出版，2009
藤田節子『キーワード検索がわかる』（ちくま新書685）筑摩書房，2007
藤田節子『図書館活用術：情報リテラシーを身につけるために』新訂第4版，日外アソ

シエーツ，2020
三輪眞木子『情報検索のスキル:未知の問題をどう解くか』中央公論新社，2003
吉井隆明編著；森美由紀［ほか］著『情報検索の知識と技術　基礎編:検索技術者検定3級対応テキスト』情報科学技術協会，2015

[各種図書館と情報サービスとの関わりを知るための本]
青柳英治，長谷川昭子編著『専門図書館の役割としごと』勁草書房，2017
大串夏身『挑戦する図書館』青弓社，2015
学校図書館問題研究会編『学校司書って、こんな仕事:学びと出会いをひろげる学校図書館』かもがわ出版，2014
門脇久美子［ほか］『学校図書館は何ができるのか？　その可能性に迫る:小・中・高等学校の学校司書3人の仕事から学ぶ』国土社，2014
全国学校図書館協議会監修『司書教諭・学校司書のための学校図書館必携:理論と実践』新訂版，悠光堂，2021
高橋恵美子『学校司書という仕事』青弓社，2017

[発信型情報サービスを学ぶための本]
愛知淑徳大学図書館インターネット情報資源担当『パスファインダー・LCSH・メタデータの理解と実践』紀伊國屋書店，2005
飯野勝則『図書館を変える！　ウェブスケールディスカバリー入門』出版ニュース社，2016
鹿島みづき『パスファインダー作成法』樹村房，2016
国立国会図書館関西館『レファレンス協同データベース事業調べ方マニュアルデータ集』日本図書館協会，2007
国立国会図書館関西館事業部『レファレンス協同データベース事業データ作成・公開に関するガイドライン』日本図書館協会，2006

[レファレンスサービスに必要な専門知識を得るための本]
碧海純一『法と社会　新しい法学入門』（中公新書 125）中央公論新社，1967
我妻榮著；遠藤浩，川井健補訂『民法案内1　私法の道しるべ』（民法案内シリーズ1）第2版，勁草書房，2013
池田真朗編『プレステップ法学』（プレステップシリーズ2）第4版，弘文堂，2020
いしかわまりこ，藤井康子，村井のり子著；指宿信，齋藤正彰監修『リーガル・リサーチ』第5版，日本評論社，2016
井田　良，佐渡島紗織，山野目章夫『法を学ぶ人のための文章作法』第2版，有斐閣，

2016

大村敦志『父と娘の法入門』（岩波ジュニア新書519）岩波書店，2005
木村草太『キヨミズ准教授の法学入門』（星海社新書25）講談社，2012
木山泰嗣『最強の法律学習ノート術』弘文堂，2012
陶久利彦『法的思考のすすめ』第2版，法律文化社，2011
田高寛貴，原田昌和，秋山靖浩『リーガル・リサーチ＆リポート』第2版，有斐閣，
　2019
中山竜一『ヒューマニティーズ　法学』（ヒューマニティーズシリーズ）岩波書店，
　2009
道垣内弘人『プレップ　法学を学ぶ前に』（プレップシリーズ）第2版，弘文堂，2017
道垣内正人『自分で考えるちょっと違った法学入門』第3版，有斐閣，2007　※道垣内
　正人・道垣内弘人は兄弟で法学者

伊藤智章『地図化すると世の中が見えてくる』ペレ出版，2016
田邉　裕『新版　もういちど読む　山川地理』（山川新もういちど読むシリーズ）山川出
　版社，2017
地政学地図研究会編『21世紀の地政学アトラス　反グローバル時代の覇権戦争のゆく
　え』小学館クリエイティブ，2016
地理用語研究会編『地理用語集　A・B共用』第2版，山川出版社，2019
帝国書院編集部編『世界の諸地域　NOW 2017』帝国書院，2017　※年鑑本
帝国書院編集部編『新詳資料地理の研究』帝国書院，2017　※年鑑本
帝国書院編集部編『新詳高等地図』帝国書院，2016　※年鑑本
帝国書院編集部編『最新基本地図 2017　世界・日本』帝国書院，2016　※年鑑本
二宮書店編集部編『データブック　オブ・ザ・ワールド 2017 世界各国要覧と最新統計』
　二宮書店，2016　※年鑑本
二宮書店編集部編『地理統計要覧 2017』二宮書店，2016　※年鑑本
宮路秀作『経済は地理から学べ！』ダイヤモンド社，2017
矢野恒太記念会編『日本のすがた　日本をもっと知るための社会科資料集 2017』矢野恒
　太記念会，2017　※年鑑本
矢野恒太記念会編『データでみる県勢 2017年版　日本国勢図会地域統計版』矢野恒太
　記念会，2017　※年鑑本
矢野恒太記念会編『日本国勢図会　2017/18』矢野恒太記念会，2017　※年鑑本
矢野恒太記念会編『世界国勢図会　2017/18』矢野恒太記念会，2017　※年鑑本
矢野恒太記念会編『数字でみる日本の100年　日本国勢図会長期統計版』改訂第7版，
　矢野恒太記念会，2020

索　引
(＊は人名)

欧　文

AND 検索　24, 127
API　217
Big 6 Skills Model　228
FAQ　→よくある質問
Focus On Inquiry　228
JDREAM Ⅲ　133
JST 科学技術用語シソーラス　136
LibraryNAVI　211, 212
MEDLINE　133
NDC（日本十進分類法）　150
NDL-Bib　130
Next Generation OPAC　216
NOT 検索　126, 127
Online Computer Library Center Inc.
　（OCLC）　120
OPAC　145, 216-218
OPAC2.0　216, 218
OR 検索　125, 127
PR 活動　103, 105
Q&A　213
RSS　207
SNS　115, 120
Topical guide　207
Web OPAC　216
Web k OYA-bunko　160
Web2.0　216

あ　行

＊アイゼンバーグ, M.B.　228
相手に合わせて調整されたニーズ　206
アクティブ・ラーニング　231
アクティブリスニング　91
アダプティブ・ラーニング（適応学習）
　231, 232
生きる力　35
意識化されたニーズ　205

異字体　173
一次資料　143
インフォメーションファイル　54, 109, 110
ヴァーチャルレファレンス　111
ウェビングマップ　100-102
受付表　75
＊エリス, D.　68
エンベディッド・ライブラリアン　236
『大宅壮一文庫雑誌記事索引総目録』　160
オリエンテーション　19

か　行

開始質問　77, 166
開質問（open question）　88, 90
ガイダンス　2
回答事務　94
外来語　167
科学技術文献速報　146
学修支援　33
学習支援機能　65, 66
学習指導要領　35
学習センター　35
貸出カウンター　9, 10
課題/問題発見解決学習　219
＊カッター, C.A.　63
価値創造　230, 231, 233
学校教育支援　48
学校司書　37
学校図書館　34, 35, 37
学校図書館の整備　35
カレントウェアネスサービス　2, 17, 18, 206
間接サービス（物的サービス）　50, 54, 55
完全一致　133
『官報』　187
規則　185, 186
基本件名標目表　136
逆漏斗型インタビュー　90
教育改革　225, 226

教育振興基本計画　227
教育的機能　60
教育的なサービス　220
行政支援　48
郷土資料　152
協力レファレンス　55,119,120
近接演算子　133
禁帯出資料　109
＊グリーン，サミュエル　63
＊桑田てるみ　228
経済成長のビジョン　229,230
形式化されたニーズ　205
『現行日本法規』　187
『現行法規総覧』　187
検索機能　122
検索クエリ　71
検索語　81,122,123
検索モレ　138
件名標目表　136
公共図書館　28-31
『広辞苑』　169
公衆送信権　58
厚生労働白書　184
購入希望（リクエスト）　53
後方一致　132,133
公立図書館　29,31
『公立図書館の任務と目標』　29
『國史大辞典』　175,177,178
『國書總目録』　156
『国書読み方事典』　156
国立国会図書館　23,24
国立図書館　23,24,28
子育て支援　49
国会サービスの指針　25,26
国会図書館サーチ　218
『古典籍総合目録』　157
事典（コトテン）　167
辞典（コトバテン）　167
コピーカタロギング　54
『これからの図書館像：地域を支える情報拠点を目指して』　48
混架方式　108
コンテンツサービス　206

コンテンツシートサービス　207
コンピテンシー　233

さ　行

再現率（recall ratio）　138-140
最終質問　77,78
最小論　63
最大論　63
索引（誌）　145,146
雑誌記事索引　146
参考業務　47,94
参考事務　47,94
参考調査　47
三次資料　148
自館資料　54
市（区）町村立図書館　30
事項調査　144
事後結合方式　81
事実解説型情報源　53,144,146
事実調査　2
資質・能力　233
司書教諭　37
辞書的ツール　167
次世代OPAC　216,218
事前結合方式　81
自然語検索　135
シソーラス　136
6プロセス9アクション　228,229
質問解答サービス　50,51,53
質問分析　78,79,81
事典的ツール　167
自動公衆送信　58
指導サービス　220,222
児童中心主義　225
『市民の図書館』　48
社会に開かれた教育課程　37
自由語検索　135
習得・活用・探究　227
自由理論　63
自由論　64
主体的・対話的で深い学び　35,231
『出版年鑑』　155
＊ジャホダ,G.　86

索　引

＊シューメイカー，デイビッド　236
『ジュリスト』　192
情報検索　67
情報行動　67-69
情報社会　1
情報センター　35
情報探索　67，69
情報探索行動　66，67
情報提供機能　58，59，61，62，64
情報ニーズ　70
情報のコンシェルジュ　99
情報のソムリエ　99
情報要求　70，205
情報リテラシー教育　65
条約　185，186
商用データベース　54
条例　185，186
抄録　145
書誌　143，145
書誌の書誌　148
『女性白書』　184
調べ方マニュアル　211
資料相談　47
資料リスト作成　207
『(新)基本法コンメンタール』　189
新語　167
人工知能　231
心底のニーズ　205
人的サービス　50
人的情報資源　38
『人物レファレンス事典』　195
『人文地理学事典』　200
図鑑　147，148
スキャンニング　68
ストーリーレファレンス　93
ストップワード　134
＊スポフォード，A.R.　63
成人教育　62
精度（precision ratio）　138，139，140
政令　185，186
『世界大地図帳』　198
『世界の統計』　185
『世界統計白書』　184

セルフレファレンス　107，108
前後一致（中間任意）　132
全国書誌　24
選択的情報提供（SDI）　207
前方一致　132，133
専門性　4
専門図書館　39-41
総合的な学習の時間　35
相互貸借　2，53

た　行

＊ダーヴィン，B.　90
大学図書館　31-33
『大漢語林』　172
『大漢和辞典』　169
題目索引　146
第四次産業革命　231
探究的な学習　224，226-228
地域課題（地域の抱える課題）　31，42，44
地域貢献　34
地域創生レファレンス大賞　44
『地球の歩き方』　198
『逐条解説　改正教育基本法』　187
地方行政資料　152
チャットレファレンス　116
中間一致　132，133
中間論　63
『中小都市における公共図書館の運営』（「中小レポート」）　47
中庸理論　63
中立質問法　90
直接サービス（人的サービス）　49，50
著作権法　55-57
直観的なニーズ　205
＊ツルコフスキー，P.　222
ディスカバリー・インターフェース　218
ディスカバリーサービス　218
＊テイラー，R.S.　70，205
適応学習　→アダプティブ・ラーニング
テクニカルレポート　143
デジタル岡山大百科　117
デジタルデバイド（情報格差）　48，49
デジタルレファレンス

243

　　　　48, 51, 52, 58, 111, 112, 114
＊デューイ, J.　225
　『伝記・評伝全情報』　154
　電子書籍　143, 149
　同期型　113, 115
　『統計情報インデックス』　182
　統制語（ディスクリプタ）　136
　統制語検索　135
　読書案内　2, 19-21
　読書センター　35
　読書相談　19
　「図書館の設置及び運営上の望ましい基準」
　　　49
　図書館利用援助　19
　図書館利用ガイダンス　19
　図書館利用教育　19, 220
　『図書館利用教育ガイドライン』　220, 224
　都道府県図書館　30
　トランケーション　82, 131, 132

　　　　　　な　行

　内容索引　146
　ナビゲーション型情報源　53, 144-146, 148
　『難訓辞典』　173
　二次資料　143, 144
　『2005年の図書館像：地域電子図書館の実現
　　　に向けて』　48
　『日本国語大辞典』　169
　『日本史広辞典』　178
　『日本史総合年表』　178
　『日本史大事典』　178
　『日本大百科全書』　172, 177, 178
　『日本地名ルーツ事典』　201
　『日本史年表・地図』　201
　『日本の統計』　182, 183, 185
　『日本歴史地図』　201
　『日本歴史地名大系』　201
　ネットワークメディア　54
　年鑑　147
　年表　147
　ノイズ　138

　　　　　　は　行

　ハイブリッドライブラリー　54
　白書　179, 181
　『白書統計索引』　184
　パスファインダー
　　　2, 54, 113, 118, 119, 207-209, 211
　派生サービス　50, 55
　発想ひまわり　100, 101
　範囲指定　130
　ハンドブック　147
　判例　185
　判例評釈　185
　非言語コミュニケーション　52
　ビジネス支援　49
　非同期型　113-115
　非統制語（非ディスクリプタ）　136
　人を活かす社会ビジョン　229, 230
　百科事典　147, 148, 150
　表記のゆれ　135
　貧困　12
　複写サービス　50, 55
　「複写物の写り込みに関するガイドライン」
　　　57
　府省令　185, 186
　物的サービス　50
　ブラウジング　68, 93
　フレーズ検索　134
　フロアワーク　10, 103
　フロアワークレファレンス　10
　文献調査　2
　『平安時代史事典』　177
　米国議会図書館（LC）　120
　閉質問（closed question）　88, 89, 90
　別架方式　108
　便覧　147
　『法令全書』　187
　法令データ提供システム　188
　ホームレス　12-14
　保守理論　63
　ホスピタリティ　99, 102

索引

ま 行

＊前川恒雄　20
　まちづくり　31
　『民法判例百選』　190
　目録　143,145
　字典（モジテン）　167
　モレ　138
　問題解決型学習　227

や 行

＊薬袋秀樹　21
＊山﨑久道　232
　要求事項　79
　よくある質問（FAQ：Frequently Asked Questions）　208,212-214
　よくある間違い　164,165
　予約（リザーブド）　53

ら　わ 行

ラーニングコモンズ　65
ライブラリー・ナビ　211
ライブレファレンス　115
リエゾン　33
リサーチ・ナビ　210
リソース　17
利用案内（利用指導）　18,19,50
利用教育　220
利用教育（案内）機能　58,59,61,62,64

リンク集　119,208,213,214
ルーツ調査　42-44
『るるぶ』　198,199
レコメンド　7
レファレンスインタビュー　51,82-84,88,166
レファレンスカウンター　9
レファレンス協同データベース　117,211,214,215
レファレンスコレクション　2,106,107
レファレンスサービス　1,46
レファレンス事例　214
レファレンスツール　54
レファレンスネットワーク　54,55
レファレンスブック（参考図書）　50
レファレンスプロセス　73-75
レファレンスライブラリアン　98,99,107
レフェラルサービス　2,16,17,38,50,55
レフェラル資料　213
＊ローススティーン，サミュエル　45,64
労働統計要覧　182
漏斗型インタビュー　90
『ロシアを知る事典』　198
『六法全書』　187
論理演算子　82,123,124
論理差　126
論理積　124
論理和　125
＊ワイヤー，J.I.　63

245

監修者紹介

山本順一（やまもと・じゅんいち）
　早稲田大学第一政治経済学部政治学科卒業。早稲田大学大学院政治学研究科博士課程単位取得満期退学。図書館情報大学大学院図書館情報学研究科修士課程修了。筑波大学大学院図書館情報メディア研究科教授、放送大学客員教授等を経て、現在、フリーランス研究者。著述家。サイクリング愛好者。『コンメンタール著作権法　改訂版Ⅰ・Ⅱ』（分担執筆、第一法規、2020）、『メディアとICTの知的財産権　第2版』（未来へつなぐデジタルシリーズ）（共著、共立出版、2018）、『行政法　第3版』（Next教科書シリーズ）（共著、弘文堂、2017）、『情報メディアの活用　3訂版』（共編著、放送大学教育振興会、2016）、『IFLA公共図書館サービスガイドライン　第2版』（監訳、日本図書館協会、2016）、『新しい時代の図書館情報学補訂版』（編著、有斐閣、2016）、『図書館概論――デジタル・ネットワーク社会に生きる市民の基礎知識』（単著、ミネルヴァ書房、2015）、『シビックスペース・サイバースペース――情報化社会を活性化するアメリカ公共図書館』（翻訳、勉誠出版、2013）、『学習指導と学校図書館　第3版』（監修、学文社、2013）など。

執筆者紹介（＊は編著者、執筆順）

＊**山口真也**（やまぐち・しんや）第1章・同コラム、第2章コラム、第5章1・2節、同コラム1
　編著者紹介欄参照。

＊**千　錫烈**（せん・すずれつ）第3章1・2節、6節1～5、7節、第4章2～4節
　編著者紹介欄参照。

＊**望月道浩**（もちづき・みちひろ）第2章、第6章2・3節
　編著者紹介欄参照。

山川恭子（やまかわ・きょうこ）第3章3節、8節
　筑波大学大学院図書館情報メディア研究科博士後期課程修了。博士（学術）。現在、関東学院大学非常勤講師。『戦前期「サンデー毎日」総目次』（共著、ゆまに書房、2007年）など。

長谷川幸代（はせがわ・ゆきよ）第3章4節、第4章コラム
　中央大学大学院文学研究科社会情報学専攻　博士後期課程修了。博士（社会情報学）。現在、跡見学園女子大学専任講師。「公共図書館における潜在利用者のセグメント化の試み――非利用理由の自由回答に対する分析をもとに」『中央大学文学部紀要』（第273号、2018年）など。

中尾康朗（なかお・やすろう）**第3章5節、第6章1節**
　九州大学大学院統合新領域学府ライブラリーサイエンス専攻修士課程修了。現在、安田女子大学教授。「レファレンス事例とパスファインダーを用いたレファレンスサービス支援システムに関する考察」『図書館学』（西日本図書館学会）vol.102, 2013年など。

今井　武（いまい・たける）**第3章6節6、第5章3節5**
　筑波大学大学院図書館情報メディア研究科博士前期課程修了。現在、株式会社テクノプロ。「イタリアの図書館法制に関する研究――国と地方の比較を通して」（筑波大学大学院図書館情報メディア研究科2006年度修士論文）。

中村克明（なかむら・かつあき）**第3章6節6**
　図書館情報大学大学院図書館情報学研究科修士課程修了。現在、関東学院大学教授。『日本国国憲案の研究』（単著、関東学院大学出版会、2017年）など。

藤田節子（ふじた・せつこ）**第4章1節**
　東洋大学社会学部図書館学専攻卒業。㈶造船資料センター、㈱エレクトロニック・ライブラリー川村学園女子大学教授を経て、現在、二松学舎大学等非常勤講師。『図書館活用術：検索の基本は図書館に』（単著、日外アソシエーツ、2020年）、『本の索引の作り方』（単著、地人書館、2019年）など。

坂本　俊（さかもと・しゅん）**第5章3節1～3**
　筑波大学大学院図書館情報メディア研究科博士前期課程修了。筑波大学大学院図書館情報メディア研究科博士後期課程単位取得退学。安田女子大学、京都女子大学助教を経て、現在、聖徳大学文学部文学科図書館情報コース専任講師、広島大学大学院教育学研究科客員准教授。『図書館サービス概論』（共著、ミネルヴァ書房、2018年）など。

松井勇起（まつい・ゆうき）**第5章3節4、3節6、同コラム2・コラム3**
　筑波大学大学院図書館情報メディア研究科博士後期課程修了。博士（図書館情報学）。現在、八洲学園大学、和光大学、明星大学ほか非常勤講師。『情報資源組織論』（共著、東海大学出版部、2020年）。

《編著者紹介》

山口真也（やまぐち・しんや）
　図書館情報大学情報メディア研究科修士課程修了。修士（図書館情報学）。現在、沖縄国際大学教授、同大学図書館長。
　『図書館ノート――沖縄から「図書館の自由」を考える』（単著、教育史料出版会、2016年）など。

千　錫烈（せん・すずれつ）
　筑波大学大学院図書館情報メディア研究科博士後期課程満期退学。修士（図書館情報学）。現在、関東学院大学教授。
　『司書教諭・学校司書のための学校図書館必携理論と実践』新訂版（共著、悠光堂、2021年）など。

望月道浩（もちづき・みちひろ）
　明星大学大学院人文学研究科修士課程修了。修士（教育学）。筑波大学大学院図書館情報メディア研究科博士後期課程単位取得退学。現在、琉球大学教育学部教授。
　『児童サービス論』（共編著、学文社、2015年）など。

　　　　講座・図書館情報学⑥
　　　　情報サービス論
　　　――情報と人びとをつなぐ図書館員の専門性――

2018年3月30日　初版第1刷発行　　　〈検印省略〉
2023年4月30日　初版第4刷発行

　　　　　　　　　　　　　　　　　定価はカバーに
　　　　　　　　　　　　　　　　　表示しています

　　　　　　　　　山　口　真　也
　　編著者　　　千　　　錫　烈
　　　　　　　　　望　月　道　浩
　　発行者　　　杉　田　啓　三
　　印刷者　　　藤　森　英　夫

　　発行所　株式会社　ミネルヴァ書房
　　　　　607-8494　京都市山科区日ノ岡堤谷町1
　　　　　電話代表　(075)581-5191
　　　　　振替口座　01020-0-8076

　　　　ⓒ 山口・千・望月ほか, 2018　　亜細亜印刷

　　　　　　ISBN978-4-623-08258-2
　　　　　　Printed in Japan

山本順一 監修

講座・図書館情報学

全12巻
Ａ５判・上製カバー

① 生涯学習概論　　　　　　　　　　　　　　前平泰志 監修／渡邊洋子 編著
② 図書館概論　　　　　　　　　　　　　　　　　　　　　　　山本順一 著
③ 図書館制度・経営論　　　　　　　　　　　　　　　　　　安藤友張 編著
④ 図書館情報技術論［第２版］　　　　塩崎　亮・今井福司・河島茂生 編著
⑤ 図書館サービス概論　　　　　　　　　　　　　　　　　　小黒浩司 編著
⑥ 情報サービス論　　　　　　　　　　山口真也・千　錫烈・望月道浩 編著
⑦ 児童サービス論　　　　　　　　　　　　　　　　伊香左和子・塚原　博 編著
⑧ 情報サービス演習　　　　　　　　　　　　　　　　　　　中山愛理 編著
⑨ 図書館情報資源概論　　　　　　　　　　　　　　　　　　藤原是明 編著
⑩ 情報資源組織論［第２版］　　　　　　　　　　　　　　　志保田務 編著
⑪ 情報資源組織演習　　　　竹之内禎・長谷川昭子・西田洋平・田嶋知宏 編著
⑫ 図書・図書館史　　　　　　　　　　　　　　　　　　　　三浦太郎 編著

――― ミネルヴァ書房 ―――
https://www.minervashobo.co.jp/